JN427435

영유아발달

이 책은 저작권법에 따라 보호받는 저작물이므로 무단전재와 무단복제를 금지하며, 이 책 내용의 전부 또는 일부를 이용하려면 반드시 저작권자와 동문사의 서면동의를 받아야 합니다. 무단전재나 무단복제 행위는 저작권법 제136조(벌칙)에 의거, 5년 이하의 징역 또는 5천만 원 이하의 벌금에 처하거나 이를 병과할 수 있습니다.

CHILD DEVELOPMENT

영유아발달

안영진 · 이영미 · 고연경 공저

동문사

머리글

내 삶의 반평생을 강의하며 교사들을 위한 수십 권의 책을 집필하였고, 그중 '발달' 관련 책 역시 여러 권이 된다. 매년 봄의 연둣빛 잔디보다 더 빛나는 모습으로 나를 바라보고 있는 학생들을 만날 때면 '내가 스승으로서 참 중요한 책임을 가지고 있는 사람이구나'하는 생각을 하곤 하였다.

영유아교육을 하고 있는 교사는 물론, 부모 역시 영유아의 무궁무진한 잠재 가능성을 지원하고, 이끌어 가는 데 큰 책임이 있다.

'발달'을 공부해야 하는 이유에 대해 여러 가지로 설명할 수 있겠으나, 중요한 것은 예비교사에게 있어 발달은 '인간의 이해', '학습자에 대한 이해'라는 관점에서 반드시 필요하고, 정확하게 알아야 하는 분야라는 것이다. 이렇게 마련된 기본적인 지식들을 바탕으로 우리는 좋은 교사가 되기 위한 다양한 교수방법은 물론, 교육신념과 철학을 만들어 갈 수 있다.

보육교사, 유치원 교사의 자격 기준 변화로 한때는 영아발달, 유아발달로 분리하여 교육하기도 하였지만, 현재는 영유아발달로 지도함에 따라 이 책을 집필하게 되었다.

이 책을 엮는 데 많은 부분 저자(안영진)의 2014년 「영아발달」과 2015년 「유아발달」 저서가 바탕이 되었다. 또한 L. E. Berk의 「Child Development」(2th, 3th, 4th), 「Infant and Children」과 Eva L. Essa의 「Early Childhood Education」 그리고 최근 다른 많은 연구와 저서 등을 참고하였음을 미리 밝혀둔다.

'발달' 관련 책은 크게 연령별로 살펴보는 것과 발달 영역별로 살펴보는 것으로 나뉘는데, 이 책에서는 크게 영아기와 유아기로 나누어 각 발달 단계에서의 발달 영역별로 살펴보았다.

이 책은 총 4부, 14장으로 구성된다. 각 부분의 내용을 구체적으로 살펴보면 1부는 발달의 전반적인 이해에 대한 것으로, 1장에서는 발달에 대한 개념을 이해하고, 발달의 영역, 발달 원리, 발달 단계, 발달 과업에 대해 살펴보았다. 2장은 성숙이론, 정신분석이론, 학습이론, 인지이론, 도덕성발달이론, 동물행동학적 이론과 생태학적 체계이론, 신 지능이론인 발달이론에 대해 차례대로 설명하였다. 2부는 생애 초기 발달로 태내기와 신생아기를 다루었다. 4장은 결혼부터 수정, 임신, 태내발달 및 출산까지의 과정을 다루었고, 5장 신생아기발달 부분에서는 신체, 운동, 감각기관의 발달에 대해 자세히 살펴보았다. 3부와 4부는 영아기와 유아기 발달 단계마다 신체, 운동, 인지, 언어, 정서 및 사회성발달에 대해 설명하였다.

이 책을 통해서 유아교육 및 보육에 관심 있으신 현장의 교사와 예비교사들이 발달에 대한 학문적 지식을 배울 수 있을 뿐만 아니라 영유아를 이해하는 폭을 넓히는 데 도움이 될 수 있기를 바란다. 또한 좋은 부모가 되기 원하는 분들에게도 길라잡이의 역할을 할 수 있었으면 한다.

이 책이 출판되기까지 많은 분들의 도움이 컸다. 특히 유아발달 부분의 집필은 물론 내용 이해를 돕기 위해 많은 사진 및 자료 수집에 애써주신 한양여자대학교 이영미 교수님과 서울 반포 자이유치원 선생님들께 감사를 드린다. 이 책의 이론 부분과 영아발달 부분의 자료조사와 교정 등에 애써준 제자 고연경 선생님에게도 감사를 전하고 싶다. 또한 출판을 맡아 주신 동문사 이중수 사장님과 임직원 여러분께도 감사의 인사를 전한다.

마지막으로 나의 가장 큰 후원자이자 든든한 버팀목이 되어주는 가족에게 고마움을 전하고 싶다.

2019년 행원동산 가을 길목에서

대표 저자 안 영 진

차 례

PART 2 생애 초기의 발달

PART 3 영아기발달

Part 01

발달의 이해

Chapter 01

발달의 기초

1. 발달에 대한 이해: 개념
2. 발달 본질
3. 발달 원리
4. 발달 단계
5. 발달 과업

1. 발달에 대한 이해: 개념

발달(發達, development)이란 수정이 이루어지는 순간에서 죽음에 이르는 전 생애에 걸쳐 이루어지는 모든 구조와 기능의 변화 양상과 과정을 의미한다. 여기서 구조란 신경계·근육·순환계와 같은 신체조식은 물론 가설적인 정신조직·지식·능력을 말한다. 기능이란 조직에 관련된 행위로, 호르몬 분비·근육활동·인지활동을 지칭한다. 따라서 발달은 인간의 수정부터 죽음에 이르기까지의 신체·운동기능, 지적 특성, 정의적 특성 등 모든 특성의 변화를 포함한다. 발달에 있어 '변화'는 어떤 특성이 양적으로 증대되고 질적으로 정교화되는 긍정적인 변화는 물론 양적으로 감소하거나 질적으로 저하되는 부정적인 변화 모두를 포함한다. 여기에서 '양적 변화'란 키, 몸무게, 어휘력 등과 같은 수치나 크기, 양에서의 변화를 의미하고, '질적 변화'는 종류나 구조, 조직의 변화를 뜻한다. 또한 발달은 신체적 특정의 긍정적인 변화를 지칭하는 '성장(growth)'과 선천적인 요인에 의해 행동이 변화되는 '성숙(maturation)', 경험이나 연습에 의해 행동이 변화되는 '학습(learning)'을 포괄하는 개념이기도 하다(안영진, 2014. 영아발달. p.5).

2. 발달 본질

발달은 생물학적 과정, 인지적 과정, 사회·정서적 과정의 세 부분으로 나누어 볼 수 있다(안영진, 2009/2014 ; Berk. 2008/2015).

1) 생물학적 과정은 개인의 신체적 변화를 의미한다.

생물학적 과정인 신체적 변화란 우리 몸의 크기, 형태, 기능의 변화를 말한다. 즉, 부모로부터 유전된 유전인자와 뇌의 발달, 키와 몸무게의 증가, 지각 및 운동기술의 발달, 청소년의 2차 성징 등이 해당된다.

2) 인지적 과정은 개인의 사고, 지능, 언어능력의 변화이다.

인지적 과정이란 주의, 기억, 학업과 일상적 지식의 변화, 문제해결력, 상상력, 창의성과 언어를 포함하는 지적 능력의 변화를 말한다.

3) 사회·정서적 과정은 타인과의 관계, 정서발달, 성격발달 등이다.

사회·정서적 과정은 우리의 성격, 다른 사람들과 상호작용하는 방식, 감정을 다루는 능력의 변화, 정서적 소통 변화 등을 의미한다(Paul Eggen, Don Kauchak 저, 신종호 외, 2015. p. 62 ; Laura E. Berk 저, 이종숙 외, 2015. p. 4). 즉, 관계에 대한 반응으로 나타나는 영아의 미소, 유아의 공격성, 청소년기의 정체성 형성 등도 사회·정서적 발달에 포함된다고 볼 수 있다.

3. 발달 원리

유아의 심리학적 발달은 유기체의 성장과 밀접하게 관련되어 있다. 한 유아가 여러 단계의 발달과정을 통해 신체적으로 성장해 감에 따라, 심리적 발달은 점차적으로 중요해진다.

신체성장과 심리적 발달은 상호 연결되어 있는 복잡한 개체로서, 신체성장은 심리적 발달에 영향을 주고, 심리적 발달도 신체성장에 영향을 준다. 그러나 유아의 심리학적 발달은 이와 같이 복잡하고 많은 요인의 영향으로 뒤섞여 있는데도 불구하고, 몇 개의 기본적인 원리에 의해 지배되고 일련의 유형에 따라 질서정연하게 이루어진다. 이러한 발달에는 오랜 연구와 경험의 결과에 따르며 많은 법칙과 원리가 있다는 것이 알려졌다. 그 발달 원리를 살펴보면 다음과 같다(안영진, 2009/2014; Berk, 2008; 이영 외, 2009; 권민균 외, 2013).

1) 발달에는 개인차가 있다.

발달의 순서는 일정하지만 발달의 정도와 발달속도는 각 개인마다 다르다. 개인의 성장률은 다양한 차이를 보이고 있어서 신체적으로나 정신적으로 어떤 유아는 성장이 빠르고, 어떤 유아는 보통, 어떤 유아는 느리다. 개인 내에서도 발달 영역에 따라 그 발달 정도와 속도가 각각 다르게 나타나는데, 이와 같은 개인차는 인종, 성별, 양육환경, 유전인자 등에 따라 각각 다르게 발달속도가 나타날 수 있다.

2) 발달에는 비동시적 성장이 있다.

비동시적 성장이란 신체부위에 따라 성장 속도가 다르게 나타나는 현상을 말한다.

인간의 신체는 다양한 기관과 신체부위로 이루어지며 각기 서로 다른 속도로 발달한다. 10세 이전에 이미 성인 수준에 도달하는 신체부위가 있는가 하면, 사춘기가 올 때까지 거의 발달하지 않는 신체부위도 있다. 즉, 사춘기의 신체적인 급신장이 그 예이다.

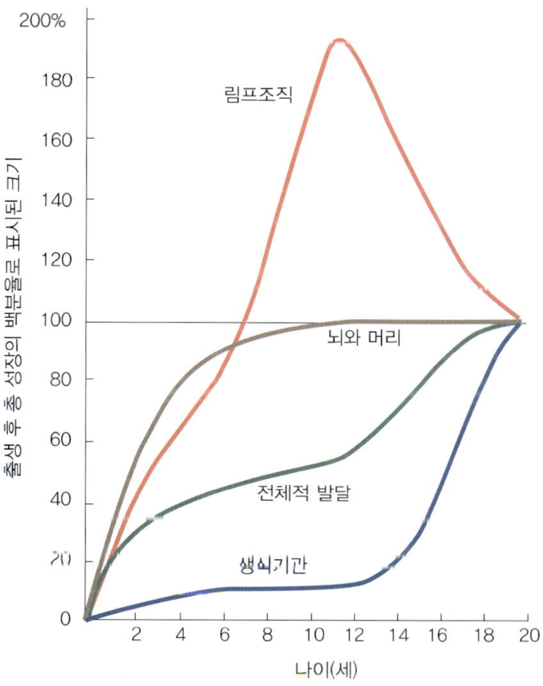

그림 1-1 ▶ 성장의 비동시성

출처: "Growth at Adolescence," 2nd ed., J.M.Tanner, 1962. Oxford, England: Blackwell. Copyright ⓒ 1962 by Blackwell Scientific Publications, Inc. Blackwell Science, Ltd; David R. Shaffer & Katherine Kipp. 송길연 외 역. 2014. 발달심리학. p. 191 ; 안영진 (2014). 영아발달 p. 9

3) 발달을 위한 결정적 시기가 있고, 초기 경험은 중요한 영향을 준다.

결정적 시기란 발달이 가장 용이하게 이루어지는 최적의 시기를 의미한다. 발달에 대한 결정적 시기, 민감기는 대부분 생의 초기에 집중되어 있으며, 이 시기의 발달 실조 경험은 이후 발달에 부정적인 영향을 미칠 수 있다. 유아기 초기 경험은 이후 유아가 발달해 나가는데 영향을 줄 수 있다는 것이다. 초기 경험이 바람직하고 긍정적인 경험이라면 앞으로 더 잘 발달할 수 있고, 반대의 경우라면 이후 발달이 지연되거나 문제행동으로 나타날 수 있다고 보는 것이다(김광웅, 2005). 최근에는 발달심리학자들이 인간은 부정적인 생활 경험에 반응하여 변화할 수 있는 가능성이 있다고 주장하고는 있으나, 발달 초기 단계가 일생에서 중요한 시기라는 것은 틀림이 없다.

4) 발달에는 일정한 순서와 방향성이 있다.

시간의 경과에 따른 행동특성의 변화는 무질서하게 일어나는 것이 아니라, 일정한 순서와 방향을 갖고 있다. 운동발달의 경우 앉고, 서고, 걷고, 마지막으로 달린다. 신체발달의 경우에는 상부에서 하부로, 중심에서 주변으로, 전체적 활동에서 특수한 활동으로 발달한다.

모든 태아는 거의 같은 시기에 머리 → 몸 → 팔 → 다리 → 생식기의 순서로 발달한다. 태아들은 손을 움직이기 전에 머리를 돌리는 운동부터 한다. 이와 같이 운동능력은 정해진 순서에 따라 발달한다. 즉, 모든 유아는 앉기 시작한 후에 설 수 있으며, 옹알이를 한 후에 말을 시작한다. 사고발달이나 성격발달에도 일정한 순서와 방향이 있다. 발달에 순서와 방향이 있다는 것은 선행 단계가 후속 단계의 토대가 되며, 하위 단계에서 상위 단계로 이행할 때 좀 더 높은 차원의 발달이 이루어진다는 것을 보여 주고 있다. 발달이 진행되는 순서와 방향에는 기본적인 법칙이 있다. 그 법칙을 살펴보면 그림 1-2와 같다.

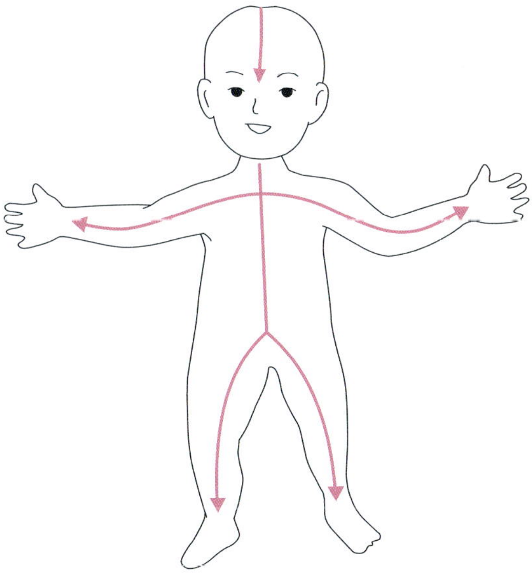

그림 1-2 ▶ 발달은 일정한 방향이 있다.

출처: 안영진, 2009. p. 18

첫째, 두→미의 방향으로 태아는 아래 부분보다 머리의 발달이 먼저 진행되며 팔이 다리보다 먼저 발달한다. 즉, 눈운동, 머리운동, 눈과 손의 협응운동이 먼저 발달되며, 서고 걷는 다리운동은 늦게 발달된다.

둘째, 근처→원처 방향, 중초→말초의 방향으로 신경계통에 있어서 뇌 등이 먼저 발달하고 말초신경이 늦게 발달한다. 또한 신체의 중심부가 말초보다 먼저 성숙하고 기능도 먼저 발휘하게 된다.

셋째, 전체운동에서 특수운동의 방향으로, 큰 근육에서 작은 근육으로 발달해 간다. 팔의 발달을 예로 살펴보면, '팔–손목–손–손가락' 순서로 발달이 이루어진다(김경철·김은혜·정혜승, 2019. p. 17). 즉, 큰 근육이 먼저 발달하고 작은 근육이 그 다음에 발달되는 것이다.

5) 발달은 유전과 환경의 상호작용에 의해 이루어진다.

인간은 부모로부터 받은 유전적 영향과 외부 환경의 영향에 의해 발달한다.

유전과 환경 중 인간의 발달에 어떤 것이 더 중요한가는 그 효과를 명백하게 구별하기는 어렵다.

Piaget(1986)도 발달을 유전적인 것과 획득적인 것으로 나누어 생각하는데, 인간발달에서 유전적인 것은 성숙되는 변화라면 획득적인 것은 발달에서 질의 변화나 구조의 형성 및 재구조화에 공헌함에 더 많은 작용을 한다는 것이다(강봉규, 1993).

4. 발달 단계

영유아발달에 대해서 조직화하고 이해를 돕기 위해서 발달 단계를 일정 기간으로 나누어 살펴보는 것이 필요하다.

발달 단계를 태내기, 영아기, 유아기, 아동기로 살펴보면 다음과 같다.

1) 태내기

임신에서 출생까지의 기간으로 약 10개월 정도의 시기다. 세포분열과 함께 뇌와 신체의 급속한 성장이 이루어진다.

2) 영아기

출생에서 18~24개월까지의 기간으로 성인에게 가장 많이 의존하는 시기이다. 영아기동안 다양한 운동, 지각, 지적 능력 등의 출현을 지지하는 신체와 두뇌의 급격한 발달이 이루어진다. 영아기는 언어, 상징적 사고, 감각적 협응, 사회적 학습 등이 일어나는 시작 단계로서 걸음마기인 두 번째해부터는 첫 1년보다 더 큰 자율성의 특징이 나타나는 인간생애 첫 독립적인 단계이기도 하다(Berk, 2015. p.5). 많은 생리적 활동들, 즉 언어, 상징적 사고,

감각적 협응, 사회적 학습 등의 시작단계이다.

3) 유아기

3~5세경까지의 기간으로 취학전 연령에 해당한다. 영아기에 비해 체격이 커지고, 더 큰 자율성을 가지며, 운동기술은 더 정교해진다. 유아의 사고와 언어는 확장되고 도덕성이 발달하며, 또래관계를 수립할 수 있게 된다.

4) 아동기

6~11세의 학령기에 해당하며 많은 기초적 기술들, 즉 읽기, 쓰기, 셈하기 등의 학문적 기술을 습득하고 더 넓은 세계에 대해 배울 수 있게 된다. 이 시기 아동의 성취 능력은 중요하며, 자기 통제력이 증가해 가는 시기이기도 하다.

5. 발달 과업

발달 과업이란 개인이 환경에 적응하는 데 요구되는 기술이나 능력으로서 만약 한 단계에서 발달 과업의 성취가 만족스럽지 못하면 다음 단계의 발달은 지장을 받게 된다.

Havighurst(1953)가 제시한 각 단계의 발달 과업을 살펴보면 다음과 같다.

1) 영아기와 유아기(3~6세)의 발달 과업

① 보행을 학습한다.

② 단단한 음식을 먹는 것을 학습한다.

③ 말하기를 학습한다.

④ 배설 통제를 학습한다.

⑤ 성차를 알고 성예절을 학습한다.

⑥ 생리적인 안정을 유지한다.

⑦ 사회적, 물리적 현실에 관한 단순개념을 형성한다.

⑧ 부모, 형제자매, 다른 사람과 정서적 관계를 맺는 것을 학습한다.

⑨ 옳고 그름을 판단하는 것을 배우며 양심이 발달한다.

2) 학령기(6～12세)의 발달 과업

① 보통의 놀이에 필요한 신체적 기술을 학습한다.

② 성장하는 유기체로서 자기 자신에 대한 건전한 태도를 형성한다.

③ 또래 아이들과 사귀는 법을 배운다.

④ 적절한 성역할을 학습한다.

⑤ 읽기, 쓰기, 셈하기의 기본기술을 익힌다.

⑥ 일상생활에 필요한 개념을 학습한다.

⑦ 양심, 도덕, 가치체계가 발달한다.

⑧ 사회집단과 제도에 대한 태도가 발달한다.

3) 청년기(12, 13～18세)의 발달 과업

① 자기의 체격을 인정하고 자기의 성역할을 수용한다.

② 동성이나 이성의 친구와 새로운 관계를 형성한다.

③ 부모와 다른 성인으로부터 정서적으로 독립한다.

④ 경제적 독립의 필요성을 느낀다.

⑤ 직업을 선택하고 준비를 한다.

⑥ 유능한 시민으로서 갖추어야 할 지적 기능과 개념을 획득한다.

⑦ 사회적으로 책임 있는 행동을 원하고 이를 실천한다.

⑧ 결혼과 가정생활을 준비한다.

⑨ 적절한 과학적 세계관에 맞추어 가치체계를 형성한다.

4) 성인 초기(18 ~ 35세)의 발달 과업

① 배우자를 선택한다.
② 배우자와 함께 생활하는 방법을 배운다.
③ 가정을 꾸민다.
④ 자녀를 양육한다.
⑤ 가정을 관리한다.
⑥ 직업생활을 시작한다.
⑦ 시민의 의무를 완수한다.
⑧ 마음 맞는 사람들과 사회적 집단을 형성한다.

5) 성인 중기(35 ~ 60세)의 발달 과업

① 시민으로서의 의무와 사회적 의무를 완수한다.
② 경제적 표준생활을 확립하고 유지한다.
③ 자녀들을 책임 있고 행복한 성인이 되도록 선도한다.
④ 여가시간을 활용할 줄 안다.
⑤ 배우자와의 인간적인 관계를 유지한다.
⑥ 중년기의 생리적 변화를 인정하고 그것에 적응한다.
⑦ 노년기의 부모에게 적응한다

6) 성인 후기(60세 이후)의 발달 과업

① 신체적 힘과 건강이 쇠퇴하는 것에 적응한다.
② 은퇴와 수입 감소에 적응한다.
③ 배우자의 사망에 적응한다.

④ 동년배와의 관계를 다시 수립한다.

⑤ 사회적, 시민적 의무를 수행한다.

⑥ 생활에 적합한 물리적 환경을 조성한다.

Chapter 02

발달이론

1. 성숙이론
2. Freud의 심리성적 이론
3. Erikson의 심리사회적 이론
4. 학습이론
5. 인지이론
6. 도덕성발달이론
7. 동물행동학적 이론
8. 생태학적 이론
9. 신 지능발달이론

1. 성숙이론

발달이론의 주요 쟁점은 발달이 선천적이냐, 환경에 의한 것이냐에 해당하는 것이었다. 성숙이론은 인간발달이 선천적으로 타고난 유전에 의해 이루어진다고 보는 입장이다. 이 이론은 Rousseau의 자연주의 사상에서 비롯되어 Fröbel, Darwin, Holl, Gesell 등의 학자로 발전되었다. Gesell은 그의 동료들과 수십년간 실시한 관찰, 면담, 검사 등을 통해 연령단계에 따른 표준행동목록(normative data)을 만들어 영유아의 성장과 발달은 내적인 생물학적 시간표의 결과로서 일어난다고 보았다. 성숙이론 입장에서 교사는 영유아의 모든 반응에 대하여 수용적인 자세로 받아들이고 성숙된 기술을 갖출 수 있도록 다양한 경험을 계획하고, 발달에 적합한 학습 환경을 제공하는 역할을 한다(김진신 외, 2009). 경험을 제공하기에 가장 적절한 시기는 영유아의 성숙 수준이 그 능력을 학습하기 위한 준비(readiness)에 이르렀을 때이다.

성숙이론으로 인하여 영유아의 성장이 정상적으로 진행되고 있는지를 비교할 수 있게 되었고, 영유아 스스로 성장할 수 있는 시간을 가지고 기다려 줄 필요가 있음을 알게 되는 데 큰 공헌을 했다고 할 수 있겠다(이정아 외, 2016).

2. Freud의 심리성적 이론

정신분석이론에 의하면 발달은 무의식적인 것이며, 우리의 행동은 단지 표면상 나타나는 특성일 뿐이다. 영유아발달을 제대로 이해하기 위해서는 행동의 상징적인 의미를 분석해야 하고, 마음속에서 무슨 일이 일어나는지 이해해야 한다. 또한 정신분석이론은 부모와의 초기 경험이 아동발달에 지대한 영향을 미친다고 하였다.

"정신분석학의 아버지"라고 불리는 Sigmund Freud(1856~1939)는 1856년 체코의 모라비아에서 태어났으나 일생의 대부분을 비엔나에서 보냈다. 그가 태어날 때 아버지는 40세, 어머니는 20세였으며 세 번째 부인이었다. 아버지는 엄격하고 권위적이어서 Freud는 아동기에 아버지에 대해서는 적대적인 분노를 느낀 반면, 어머니에 대해서는 보호적이고 매력적이며 사랑을 느꼈다고 회상하였다. 인간의 본성에 대하여 Freud의 이론적 가정은 인간에 대한 개념을 극적으로 변화시켰다.

1) 정신의 구조

Freud는 인간이라는 존재에 대해 우리 인간이 믿고 있는 것처럼 이성적이고 논리적이며 지적인 존재가 아니고, 비이성적이고 때로는 자신도 알지 못하는 숨겨진 무의식적 동기에 의해 영향을 받는 존재라고 보았다.

Freud는 그림 2-1에서 보듯이 인간의 의식수준에 대해 빙산에 비유하여 의식 세계, 전의식 세계, 무의식 세계의 3차원(levels)으로 나누어 설명하였다.

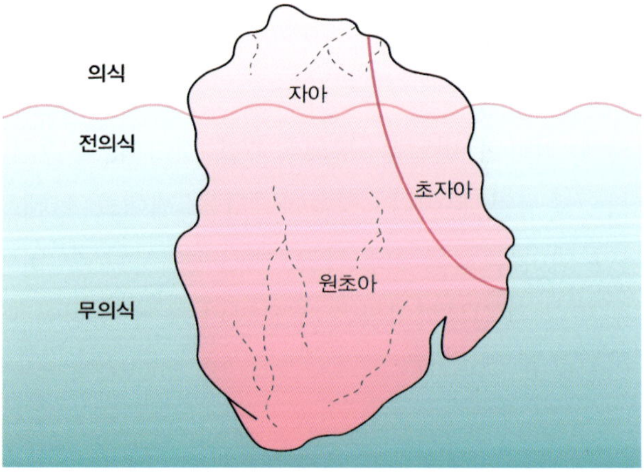

그림 2-1 ▶ 지형학적으로 살펴본 의식수준

① 의식 계(conscious aspect)는 주어진 어느 한순간에 각성하고 있는 감각, 감정, 생각, 기억내용을 포함하고 있다. 전체 생각, 감각, 기억 중 극히 일부분만을 의식하고 있기 때문에 의식 세계가 마음에서 차지하는 비중은 극히 제한적인 작은 부분이라고 하였다. 빙산에 비유할 때 물 위에 나타난 일부분이라고 할 수 있다.

② 전의식 세계(preconscious 또는 foreconscious aspect)는 지금 당장은 생각나거나 의식하지 못하지만 잘 생각하면 의식에 떠오르는 기억, 지각, 생각 등으로 구성되어 있다. 평소에는 의식하지 못하지만 어떤 계기를 통해 의식화 할 수 있다. 빙산에 비유할 때 물이 출렁거려 보였다 안 보였다 하는 부분이라고 할 수 있다.

③ 무의식 세계(unconscious aspect)는 마음의 가장 넓은 부분을 차지하고 자신의 힘으로는 통제하거나 알 수 없는 생각, 감정, 기억, 경험, 충동, 본능, 소망으로 이루어져 있다. 나도 모르게 어떠한 행동을 했다면 무의식 작용 때문이라고 보는 것이다. 이 부분이 인간행동을 지배하고 결정하는 부분이며, 따라서 정신분석의 초점이 여기에 맞춰진다. 무의식의 세계를 이해하는 것이 인간의 행동 및 성격을 이해하는 주요한 열쇠가 되는 것이다. 빙산에 비유할 때 물속에 잠겨 겉에서 볼 수 없는 부분이라고 할 수 있다.

우리는 행동의 원인과 동기를 다 안다고 생각하지만 정신분석이론에서는 그렇지 않다. 많은 부분이 무의식 세계에 감춰져 있다고 보기 때문에 사람의 생각과 감정 그리고 행동을 이해하려면 이곳을 분석해야 한다고 보았다.

정신분석이론에서는 인간의 정신적 문제는 어릴 때의 충격적 경험이 해소되지 않은 채 억압된 상태로 무의식 속에 남아 있으면서 생각과 행동을 지배하기 때문에 발생한다고 보았다. 따라서 정신요법에서는 무의식 속에 있는 것들을 파헤쳐 현실적으로 의식하고 직면하여 해결하지 않으면 정신적 문제가 생긴다고 보았다. 문제가 있는 내용들을 알아내는 방법으로는 정화, 자유연상, 해석(꿈, 실연, 유머 분석), 전이 분석, 저항 분석, 투사적 방법, 놀이치료, 자아훈련 등을 사용하며 이러한 방법으로 무의식을 의식화한 다음에는 상담목표가 자아를 튼튼하게 하는 것이다.

2) 성격의 구조

Freud는 성격을 세 부분, 즉 원초아(原初我, id), 자아(自我, ego), 초자아(超自我, super ego)로 나누었으며, 이 세 가지를 살펴보면 다음과 같다.

① 원초아

마음의 가장 큰 힘으로 유전되고 출생 때 생기는 것이다. 그 속에는 기본적인 생물학적 욕구와 바람이 자리 잡고 있다. 원초아는 충동을 머뭇거리지 말고 즉각 만족시켜야 하기 때문에 영유아는 충동이 현실세계에서 만족될 때까지 긴장상태가 고조되면서 욕구좌절을 경험한다.

② 자아

영유아 초기에 원초아의 욕구가 현실과 일치해서 만족시킬 수 있는 것인지를 통제하는 자아가 나타난다. 외부 환경에 주의를 두고 기억 속에서 경험을 분류하는 자아의 힘을 사용함으로써, 자아는 원초아의 즉각적인 요구를 완화하고 그 상황에서 받아들일 수 있는 것인지를 통제하여 적절한 사물에만 그 힘을 방출한다.

③ 초자아

아동 말기가 되면 양심의 소재지인 초자아가 나타난다. 초자아는 사회의 가치와 지시를 수용하여 종종 원초아의 욕구와 충돌하게 된다. 그것은 부모와의 상호작용으로부터 발달한다. 일단 초자아가 형성되면 자아는 원초아의 욕구, 외부 세계, 양심의 억압적인 지시들 사이를 조정하는 복잡한 일에 직면하게 된다(Freud, 1923).

3) 방어기제

방어기제(defense mechanism)란 자아가 위협받는 불안한 상황에서 자신을 보호하는 심리의식이나 행위를 가리키는 정신분석 용어이다. 방어기제는 건강한 심리발달을 저해할 위험으로부터 자기 자신을 보호하기 위한 것으로 무의식적으로 자신을 속이거나 상황을 다르게 해석하여 불안감을 감소시키는 기술이다(이명조, 2005).

이 기제는 욕구불만의 해소라는 점에서 일종의 적응기제이지만 ① 무의식적으로 작용하기 때문에 문제를 합리적으로 해결할 수 없으며, ② 해결이 심리적 상태에서만 그치므로 문제의 근본적인 해결 없이 책임회피, 현실 도피, 거부 또는 왜곡에 그치며 자기 기만적이고, ③ 결과적으로 유연성과 합리성이 결여된 부적응 행동을 만들어 낸다는 점에서 바람직한 것은 아니다. 대표적인 자아방어기제는 다음과 같다(Thomas, 2000: Thomson & Rudolph, 2000: Ryckman, 2000).

① 억압(repression)

억압이란 내면의 동기를 의식에서부터 무의식으로 추방하는 것이다.

- 새로 태어난 동생에 대한 질투로 동생이 없어져 버리면 좋겠다는 욕망을 억압해서 전혀 의식하지 못하게 된다.

② 합리화(rationalization)

합리화는 자존심을 유지하고 죄책감을 피하기 위해 행동의 실제 원인 대신 그럴듯한 이유를 대는 기제이다.

- 유치원에서 1박 2일로 가는 캠핑을 가게 되면 엄마와 떨어져야 하므로 캠핑에서 놀면 해로운 벌레에 물리니까 안 가는 것이 낫다고 우긴다.

③ 퇴행(regression)

욕구의 현실적인 충족이 곤란할 때 영유아기의 발달 단계로 역행함으로써 유치한 태도, 행동, 사고방식으로 욕구의 충족을 이루는 기제이다. 다시 말해 퇴행은 인간이 곤란에 직면할 때 인격적 발달의 초기 단계로 역행하며 만족한 문제해결방법을 사용하는 일종의 도피기제이다.

- 새로 태어난 동생을 받아들이기 어려운 영유아는 엄마의 관심을 받기 위해 이불에 실수를 한다.

④ **투사**(projection)

투사는 안에 있는 것을 밖으로 내놓는 기제이다. 자기의 욕구와 태도 혹은 결점을 타인에게서 찾아냄으로써 자기의 책임을 타인에게 전가하는 것이다.

- 엄마가 손대면 안 된다고 타이른 예쁜 유리 인형을 굉장히 만지고 싶어 하는 아이가 자기 동생이 엄마가 없는 동안 그 인형을 만져서 깨뜨리고 말 것이라고 말하는 것이다.

⑤ **반동형성**(reaction formation)

자신의 행동이나 충동이 불유쾌하거나 죄의식을 느끼기 때문에 자신의 감정과는 정반대되는 행동을 하게 되는 것을 말한다. 본 마음은 상대가 밉다. 그러나 나타나는 행동은 정반대로 지나치게 상대방에게 친절하게 대하는 경우이다.

⑥ **동일시**(identification)

자기 자신을 다른 훌륭한 인물이나 집단 또는 동물들과 동일한 것으로 느낌으로써 자기의 욕구를 만족시키려는 것을 동일시라고 한다. 즉, 타인과 동일하게 되고 싶어 하는 심리기제이다. 단순하고도 거의 보편적인 형태의 동일시 행동은 영유아들의 자기 부모에 대한 관계에서 볼 수 있다. 영유아 자신은 무능한데 자기 부모가 명성, 위력을 가진 경우 영유아들은 부모의 성취를 자기 자신의 것으로 보게 된다. 동일시한다는 것은 특수한 경우를 제외하고는 긍정적 가치를 지닌다.

- "우리 아빠는 모르는 것 없는 척척박사야"라고 하면서 매일 책을 펴들고 다 아는 것처럼 행동하는 경우이다.

⑦ 승화(sublimation)

승화란 정신분석학상의 용어로서 정신적 긴장이나 에너지를 사회적으로 인정될 수 있는 행동방식으로 표출하는 것이다.

Wallen은 승화란 원시적인 욕구를 윤리적으로 받아들일 뿐만 아니라 쓸모 있는 행동양식으로써 간접적으로 표현하는 것을 말한다고 하였다.

- 성적 애정을 느낄 때 연애소설을 읽고 음악을 감상하고 춤을 추는 일
- 아이를 갖지 못하는 여교사가 학급 아동을 어머니와 같이 귀여워해 주는 일

⑧ 치환(replacement)

치환은 원래 대상에 대한 억압된 동기 및 감정을 대체된 대상으로 방향을 수정하는 것이다. 치환은 억압된 동기 및 감정이 새로운 출구를 찾을 수 있도록 해준다.

- 영어교사가 미우면 영어공부하기가 싫음

4) 심리성적 발달 단계

Freud에 따르면 모든 사람은 일련의 성격발달 단계를 통과한다. 성격발달의 각 단계는 갈등을 포함하고 있으며, 갈등을 해결하는 방식이 성격에 영향을 준다. 정신분석이론에 따르면 성격은 아동이 각 발달 단계에서 갈등을 해결하는 방식에 따라 결정된다. 특히 성격발달은 아동기에 일어나기 때문에 '아이는 어른의 아버지'라고 하기도 한다.

성격발달의 초기 3단계에서 영유아는 특수한 갈등을 해결해야 한다. 이

갈등은 성적 욕구를 충족하는 방식과 관련되어 있는데, Freud의 발달이론을 심리성적 단계이론(心理性的 段階理論, psychosexual stage theory)이라고 한다. 이 이론에 따르면 각 단계에서 영유아는 특정 신체부위에 리비도(libido, 성적 에너지)를 집중시켜 성욕을 충족시키려고 한다.

각 단계의 명칭은 리비도가 집중된 신체부위에서 따온 것이다. 만약 영유아가 특정 발달 단계에서 갈등을 완전히 해결하지 못하면 그 단계에 고착(固着, fixation)하게 된다(권대훈, 2006).

표 2-1 Freud의 심리성적 발달 단계

단계	연령
구강기	출생~1세
항문기	1~3세
남근기	3~6세
잠복기	6세~사춘기
생식기	사춘기 이후

① **구강기**(oral stage, 출생~1세)

이 단계에서 원초아는 신체의 구강을 통해서 성적 쾌감을 획득하는 데 초점을 둔다. 새롭게 나타나는 자아는 배고픔의 고통을 만족시키기 위해서 영유아에게 우유병이나 젖을 빠는 행위와 구강 흡입활동을 지시한다.

이 시기에 고착되면 손톱 깨물기, 엄지손가락 빨기 등을 보이며 그 이후에 흡연이나 과식과 같은 강박적 습관을 가지게 된다.

② **항문기**(anal stage, 1~3세)

이때는 쾌락이 항문과 요도에서부터 온다. 영유아와 학령 전 영유아는 자유 자재로 대소변을 보유하고 방출하는 것을 즐긴다. 이 단계에서 자아는 적당한 시간과 장소에서 쾌락의 방출을 연기하는 것을 배워야 한다. 흔히 대변 보유에서 생기는 쾌감에 고착되면 후에 수전노와 같은 인색한 성격의 소유자가 되고, 배설의 쾌감에 고착되면 무절제한 성격의 소유자가 된다. 부모가 대변 통제를 적절하게 훈련시키면 성장해서 생산적이고 창의적인 사람이 된다.

③ **남근기**(phallic stage, 3~6세)

원초아의 충동은 생식기로 옮겨지고 영유아는 생식기의 자극으로부터 쾌락이 생긴다. Freud는 이 단계 동안 오이디푸스 콤플렉스(Oedipus complex)가 생겨난다고 보았다. 어린 영유아는 자신의 어머니를 향한 성적 욕망을 느끼지만, 아버지가 처벌할 것이라는 두려움 때문에 이런 충동을 궁극적으로 억압한다. 부모의 사랑과 인정을 얻기 위해서 영유아는 아버지의 성격과 사회적 가치를 받아들이거나 동일시한다. 또한 아버지처럼 되는 것은 성인의 힘과 쾌락을 대리 만족하는 수단이 된다. Freud는 이와 유사한 엘렉트라 콤플렉스(Electra complex)는 여자아이들이 어머니를 동일시하게 되는 것이다. 오이디푸스 콤플렉스의 해결로 초자아가 형성되고 이 시기에 형성된 원초아, 자아, 초자아의 관계는 개인의 기본적 성격을 결정한다. 이 시기에 고착되면 과시적이고 공격적인 남근기적 성격의 소유자가 된다. 특히 남자는 자기애(narcissism)적인 것이 특징이다.

④ **잠복기**(latency stage, 6세~사춘기)

이 단계에서는 성적 본능이 억압된다. 영유아는 가족 이외의 다른 성인들로부터 사회적 가치를 동화시키고 동성의 아동들과 놀이를 하면서 동일시하고 초자아를 확고히 한다.

⑤ **생식기**(genital stage, 사춘기 이후)

사춘기의 성숙으로 남근기의 성적 충동이 다시 재개된다. 그러나 그것은 가족이 아닌 다른 사람들과의 애정관계를 통해서 만족될 수 있다. 만약 발달이 초기에 적절하게 이루어졌다면 이 시기에는 결혼, 성숙한 성관계, 자녀의 출생과 양육에 이르게 된다.

Freud는 잠복기 이전까지를 영유아 성욕기(infantile sexualism)라 하고, 사춘기 이후를 이성 애착기(heterosexualism)라 했다. 이때까지 원만한 발달을 이룩한 사람은 이타적이고 성숙한 생식기적 성격(genital character)의 특징을 보인다.

5) 비판점

Freud 이론은 영유아기발달과 가족의 관계에 대한 중요성을 강조하고 있다. 그리고 영유아의 정서적 문제를 이해하는 토대를 제공하기도 하였다. 이와 더불어 이후의 발달에 대한 초기 경험(early experience)의 중요성을 강조한 최초의 이론이기도 하다. 그럼에도 불구하고 Freud의 관점은 다음과 같이 비판받고 있다.

첫째, Freud 이론의 발달에 있어서 성감대와 성적 느낌을 지나치게 강조했다는 것이다. 사회적, 지적 본성에 대한 발달 과업은 영유아로 하여금 성인기를 준비하도록 한다는 점과 그 시기의 중요한 과업이 아동 초기를 넘어서도 다루어져야 한다는 사실을 인식하지 못했다.

둘째, Freud 이론은 성적으로 억압된 중류계층 성인들의 문제에 기초해서 만들어진 것으로 19세기 빅토리아 시대와는 다른 문화에서의 영유아발달에 적용하기는 무리가 있다.

셋째, Freud 이론에 의심이 가는 또 다른 이유는 그가 실제로 영유아를 직접 연구하지 않았다는 점이다.

넷째, Freud는 환자의 과거의 경험의 회상에 의존하여 치료하는 방법을 사용했기 때문에 그 기억의 정확성에서 신뢰도가 떨어진다는 점이다.

3. Erikson의 심리사회적 이론

1) 심리사회적 이론

Erikson(1902~1994)은 발달의 사회적 맥락을 강조함으로써 Freud의 심리성적 발달의 5단계를 확장하여 8단계 이론을 정립하였다. 즉, Erikson은 인간발달의 전 생애 접근을 시도한 최초의 인물이다.

Erikson(1975)은 내적 본능 및 욕구나 외적·문화적·사회적 요구 간의 상호작용으로 인해 심리사회적 발달이 전 생애를 통해 계속된다고 주장하였다. 그리고 내재된 기초 안에 발달이 이루어진다고 하였다.

심리사회적 이론의 주요 개념은 자아정체감의 발달이다. 확고한 자아정체감을 확립하기 위해서는 일생을 통해 여덟 가지 위기를 성공적으로 해결해야 한다고 하였다. 기본적인 심리적 갈등은 발달의 과정이라고 하는 긍정적 결과에서 부정적 결과에까지 연속선상을 따라 해결된다.

그는 발달의 심리사회적 결과에 주목하여, 어떻게 Freud식의 각 단계가 특정 성격의 발달에 공헌하는지, 그와 동시에 개인을 적극적이고 사회에 기여하는 구성원이 되도록 도와주는지를 규명하고자 했다.

Freud의 이론과 Erikson의 이론은 몇 가지 공통점을 갖고 있다. 두 사람은 성격발달 단계가 미리 예정되어 있고, 발달 단계를 통과하는 순서가 불변적이며, 생물학적·성적 요소가 동기와 성격 형성의 토대가 된다는 점에 동의하고 있다.

2) 발달 단계

Erikson 이론의 핵심은 성격발달이 단계별로 진행되고, 각 단계는 모든 인간에게서 보편적으로 나타난다는 점이다. Erikson은 저서 『아동기와 사회』

(Childhood and Society, 1963)에서 Erikson은 자아발달을 8단계로 나누어 제시했는데, 간략히 설명해 보면 다음과 같다.

① **기본적 신뢰감 대 불신감**(출생~1세)

수유하는 동안 따뜻하고 예민한 부모의 보살핌과 쾌감으로 영유아는 신뢰감과 자신감을 얻게 된다. 다른 사람에 대한 불신감은 영유아가 편안해지기 위해서 너무 오랫동안 기다리게 될 때 그리고 엄격하고 무감각하게 돌보아질 때 조장된다.

② **자율성 대 수치심과 회의**(1~3세)

걷기, 기어오르기, 조작하기와 같은 새로운 탐색기술을 연습하고 근육을 통제할 수 있게 되는 이 단계 동안, 선택하고 결정하는 정신적 힘이 발달한다. 자율성은 부모가 자유롭게 선택할 수 있는 기회를 영유아에게 제공할 때 그리고 영유아를 지나치게 억압하고 부끄럽게 하지 않을 때 촉진된다.

③ **주도성 대 죄의식**(3~6세)

가장(假裝)놀이(가작화놀이, 상징놀이라고도 한다)를 통해서 영유아는 사회의 제도와 역할을 배우고 그들이 어떤 사람이 될 수 있는지에 대한 통찰력을 얻는다. 포부와 사회적 책임감을 포함한 주도성은 부모가 영유아에게 나타내는 목적과 방향을 지지할 때 발달한다. 이 단계에서 주의해야 할 것은 자기통제에 대한 부모의 욕구가 너무 지나쳐서 죄의식에 빠지게 되는 것이다.

④ **근면성 대 열등감**(6세~사춘기)

이 단계는 학령기로, 근면성은 아동이 생산적 활동을 할 수 있는 능력, 협동적 참여, 어떤 일을 잘 하는 데서 오는 자부심으로부터 발달된다. 어떤 것을 결코 잘 할 수 없을 것이라는 열등감은 학교, 동료집단, 부모와의 관계에서 겪는 아동의 경험이 능력과 성취감을 조장시킬 수 없을 때 발달된다.

⑤ **자아정체감 대 자아혼미**(청소년기)

이 단계는 성인기와 아동기 사이의 이행기로, 초기 단계에 이루어진 모든 발달 과업이 '자아'라는 영속적인 의미로 통합된다. 미래에 대한 기대, 과거 및 현재의 경험은 사회 속에서 자신의 존재와 위치에 대한 일관성 있는 의미가 된다. 이때 부정적인 결과로 나타나는 것이 자아혼미이다. 이것은 자신에 대한 성적·직업적 자기정의에 대한 혼란을 말한다.

⑥ **친밀감 대 고립감**(성인 초기)

일단 자아정체감이 확립되면 사람들은 다른 사람과 의미 있고 친밀한 유대관계를 맺으려는 과업을 수행하게 된다. 이 시기에 이성과의 중요한 관계가 형성되지만, 동성 간의 우정 또한 생긴다. '자아'의 의미를 촉진하고 다른 사람과의 관계를 만족해한다. 이 단계에서 부정적인 결과를 경험한 성인 초기의 사람은 다른 사람과 친밀한 관계를 형성할 수 없다. 그들은 거부 혹은 불일치의 가능성을 감당할 수 없는 상태에서 여전히 남들과는 고립된 채 남아 있게 된다.

⑦ **생산성 대 침체성**(성인 중기)

생산성은 다음 세대에게 무엇을 남기는 것, 아동양육, 다른 사람을 돌보는 것, 생산적인 활동에 참여하는 것을 의미한다. 사회의 지속에 어떠한 공헌도 하지 못한 사람은 침체되고 의미 있는 성취를 이루지 못한 사람이다.

⑧ **자아통합감 대 절망감**(노년기)

삶의 마지막 단계이며, 여기서 개인은 자신이 어떤 사람이었으며, 일생동안 무엇을 성취했는가를 돌이켜본다. 통합감은 삶이 가치롭다는 것을 느끼는 데서 생긴다. 자신의 삶이 만족스럽다고 생각하지 않는 사람은 절망감을 느낀다. 시간이 너무 짧아서 삶의 잘못된 점을 바로 잡을 수 없기 때문에 그들은 죽음이 두렵다고 느낀다.

표 2-2 Freud와 Erikson의 발달 단계 비교

발달기간	Freud의 심리성적 단계	Erikson의 심리사회적 단계
출생~1세	구강기	기본적 신뢰감 대 불신감(희망)
1~3세	항문기	자율성 대 수치심과 회의(의지력)
3~6세	남근기	주도성 대 죄의식(목적)
6세~사춘기	잠복기	근면성 대 열등감(노력)
청소년기	생식기	자아정체감 대 자아혼미(충성심)
성인초기		친밀감 대 고립감(사랑)
성인중기		생산성 대 침체성(배려)
노년기		자아통합감 대 절망감

요약하면 Erikson의 이론은 성격형성의 주된 책임자였던 부모의 역할을 약화시킴으로써 영유아의 성격발달의 실패에 대한 부모의 책임을 감소시켜 주었다. Erikson은 성격발달에서의 초기 실패는 후기에 교정될 수 있다는 희망을 제공해 준 낙관론자였다. 그러나 Erikson의 심리사회적 이론의 구조는 과학적·논리적 정확성이 결여되어 있다는 비판을 받는다.

Erikson의 이론은 Freud의 이론과 몇 가지 점에서 근본적인 차이를 보이고 있으며, 그 차이는 다음과 같다.

① Freud가 인간행동의 기초로 원초아(원욕, 願慾, id)를 중시하는데 반해 Erikson은 자아(自我, ego)를 강조했다.

② Freud는 아동의 성격발달에 미치는 부모의 영향을 강조했으나 Erikson은 심리사회 환경의 중요성을 강조했다.

③ Freud의 발달이론은 남근기 이후의 성격발달에는 거의 관심을 갖지 않았으나, Erikson은 영유아기에서 노년기에 걸친 일생 동안의 성격발달을 포괄하는 발달이론을 제시하였다.

④ Erikson은 Freud가 무시한 청소년기에 관심을 가졌으며 청소년기가 성격형성에 중추적인 역할을 하는 것으로 간주하였다.

⑤ 무의식과 초기 외상적 경험이 정신병리를 유발하는 과정을 중점적으로 설명한 Freud와 달리 Erikson은 심리사회적 위기의 극복과정을 통해 건강한 성격이 어떻게 발달하는가를 설명하는 데 주안을 두었다.

표 2-3 정신분석이론 비교

개념	과정/관련이론	특징
정신분석 이론	이론의 본질	• 무의식을 강조함 • 초기의 경험이 결정적임
	Freud의 이론	• 성격은 세 개의 구조(id, ego, super ego)로 구성된다. 이 구조에서의 갈등은 불안을 야기한다. 방어기제는 이러한 불안을 해결하는 도구이다. • 대부분의 아동의 사고는 무의식적이다. • Freud는 모든 문제는 초기의 경험 때문에 일어난다고 믿었다. • 모든 사람은 심리성적 5단계를 거친다.
	Erikson의 이론	• 생의 8단계를 주장하였다. • 기본적 신뢰 대 불신, 자율성 대 수치심, 주도성 대 죄의식, 근면성 대 열등감, 정체성 대 역할혼미, 친밀감 대 고립감, 생산성 대 침체감, 자아통합감 대 절망감
	정신분석이론의 평가	• 초기의 경험, 가족관계, 발달의 틀을 제시, 무의식, 성인기의 발달들을 강조한 것은 정신분석이론의 공헌점이다. • 그러나 과학적 지지의 결핍, 과거 자료의 재구성, 성 에너지의 강조, 무의식 강조, 부정적 사고 등이 정신분석이론의 비판점이다.

3) 정신분석이론의 평가

① 강조점

- 초기의 경험이 발달에서 중요한 역할을 한다.
- 가족관계는 발달의 중심적 측면이다.
- 성격은 발달적으로 검토될 때 더 잘 이해될 수 있다.
- 정신이 모두 의식적인 것은 아니다. 정신의 무의식적 측면은 고려되어야 한다.
- 영유아기와 마찬가지로 성인기에도 변화가 일어난다(Erikson).

② 비판점

- 정신분석이론의 주요 개념은 과학적으로 검증하기가 어렵다.
- 정신분석이론을 지지하기 위한 대부분의 자료는 종종 아주 먼 과거의 개인적인 재구성이고 따라서 정확성이 떨어진다.
- 발달에 있어서 성적 에너지가 너무 많이 강조된다(특히 Freud의 이론에서).
- 무의식이 발달에 영향을 미치는 요인을 너무 많이 강조한다.
- 정신분석이론은 너무도 부정적인 인간의 상상력(특히 Freud의 이론에서)을 제시한다.
- 정신분석이론은 문화와 성적으로 편견이 심하다.

4. 학습이론

학습이론(learning theory)은 행동주의 심리학에서 도출되었다. 행동주의자들은 극단적인 환경론을 수용하였고, 모든 행동은 경험의 산물이라고 가정하였다. 초기의 행동주의자들은 심리학이 과학이어야 한다는 것을 강조하고 인간에 대한 연구도 과학적이어야 한다고 주장하였다. 그 결과 객관적 관찰이 가능하고 측정할 수 있는 외면적 행동만을 중요시하였으며, 사고·의식·감정과 같은 눈에 보이지 않는 내부적 행동은 심리학의 연구대상이 될 수 없다고 주장하였다. 즉, 측정 가능한 관찰될 수 있는 행동만이 관심의 대상이지 인간행동의 근간이 되는 관찰될 수 없는 인간의 내면을 무시한다. 또한 조건화가 인간의 행동을 변화시키는, 즉 학습의 원동력이라고 행동주의에서는 주장한다. 학습에 따른 행동의 변화는 곧 발달인 것이다. 따라서 행동주의는 다른 발달이론과 달리 발달의 단계에 대한 제시는 없다(이명조, 2005).

1) Pavlov 고전적 조건형성이론

소화과정에 대한 연구로 노벨상을 수상한 러시아의 생리학자 Ivan

Pavlov(1849~1936)는 소화액 분비에 관한 연구를 수행하기 위해 개를 대상으로 하여 타액분비 자료를 수집하는 과정에서 개가 먹이를 주지 않았는데도 불구하고 발자국 소리만 듣고서도 침을 흘린다는 사실에 의문을 품고 그 과정을 규명하여 고전적 조건형성의 원리를 확립하였다.

이 이론은 새로운 행동의 성립을 조건화(conditioning)에 의해 설명하고 있다. 즉, 반응의 대상이 전혀 다른 것이라도 어떤 일정한 훈련을 받을 것 같으면 동일한 반응이나 새로운 행동의 변용(modification)을 가져올 수 있다는 이론이다. 따라서 이 이론에서는 모든 학습과정은 자극 상태와 그것에 대한 반응 행동 간의 조건형성 과정이라고 본다.

Pavlov는 개의 소화작용을 연구하던 중 개가 음식을 입에 넣기도 전에 음식접시만 보아도 침을 흘리고, 심지어는 조수가 음식 접시를 가지고 오는 소리만 듣고도 침을 흘린다는 데에서 한 가지 실험을 착안해 내었다.

Pavlov는 그림 2-2와 같은 장치를 하고 개를 대상으로 하여 벨 소리를 약 30초 동안 들려준 후 음식물을 주었는데, 이러한 과정을 5분 또는 10분 간격으로 6~10회씩, 매일 혹은 격일로 여러 번 계속하였다. 이러한 과정을 거친 후에는 음식을 주지 않고 벨소리만 들려주어도 침을 흘리게 되었다. 이와 같이 처음에는 벨 소리를 듣고도 침을 흘리지 않았으나 실험이 거듭됨에 따라, 벨이란 자극이 침을 흘리는 반응을 수반하여 새로운 자극-반응의 결합이 형성된 것이다. 이러한 현상을 조건형성이라 한다.

그림 2-2와 같은 실험에서 음식물은 무조건자극(US: unconditioned stimulus), 벨 소리는 조건자극(CS: conditioned stimulus)이 되는데, 음식을 보고 침을 흘리는 것을 조건반사(CR: conditioned reflex)라고 한다. 벨 소리가 처음과 같이 침 흘리는 반사와는 관계없는 경우를 무관(無關)자극 혹은 중립자극이라 한다. 고전적 조건형성(古典的 條件形成, classical conditioning)은 중립자극이 무조건

그림 2-2 ▶ Pavlov의 고전적 조건화 실험

출처: 최옥채·박미은·서미경·전석균. 인간행동과 사회환경. 5th. 양서원. p. 104

자극의 기능을 획득하도록 하는 절차를 가리킨다.

고전적 조건형성은 일생을 통하여 일어나는 많은 연합학습을 설명할 수 있는데, 어린 영유아가 보여 주는 고전적 조건형성의 한 예는 개에게 물려 놀란 경험이 있는 영유아가 강아지만 보아도 공포반응을 보이는 경우이다.

Pavlov의 고전적 조건형성의 원리를 인간행동에 적용한 Watson(1927)에 의하면, 영유아의 정서반응은 고전적 조건형성을 통한 학습에 영향을 받기 쉽다고 한다.

Pavlov는 기본적이고도 중요한 학습이 어떻게 이루어지는가를 이해하기 위한 방법론으로 조건반사를 이용한 점에서 그의 천재성을 보여 주었다. 여러 면에서 그는 학습이론의 창시자이며, 그의 업적의 정수는 오늘날까지 세계 도처의 많은 실험실에서 계속되고 있다.

2) Thorndike 시행착오법(trial and error)

Edward Thorndike(1874 - 1949)는 결합설(connectionism) 혹은 도구적 조건형

성(instrumental conditioning)으로 불리는 학습이론을 제창했는데, 결합설은 20세기 초 학습이론에 큰 영향을 미쳤다. 결합설은 정신을 관념의 연합으로 간주하는 연합주의(associationism)와 대비되는 것으로, 행동을 자극과 반응의 결합으로 설명하는 행동주의 심리학설이다.

Thorndike에 따르면 가장 기본적인 학습은 감각 경험(자극의 지각)과 신경충동(반응) 사이의 연합 또는 결합을 형성하는 것이다. Thorndike의 이론은 자극과 반응의 결합을 학습의 토대로 강조하였다. Thorndike는 학습이 시행착오(trial and error)의 과정에서 선택하고 결합하는 과정(selecting and connecting)을 통해서 일어난다고 보았다(권대훈, 2006).

그의 많은 실험에서 Thorndike는 상자 안에 고양이를 넣고 고양이가 먹이를 찾으려고 하면 상자 밖으로 나올 수 있게 장치하였다. 시간의 경과에 따라 관찰한 결과 고양이들은 탈출하기 위해 비효과적인 행동을 점점 감소시킴으로써 좀 더 빨리 상자를 빠져나가는 방법을 학습해 갔다. 이 실험으로 Thorndike는 효과의 법칙을 발전시키게 된다. 효과의 법칙은 환경의 변화를 만족시키려는 행동이 일어날 때, 유사한 환경에서 불만족스러운 변화에 의해 일어난 행동을 반복할 기회는 점차 줄어든다는 것이다(안영진 외, 2019. 151-152).

시행착오학습은 성공적인 반응이 결합되고, 바람직하지 못한 반응이 소거되는 점진적인 과정을 통해 일어난다. 자극과 반응의 결합은 반복을 통해 기계적으로 형성되며, 의식적인 노력은 전혀 필요하지 않다. Thorndike는 인간의 복잡한 학습도 동물실험에서 밝혀진 기본 학습 원리를 통해 설명할 수 있다고 보았다. 결합설의 중요한 학습법칙은 다음과 같다.

① 효과의 법칙

Thorndike 학습이론의 중심법칙인 효과의 법칙(law of effect)은 만족스러운 결과(reward)가 수반된 반응은 나타날 확률이 증가하고, 불만족스러운 결과

(처벌, punishment)가 수반된 반응은 나타날 확률이 감소한다는 법칙이다.

이에 따르면 자극-반응 결합이 강해지는가 아니면 약화되는가는 반응에 수반되는 결과에 따라 결정된다. 이 법칙을 좀 더 현대적인 의미로 표현하면 자극에 대해 반응했을 때 강화가 뒤따르면 결합이 강해지고, 처벌이 뒤따르면 결합이 약해진다는 것이다.

② 연습의 법칙

연습의 법칙(law of exercise)은 연습 횟수 혹은 사용빈도가 증가할수록 자극-반응의 결합이 강해지고(사용의 법칙, law of use), 연습 횟수 혹은 사용빈도가 감소할수록 자극-반응 결합이 약화된다(불사용의 법칙, law of disuse)는 법칙이다.

결합이 강해진다는 것은 그 자극이 존재하는 상황에서 반응의 빈도 혹은 확률이 증가한다는 것을 의미한다. 요컨대 연습의 법칙은 반복연습이 반응의 학습을 촉진한다는 법칙이다.

③ 준비성의 법칙

준비성의 법칙(law of readiness)은 어떤 반응을 수행할 신경생리학적 준비가 되어 있을 때 반응을 하면 만족스럽지만, 준비가 되어 있지 않을 때 반응을 하도록 강요하거나 준비가 되었는데도 반응을 허용하지 않으면 불만족스러운 결과가 초래된다는 법칙이다. 이 법칙에 따르면 준비가 갖추어진 반응은 그렇지 않은 반응에 비해 쉽게 학습할 수 있다. 준비성은 만족스러운 상태 혹은 불만족스러운 상태를 결정하는 요인이다.

3) Skinner 조작적 조건형성이론

Thorndike에 의해 시작된 조작적 조건형성(operant conditioning)이론은 Skinner에 의해서 발전되었다. Skinner는 유기체 스스로가 임의로 조작하는

행동을 통해 이루어지는 조건형성에 대하여 연구하였다.

조작적 조건형성을 연구하기 위해서 Skinner는 '스키너 상자(Skinner Box)'라 불리는 장치를 만들었다. 이것은 작은 상자인데, 이 안에서 동물은 마음껏 돌아다닐 수 있도록 되어 있다. 한쪽 구석에는 지렛대가 있고, 이것을 누르면 자동적으로 먹이 조각이나 물이 나온다. 쥐와 같은 동물은 처음에는 이리 저리 돌아다니다가 마침내 지렛대를 누르게 되고 그럼으로써 보상을 받게 된다. 시간이 흐름에 따라 동물은 지렛대를 더 자주 누른다.

조작적 조건형성은 고전적 조건형성과 달리 유기체 스스로가 행동을 조작적으로 사용하도록 하고 있다. 또 다른 차이점으로 '강화(reinforcement)'의 개념이 있다. '강화'란 특정 반응을 빈번하게 하거나 강해지도록 만드는 것을 의미하고, '강화인(reinforcer)'이란 강화를 하기 위해 주어지는 자극을 의미한다.

강화계획에는 간헐적 강화와 고정적 강화 두 종류가 있다. 간헐적 강화에는 변동간격(variable interval)계획과 변동비율(variable ratio)계획이 있고, 고정

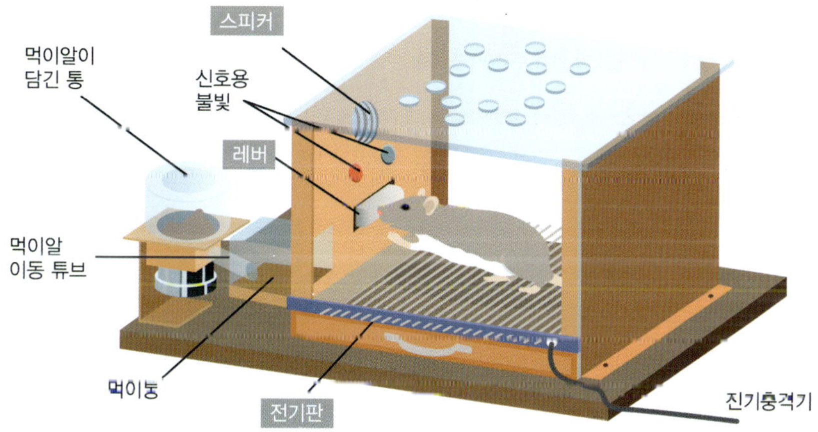

그림 2-3 ▸ Skinner 상자 실험

적 강화에는 고정간격(fixed interval)계획과 고정비율(fixed ratio)계획이 있다.

만약 바람직한 행동을 가르치고자 한다면, 처음에는 연속적인 강화를 주는 것으로 시작하는 것이 효과적이다. 이러한 방식이 행동을 처음 시작하게 하는 데 가장 효과적이기 때문이다. 그 행동을 오래 지속시키고 싶다면 어떤 시점에서부터 간헐적 강화계획으로 바꾸어야 한다.

행동에 대한 통제는 정적 강화(음식, 주의 기울이는 것, 칭찬 등) 외에 '부적 강화' 나 '벌'을 통해서도 가능한데, 부적 강화란 불쾌하거나 혐오스러운 자극을 제거함으로써 특정 반응을 빈번하게 하는 것을 말한다. 즉, 실험에서 전기가 흐르는 상자에 쥐를 넣고 쥐가 지렛대를 누를 때마다 전기가 차단되도록 한다면, 쥐는 전기가 흐르는 불쾌한 자극을 제거하기 위해 지렛대를 더 자주 누르게 된다(특정한 반응을 빈번하게 함). 이에 반해 벌이란 고통이나 혐오상태를 부가하여 행동을 억제하거나 발생빈도를 감소시키는 것을 말한다. 벌은 행동의 빈도를 감소시키고자 할 때 주어지는 것으로 부정적인 자극을 제공(수여성 벌)하거나 긍정적인 자극을 박탈하는(박탈성 벌, 또는 제거성 벌) 벌 두 가지가 있다. 박탈성 벌이든 수여성 벌이든 이러한 벌을 정적 처벌과 부적 처벌로 나누어 살펴본다면 어떤 불쾌한 것이 행위자에게 주어진다면(수여성 벌) 처벌물은 정적이며, 어떤 유쾌한 것을 행위자로부터 빼앗아갈 때(박탈성 벌) 그 처벌물은 부적이라고 볼 수 있다.

부적 강화와 벌의 차이점을 정리하면 다음과 같다. 부적 강화는 강화의 한 종류로 행동의 발생 빈도를 높이는 것이고, 벌은 수여성(정적)이든, 박탈성(부적) 벌이든 행동의 발생 빈도를 감소시킨다는 것이다.

행동주의 학습이론에 대한 비판을 살펴보면 다음과 같다.

첫째, 행동주의 학습이론에서는 사회학습 이론가들을 제외하고 관찰할 수 있는 행동에만 초점을 맞추고 있기 때문에(Driscoll, 2000; 안영진·장희선, 2019. p. 167) 개념 형성, 내용으로부터의 학습, 문제해결 그리고 사고와 같은 내적 과정에 대해서는 지나치게 간과하고 있다는 비판이 있다.

그림 2-4 ▶ 조작적 조건화의 기본 원리

둘째, 학습의 과정에 대한 설명에 있어 행동주의와 인지주의이론은 보통 반대되는 모델로 생각될 수 있으나, 이 이론들은 서로 인간의 학습과정을 설명하는 보완적인 이론으로 보는 것이 적합하다고 할 수 있다(Kazdin, 2001; Miltenberger, 2001; 안영진 외, 2019. p.167).

셋째, 행동주의 학습이론은 선천적 능력의 차이가 개인차를 만든다는 시각을 거부한다. 인간의 행동 변화, 즉 학습과정은 자극과 반응 간의 연합으로 이해하고 설명하려 한다는 것이다.

이러한 행동주의의 비판에도 불구하고 행동주의 학습이론이 영유아교육에 주는 시사점을 교육적으로 적용할 수 있는 내용은 다음과 같다.

① 교사는 영유아들이 나타내는 상당한 정도의 행동이 특정의 조건화에 의해서 습득된 것이라는 점을 기억할 필요가 있다.

② 길러주어야 할 바람직한 행동에 대해선 강화의 원리를 체계적으로 활용해야 한다.

③ 바람직하지 못한 행동을 감소시키거나 제거시키면 소거의 원리를 사용하는 것이 좋다.

④ 바람직하지 못한 행동을 수정한다고 벌을 사용할 때에는 주의할 점이 많다.

⑤ 영유아들은 지식이나 행동을 쉽게 일반화시키는 경향이 있음에 주의할 필요가 있다.

⑥ 학습효과를 거두기 위해서는 여러 가지 강화계획(reinforcement schedule)을 잘 변별하여 적절하게 사용해야 한다.

⑦ 수업시간에 열중하지 않고 다른 것을 심하게 하는 영유아들을 지도할 때에는 몇 단계의 조치를 통해서 지도하는 것이 좋다.

⑧ 영유아나 아동들은 그림으로 된 자료든 글씨로 된 것이든 교육 프로그램 학습자료일 경우 상당한 흥미를 나타낸다.

⑨ 개별학습을 할 수 있는 기회를 만드는 것이 좋다.

⑩ 영유아들의 흥미를 유발하지 못하는 과제를 학습할 경우에는 인내심을 길러줄 수 있는 특별한 강화계획을 활용해야 한다.

⑪ 행동주의 학습이론에 따른 통제된 교육방법이 갖고 있는 문제점과 그 비판에 대해 늘 수용적인 태도로 대비해야 할 것이다.

4) Bandura 관찰학습이론

Bandura(1925~)는 사회적 상황에서 타인들의 행동을 단순히 관찰(observation)만 하여도 그들의 행동을 학습할 수 있다고 보았다. 이런 종류의 학습을 관찰학습(observation learning) 혹은 대리학습(vicarious learning)이라고 한다.

관찰학습은 주의 단계-파지 단계-재생 단계-동기화 단계를 거쳐 이루어진다.

주의 단계는 모델의 행동이나 특성에 주의를 기울이는 단계, 파지 단계는 모델의 행동을 미릿속에 기억하는 단계이다. 재생 단계는 모델에 대한 상징적 표상을 행동으로 전환함으로써 능숙하게 수행할 수 있도록 연습하는 단계, 동기화 단계는 연습한 행동을 표출하도록 동기를 형성하는 단계, 즉 동기나 유인이 주어지는 모델행동을 수행하는 단계를 지칭한다.

① **주의 단계(attention phase)**: 주의는 어떤 대상에게 집중하기 위한 선택적 지각으로 관찰자의 욕구와 흥미 같은 심리적 특성들에 의해 좌우된다.

② **파지 단계(retention phase)**: 흔히 모델을 관찰한 후 어느 정도의 시간이 지난 다음에 그 모델을 모방하기 때문에 모델의 행동을 상징적인 형태로 기억하는 어떤 방식을 가져야 한다. 다시 말해 모델의 행동에 주의를 집중하여 정보를 기억하고, 상징적인 형태로 저장하는 것이 '파지(retention)'이다(김경철 외, 2019. p. 61)

③ **재생 단계(reproduction phase)**: 관찰을 통해서는 단지 새로운 반응패턴은 알 수 있지만 정확한 행동 재생을 위해서는 필요한 운동기술을 갖추어야만 한다. 즉, 운동기술을 갖추기 위해서는 신체적인 성장과 연습이 필요한데 유아는 자신이 관찰했던 행동과 비교하여 자신의 운동기술을 스스로 교정하고 지속적으로 반복, 연습하는 것이다(김경철 외, 2019. p.62)

④ **동기화 단계(motivation phase)**: 실제 행동이 수행되는 단계이다. 수행은 강화와 동기적 변인들에 의해 좌우되기 때문에 모델을 관찰하여 새로운 행동을 학습했다고 하더라도 그 행동을 실제로 실행할 수도 있고 실행하지 않을 수도 있는 것이다. 유아가 모델의 행동을 모방했을 때 강화나 보상을 받을 것 같으면 행동할 수 있고, 그렇지 않다면

실행하지 않을 수 있게 되는 것이다. 강화에는 모방 후에 받는 직접적인 외적 강화뿐만 아니라 모델이 받는 강화를 통한 대리 강화, 자신의 내적 기준에 의해 보상이나 벌을 주는 자기 강화가 있다(김경철 외, 2019; 김현주 외, 2019. p.67).

Bandura의 연구는 영유아의 사회적 발달에 관한 많은 연구에 영향을 미치고 있다. 그러나 영유아발달 분야의 변화에 발맞추어 그의 이론도 인지적인 면, 듣고 기억하는 영유아의 능력, 모방과 학습에 영향을 미치는 추상적인 일반법칙을 받아들이게 되었다. 사실 Bandura(1989)는 최근에 와서 전통적인 사회학습이론보다는 사회인지발달을 밝혀내는 것, 즉 영유아가 자신과 타인에 대해서 어떻게 사고하는가를 밝히는 데 관심이 있다. 그러나 그는 사회발달의 모든 측면의 토대로 모델링을 강조한다. 비록 행동주의의 기술이 가치 있는 응용도구로 증명되었지만, 영유아를 조건화시킴으로써 어떤 행동을 학습하는 것은 자연적 맥락에서 발달을 완벽하게 설명하는 것이 아니라는 것을 명심해야 한다(Horowitz, 1987). 많은 이론가들은 행동주의가

그림 2-5 ▸ Bandura의 Bobo실험

출처: David R. Shaffer & Katherine Kipp. 송길연 외 역(2014). 발달심리학. p. 179

환경의 개념을 너무 편협하게 제시하고 있다고 비판한다. 또한 행동주의는 영유아가 자신의 발달에 능동적으로 관여한다는 것을 과소평가했다는 비판을 받고 있다.

5. 인지이론

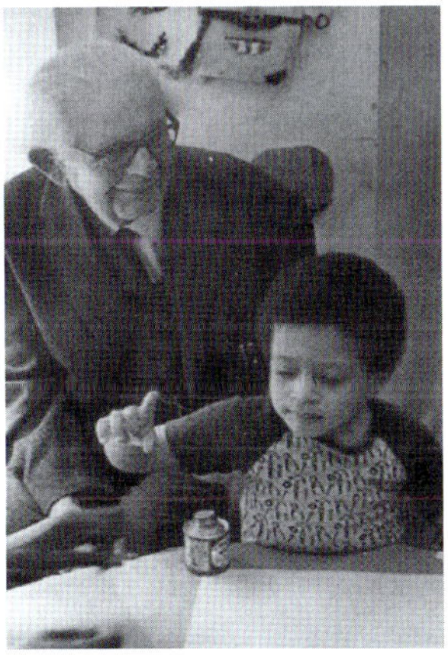

인지이론(cognitive theory)이란 인간의 사고(thought), 추리, 문제해결, 지식과 같은 인지 과정과 이러한 과정의 발달에 관한 이론으로 Piaget(1896~1980)의 이론이 대표적이고 지배적인 위치를 차지하고 있다.

인지단계이론(cognitive-stage theory)이라고도 하며, 인간의 지적 발달을 규명하기 위하여 영유아의 사고기능을 연구한다. 인지이론에서는 영유아의 지적 성장이 성숙요인과 환경요인의 상호작용 결과라고 가정한다.

영유아 사고의 발달에 관한 Piaget의 생각은, 논리적 사고는 일련의 단계를 거쳐 발달한다는 Baldwin의 점성이론(epigenetic theory)에 의해 큰 영향을 받았다(Caham, 1984; Cairns, 1983). 점성이론이란 발달은 일련의 단계를 거쳐서 이루어지므로 이전 단계의 행동은 이후의 발달을 위한 기초가 된다는 것이다.

여기에서는 Piaget의 인지발달 단계이론, Vygotsky의 사회문화적 발달이론, 신Piaget이론, 정보처리이론에 대해 살펴보고자 한다.

1) Piaget의 인지발달이론

(1) Piaget의 인지발달이론의 특성

1896년 스위스에서 태어난 Piaget는 심리학 역사에서 가장 잘 알려진 아동심리학자이다. 생물학에서 박사학위를 받은 후에 심리학에 더욱 관심을 갖게 되었다.

그의 이론은 세 아이들을 주의 깊게 관찰하는 것에 바탕을 둔다. Piaget는 생물학적 원리와 방법을 인간발달의 연구에 적용하였으며 신체구조가 환경에 적합하게 적응하는 것처럼 마음의 구조도 외적인 현실세계에 보다 잘 적응하기 위해서 아동기와 영유아기 동안에 발달해야 한다고 믿었다. 또한 영유아가 자신의 세계에 대해서 이해하는 것과 성인이 이해하는 것은 매우 다르다는 점을 강조하면서, Piaget는 모든 영유아들은 환경과 상호작용하고 환경을 이해하려는 타고난 경향을 가진다고 믿었다.

(2) 중심개념

① 도식

Piaget는 인식구조로서 정보를 조직화하고 처리하는 기본적인 방식에 대해 언급했다. 영유아에게 있어서 영유아와 성인이 세상에 있는 사물들을 처리하는 데 사용하는 행동이나 사고의 경향을 도식(scheme)이라 한다. 도식은 세상에 대해 파악하고 대처하는 데 사용된다.

각각의 도식은 모든 사물과 사건을 같은 방식으로 다룬다. 예를 들면, 대부분의 영유아는 물건을 가지고 소리나게 할 수 있다는 것을 발견한다. 아동들의 관찰은 물건에 관한 어떤 것을 알게 해 준다. 또한 아이들은 그것을 물고 빨고 던져 봄으로써 물체에 관해 배우게 된다. 물체와 상호작용하는 이러한 접근이 도식이다.

② 동화와 조절

동화(assimilation)는 존재하는 도식에 관한 새로운 물건이나 사건을 이해하는 과정이다. 영유아에게 전에 본 적은 없지만 과거에 본 것과 비슷한 작은 물체를 주면 그들은 쥐고, 물고, 치고 할 것이다. 즉, 영유아들은 이미 존재하는 도식을 처음 보는 물체에 관해서 배우는 데 이용하려고 할 것이다. 그러나 영유아들은 어떤 경우에는 새로운 정보나 경험에 비추어 존재하던 도식을 수정하는데, 이 과정을 조절(accommodation)이라 한다.

예를 들면, 작은 물건에 대해 바닥에 두드려보는 도식을 가진 어린 영유아에게 달걀을 준다면 달걀이 가지고 있는 특성을 알지 못한 채 어떤 행동을 했을지가 자명하다. 그러나 달걀을 바닥에 두드린 것 때문에 영유아는, 즉 달걀이 깨질 것이라는 결과를 몰랐으므로 도식을 변화시킬 것이다.

③ 평형

시간이 흐른 뒤에 영유아는 어떤 물체는 강하게 또 어떤 물체는 부드럽게 두드릴 것이다. 이러한 과정을 통하여 영유아는 자신이 이미 가지고 있는 기존의 도식과 새로운 도식 간의 불균형을 줄이려고 노력한다. 이러한 균형을 만드는 과정을 평형(equilibration)이라 한다.

Piaget에 따르면 학습은 이러한 과정을 통하여 마침내 질적으로 새로운 사고방식이 나타나고 영유아들은 새로운 발달 단계로 나아가게 된다.

(3) Piaget의 인지발달 단계

Piaget의 발달이론은 영유아들이 그들의 경험과 상호작용을 통해 의미체계와 현실 이해를 구축하는 과정에 따른 인식의 발전에 관한 관점인 구성주의를 나타낸다. 이 관점에서 영유아들은 새로운 정보를 동화와 조절의 과정을 통해서 지식을 만들어 간다(Anderson, 1989). Piaget는 영유아의 인지발달을 감각운동기, 전조작기, 구체적 조작기, 형식적 조작기의 네 단계로 나누었다.

표 2-4 Piaget의 인지발달 단계

단계	연령	주요 성취 과업
감각운동기	출생~2세	대상영속성과 반사 작용에서 목표지향 행동으로 발전
전조작기	2~7세	세상에 사물을 나타내기 위한 상징의 사용 능력발달, 자기중심적 사고방식
구체적 조작기	7~11세	논리적 사고능력, 가역성, 문제해결에 자기중심성 벗어남, 추상적 사고 불가능
형식적 조작기	11세~성인기	추상적이고 순수 상징적 사고 기능 문제는 체계적 실험의 사용으로 해결 가능

① 감각운동기(출생~2세)

첫 단계인 감각운동기(sensorimotor period)에서 영유아는 그들의 감각이나 운동기술을 사용해 자신의 주위 환경을 탐색한다.

Piaget는 모든 아동이 환경과 상호작용하고 이해하는 경향을 가지고 태어났다고 믿었다. 극적인 변화는 감각운동기를 통해 영유아가 발달하는 것과 함께 이루어진다.

본질적으로 모든 영유아는 반사(reflexes)라 하는 타고난 행동이 있다. 신생아의 입술을 만지면 아기는 빨기 시작하고, 아기의 손바닥에 손가락을 놓으면 아기는 그것을 꼭 쥔다. 이런 행동은 타고난 생물적인 것이고, 아기의 첫 번째 도식 형성이 된다. 아기는 곧 이런 반응을 더 흥미 있고 의도적인 행동을 생산하기 위해 사용하는 것을 배운다. 이것은 우연적인 학습이기보다 의도적인 시행착오로 학습을 통해 배운다.

Piaget에 따르면 감각운동기의 말기에서 영유아들은 그들의 초기 시행착오 접근에서 보다 계획적인 문제해결 접근으로 발전하게 된다. 처음으로 영유아는 일반적으로 사건과 사물을 느낄 수 있다. 우리가 '사고'하고 말하는 것이 나타난다. 이것은 영유아들이 생각하고 행동을 계획할 수 있다는 것을 의미하므로 조용한 발전이다.

예를 들어, 2세 영유아는 엄마가 부엌에서 저녁 준비하는 것을 본다. 영유아는 의자가 어디 있는지 알고 더 좋은 자리에서 볼 수 있도록 요구할 것이다. 영유아는 이 해결까지 주저하지 않는다. 대신에 문제에 대해 생각하고 가능한 해결책을 찾아내고 해결하려 하고 실제로 행동으로 옮긴다.

또 감각운동기는 대상영속성(permanence)이 발달한다. 2세 영유아들은 사물이 보이지 않아도 존재한다는 것을 이해한다. 일단 영유아들이 사물이 보이지 않아도 존재한다는 것을 깨달으면 자신들의 마음속에 그 형상을 나타내기 위해 상징 기호를 사용하기 시작한다.

표 2-5 감각기관의 지적 발달(Berk, 1991)

구분	감각운동기 하위 단계	전형적인 적응행동	대상영속성	모방	놀이
1	반사 단계 (0~11개월)	선천적 반사	없음	없음	없음
2	제1차 순환반응 (1~4개월)	자신의 신체와 관련된 기본동작 외부 세계의 탐색	없음	기본적인 모방 능력 향상	Shema 자체를 놀이로 사용하기 시작
3	제2차 순환반응 (4~6개월)	외부 세계 탐색과 관련된 행동	부분적으로 가려진 물건 찾는 능력	모델에 대한 모방행동(단, 영아의 행동 목록은 제한적)	Shema 자체를 놀이로 사용하기 시작
4	제2차 순환반응 (8~12개월)	목적지향적 행동에서 목표행동과 수단행동을 결합	최초에 숨겨진 장소에 숨은 물건 찾는 능력	흔히 사용하는 모방행동과는 약간 다름	목적지향 행동에서 수단행동을 놀이화
5	제3차 순환반응	다양한 방법 사물의 속성 탐색	숨겨진 장난감의 위치를 자연적으로 탐색	모델의 친숙하지 않은 행동 모방	다양하고 반복적이지 않은 감각운동 놀이
6	정신적 결합기	감각운동 대상과 사건의 내적 표상	비가시적 위치와 관련 숨긴 물체 찾기 능력 형성	없음	최초의 가상놀이

② 전조작기(2~7세)

감각운동기에서는 물리적으로 조작된 사물에 의해 세상을 배우고 이해할 수 있는 반면 미취학 영유아는 사물에 대해 생각하는 더 큰 능력을 가지고 있고 정신적인 기호를 사용할 수 있다.

Piaget의 전조작기의 단계별 특징을 살펴보면 다음과 같다.

● 보존(conservation)의 원리가 부족하다.

예를 들어, 전조작기 영유아 앞에서 우유를 길고 좁은 비커에서 짧고 넓은 비커로 부었을 때 영유아는 긴 유리잔의 우유가 더 많다고 믿는다.

영유아는 하나의 관점에만 집중하고 다른 것은 무시하기 때문에 우유의 양이 같다는 것을 알 수 없다. 또 유사한 예로, 전조작기 영유아는 4등분한 샌드위치가 더 많다거나 압축된 블록보다 펼쳐진 것이 더 많다고 믿는다. 심지어 블록의 수가 같다는 것을 보여준 후에도 그렇게 믿는다.

표 2-6 Piaget 인지발달이론의 단계별 특징-전조작 단계

전조작 단계 (2~7세)	• 직접적인 감각과 지각을 이용해 문제를 해결한다. • 논리보다는 변환적 추리와 직관에 지배된다. • 개념적이고 상징적인 사고가 나타난다. • 놀이는 상상적인 성격을 띤다. • 언어는 반복성, 자아중심성, 모방의 특성을 나타낸다. • 언어 증가에 따라 사회화 과정이 개선되고 자아중심성이 감소한다. • 언어기능이 증가함에 따라 문제해결능력이 증진된다. • 이 단계의 말기에 보존개념에 대한 일부 증거가 나타난다.

전조작기적 사고의 여러 관점은 보존에 관한 착오를 설명하는 데 도움을 준다. 그중 하나의 특징은 바로 집중이다. 우유 실험에서 우유는 한쪽 비커에서 다른 비커로 옮겨졌다. 영유아는 이 과정을 무시하고 단지 처음과 끝의 상태에만 초점을 맞춘다. 그것은 마치 성인들이 보는 영화 대신에 일련의 정지된 한 장면을 보는 것과 같다(Philli, 1975).

만약 우유가 부어질 때 눈을 감고 있었다고 하면, 선입견이 영유아의 사고에 어떤 방해가 되는지 이해할 수 있을 것이다. 어떤 일이 일어났는지 잘 알지 못하면 짧고 넓은 비커 안에 있는 우유에 대한 인지와 길고 좁은 비커 안에 있는 우유의 기억만 남는다.

- 가역성(reversibility)이 없다.

Piaget에 따르면 가역성은 아주 중요한 사고의 관점이다. 그것은 생각의 방향을 바꾸어 출발점으로 돌아올 수 있는 능력을 의미한다.

예를 들어 성인이면 7 + 5 = 12이면 12 − 5 = 7이라는 것을 안다. 7개의 물건에 5개의 물건을 더하고 그리고 나서 5개를 가져간다면 7개가 남는다는 것을 안다. 만약 전조작기 영유아가 이런 식으로 사고할 수 있다면 우유 붓기의 과정도 역으로 생각할 수 있고, 다시 긴 비커에 우유를 담으면 그 양은 변하지 않는다는 것을 깨닫게 될 것이다.

보존과제	처음 제시	변형 제시
수	두 줄의 동전 수는 같은가? 	동전의 간격을 달리 해도 동전 수는 같은가? 
길이	두 개의 막대의 길이는 같은가? 	막대기를 옮겨 놓아도 길이는 같은가? 
액체량	두 컵의 물의 양은 같은가? 	넓적한 컵에 옮겨 부어도 양은 같은가? 
질량	두 개의 공모양의 찰흙은 양이 같은가? 	하나를 변형시켜도 양은 같은가? 
면적	두 마리의 소는 동일한 양의 풀을 먹을 수 있는가? 	풀의 위치를 바꾸어도 동일한 양의 풀을 먹을 수 있는가? 
무게	두 개의 공모양의 찰흙은 무게가 같은가? 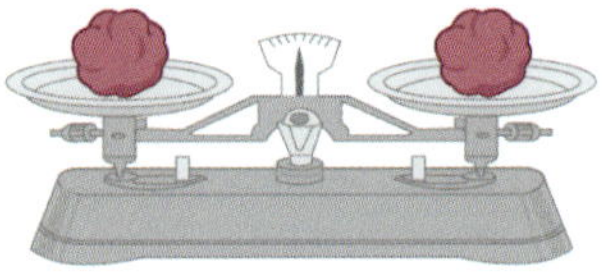	하나를 변형시켜도 무게는 같은가? 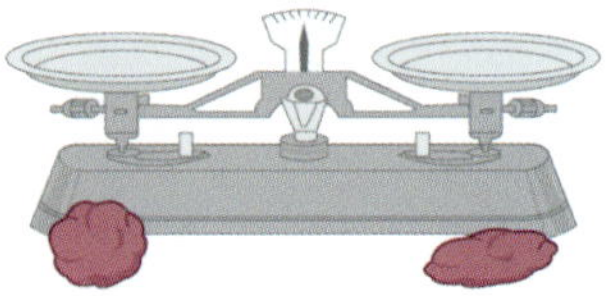
부피	두 개의 공모양의 찰흙을 물에 넣으면 올라오는 물의 높이는 같은가? 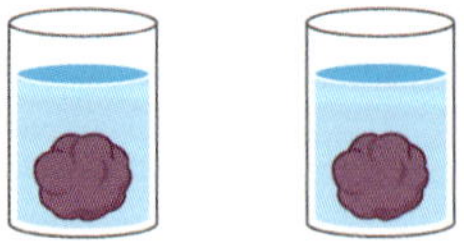	하나를 변형시켜 넣어도 물의 높이는 같은가? 

그림 2-6 ▶ 보존개념 실험의 예

출처: Berk, L. E.(1996).

● 자아중심적이다.

이 단계에 있는 영유아들은 모든 사람이 자신들이 보는 것처럼 세상을 본다고 믿는다. Piaget와 Inhelder도 세 개의 산 실험에서 영유아가 자신의 건너편에 있는 어른에게 보이는 전망이 현재 자신이 있는 위치에서 보이는 전망과 같다고 생각하는 오류를 많이 범한다고 지적하면서, 이는 자기중심적으로 공간을 파악하여 생긴 결과라고 하였다.

그림 2-7 ▶ Piaget와 Inhelder의 〈세 산 과제〉

아동기에 접어들면서 점차 공간적 관계를 파악할 수 있게 되는데, 3세에는 위·아래·높다·길다 등의 개념을 이해하고, 4세가 되면 정상·뒤·얕다·깊다 등의 공간관계를 나타내는 용어를 이해할 수 있다. 즉, 자신의 신체를 중심으로 3~4세경에는 상·하 방향을 지시할 수 있고, 전·후 방향은 7~8세 정도가 되어야 정확하게 지시할 수 있다. 그러나 상대방의 입장에서 좌·우를 변별하는 것은 10~11세경에 이르러서야 가능하다.

③ 구체적 조작기(7~11세)

구체적 조작기는 인지발달에 있어 주요한 선환점이 된다. 사고는 이전보다 훨씬 더 논리적이 되고, 융통성 있으며, 조직화되어 성인의 추론능력과 유사하게 된다. 구체적 조작기에는 문제를 해결하거나 이유를 생각하는 데 있어서 최초로 정신적 작용을 할 수 있게 되는데, 여기에서 정신적 작용이란 문제를 해결하거나 이유를 추론하는 과정에서 좀 더 체계적이며 효율적인 책략과 규칙을 사용하는 것을 의미한다(Robert V. Kail 저, 권민균 외, 2009. p. 143). 그러나 이 단계의 이름에서와 같이 구체적인 조작적 사고에는 한계가 있다. 아동은 직접적으로 인식할 수 있는 구체적인 정보를 다룰 때는 체계적이고 논리적인 방식으로 사고를 할 수 있으나, 추상적인 사고 정보를 다룰 때는 정신적인 조작을 잘 하지 못한다는 것이다. 학령기 아동은 Piaget의 구체적인 조작적 과제에 대해, 예를 들면 수, 액체, 질량, 무게 순으로 보존개념을 점차적으로 획득해 간다(Laura E. Berk 저, 이종숙 외 역, 2015. p. 179). Piaget의 구체적 조작기의 단계별 특징을 살펴보면 다음과 같다.

표 2-7 Piaget 인지발달이론의 단계별 특징-구체적 조작기

- 구체적인 대상이 주어지면 조작(정신활동)을 수행할 수 있다.
- 수, 길이, 면적, 무게, 부피 등에 대한 보존개념을 획득한다.
- 개념적 범주와 위계를 사용하여 대상들을 분류한다.
- 서열화 능력이 발달한다.
- 사회적 의사소통능력이 증대된다.
- 사회관계가 점점 더 복잡해진다.

④ 형식적 조작기(11~15세)

Piaget에 의하면 구체적 조작기의 아동은 '현실'에서 '조작'이 가능했다면, 형식적 조작기의 청소년은 '조작에 대한 조작'이 가능해 진다. 즉, 청소년들은 사고의 대상으로 더 이상 구체적 사물이나 사건이 아닌 내적 반영을 통해 새롭고 더 일반적인 논리적 규칙을 발견해 낼 수 있게 된다는 것이다(Inhelder & Piaget, 1955/1958 ; Laura E. Berk 저, 이종숙 외 역, 2015. p. 180). 형식적 조작 단계의 주요한 특징 중 하나는 '가설적-연역적 추론'이다. 청소년들은 문제에 직면했을 때 논리적이고 융통성 있는 추론과 결과에 영향을 미칠 수 있는 가능한 모든 변수들의 예측 또는 가설을 세우는 것부터 시작한다. 그러고 나서 추론에 대한 결과를 확인하기 위해 조직적으로 변수를

분리하고 결합하게 된다. 이러한 특징을 잘 설명하는 실험이 Inhelder와 Piaget의 진자과제(pendulum problem)이다.

진자과제

진자과제는 아동에게 다양한 길이의 실과 다양한 무게의 물체를 주고 그 물체의 한쪽 끝에는 실을 연결하고 다른 한쪽 끝에는 후크를 연결하여, 그 진자가 진동하는 속도(진자가 일정 시간 동안 왔다 갔다 하는 횟수)에 영향을 미치는 요소는 무엇인가를 발견하는 것이다.

형식적 조작기 청소년은 1) 줄(실)의 길이, 2) 진자의 무게, 3) 진자를 미는 힘, 4) 진자를 손에서 놓는 높이, 이 변인들 중 여러 개가 함께 영향을 미칠 수 있을까에 대한 다양한 해결방법에 대해 하나만 변화시키고 나머지는 일정하게 유지하여 각 요소들에 대해 체계적으로 가설을 검증할 수 있다.

형식적 조작기의 청소년은 가설 설정과 검증 단계를 체계적으로 조작할 수 있기 때문에, 결국 '무게 가설'은 오답이고, '줄(실)의 길이'만이 진자의 진동 속도에 영향을 준다는 사실을 알아낼 수 있다. 이에 반해 구체적 조작기의 아동은 과제를 해결하기 위해 검증해야 할 모든 가능성들을 미리 생각해 내기 어렵고, 이를 체계적으로 검증할 능력도 부족하다.

결론적으로 형식적 조작기의 사고는 합리적이고 체계적이며 추상적이다. 그리고 형식적 조작기의 청소년은 계획적 사고가 가능하고 현실과 모순된 가설적인 개념과 생각에 대해서도 조작이 가능하다(Laura E. Berk 저, 이종숙 외 역, 2015. p. 248-249).

사춘기의 시작 즈음에 아동들의 생각은 성인의 특징을 형성하기 시작한다. 사춘기 이전의 아동들은 추상적으로 생각하고 '여기', '지금'을 뛰어넘는 가능성을 볼 수 있다. 이 능력은 성인기까지 계속 발전한다. 형식적 조작기의 사고 단계는 내용과 분리된 형태인 잠재성과 가설적 상황을 다루는 능력을 기를 수 있다.

구체적 조작기와 형식적 조작기의 특징을 비교하면 표 2-8과 같다.

표 2-8 구체적 조작기와 형식적 조작기의 특징 비교

발달 단계	연령	발달 단계의 특징
구체적 조작기	7~11세	• 논리적인 사고를 할 수 있음 • 보존 개념은 수, 양, 무게의 순으로 발달 • 사물을 분류하고 차원에 따라서 배열할 수 있음 • 수에 대해서 이해함 • 구체적인 한계만을 사고함 • 머릿속으로 생각할 수 있게 됨 • 가역성을 획득함 • 사고의 사회화와 언어의 복잡화
형식적 조작기	11~15세	• 추상적인 개념의 이해 • 논리적 전제를 따르게 됨 • 가설에 따라서 추리함 • 사물의 인과관계를 이해함 • 사고의 진도가 가능해짐 • 문제해결에 가설을 적용함 • 가설을 다룰 수 있는 능력이 발달함 • 추리력과 응용력이 발달함 • '개인적 우화'에 빠지며 이상주의가 강하게 발달함

출처: 김용래(1992).

2) Vygotsky의 사회문화적 인지발달이론

(1) Vygotsky 발달이론의 특성

Vygotsky는 Piaget와 동시대에 살았으나 1934년에 폐렴으로 일찍 세상을 뜬 러시아의 심리학자이다. 그의 연구들은 1960년대까지 영어권에서는 널리 읽혀지지 않았으나, 1970년대부터 Vygotsky의 이론들은 북미에서 영향력이 있게 되었다.

Vygotsky 연구의 이론적 틀에 바탕이 되는 기본 원리들은 다음과 같다.

① 영유아들은 지식을 구성한다.

② 발달은 사회적 맥락과 분리될 수 없다.
③ 학습은 발달을 주도한다.
④ 언어는 정신발달에 핵심적인 역할을 한다.

(2) 중심개념

Vygotsky 이론에서 중요하게 다루고 있는 중심개념으로 혼잣말하기, 근접발달영역(Zone of Proximal Development, ZDP), 비계설정(scaffolding)에 대해 알아보도록 하자.

① 혼잣말하기

공유지식이 개인지식으로 변화하는 것으로의 메커니즘은 혼잣말하기이다.

혼잣말하기는 영유아들에게서 쉽게 볼 수 있다. 영유아들은 자주 혼잣말을 한다(Berk & Garvin, 1984). 특히 어려운 문제에 부딪혔을 때는 더 그렇다. 좀 더 크면 혼잣말은 조용해지지만 그것은 여전히 매우 중요하다. 많은 연구들에 따르면 혼잣말을 사용하는 영유아는 복잡한 과제를 다른 영유아들보다 더 효과적으로 배운다고 한다.

Vygotsky는 영유아들이 다른 사람들의 말을 종합해서 그들 자신의 문제를 해결하는 데 사용한다고 주장하였다.

② 근접발달영역

Vygotsky의 이론은 인지발달과 우리 행동을 통제하는 데 사고를 사용할 수 있는 문화적 의사소통 체계를 습득하는 것과 자신의 사고과정을 통제하는 데 이러한 체계를 사용하도록 학습하는 것이 전제되어야 한다.

Vygotsky 이론이 가장 중요한 공헌은 학습의 사회문화적 특성을 강조한 것이다(Vygotsky, 1987, Wertsch, 1986). 근접발달영역(Zone of Proximal Development, ZDP)란 "독립적으로 과제를 해결할 수 있는 수준, 즉 실제적 발달수준과 성인이나 자신보다 유능한 동료의 도움을 받아 문제를 해결할 수 있는 수준, 잠재적 발달수준 간의 차이"이다.

Vygotsky는 영유아들이 그들의 근접발달영역에서 공부할 때 학습이 일어난다고 믿었다. 근접발달영역 안에 있는 과제는 영유아가 아직 혼자서는 할 수 없지만 좀 더 능력 있는 친구나 어른의 도움으로 해결할 수 있었던 것들이다. 즉, 근접발달영역은 영유아가 아직 배우지 않았지만 주어진 시간 안에 배울 수 있는 과제를 말한다.

Vygotsky는 더 높은 정신작용이 개인에게 내면화되기 전에 항상 타인과의 대화와 협동에 의해 먼저 이루어진다고 믿었다.

Tharp와 Gallimore(1988)는 하와이의 Kamehameha 초등교육 프로그램(KEEP)을 개발하였다. 이 과정은 선형적인 과정이 아니라 순환적인 과정인 것이 특징이다(Tharp & Gallimore, 1988). 이들은 다음과 같이 4단계의 근접발달영역을 제안하였다.

- **1단계:** 유능한 타인이 수행을 지원한다.
- **2단계:** 학습자 혼자서 수행한다.
- **3단계:** 수행은 발전되어 자동화되고 고정된다.
- **4단계:** 수행의 자동화가 풀어지면 근접발달영역의 앞 단계를 다시 반복한다.

③ 비계설정

Vygotsky의 사회적 학습에 대한 생각으로부터 나온 핵심적인 아이디어는 '비계설정'이다. 비계설정(scaffolding)이란 좀 더 능력 있는 사람으로부터 얻는 도움을 말한다. 전형적으로 어떤 과제를 영유아가 할 수 있게 되면 곧바로 더 많은 책임을 지게 하는 것이다.

학습과정 초기에는 성인이 적극적으로 개입하고 많은 양의 비계설정을 하며, 더 많은 지시를 한다. 학습이 진행되면서 영유아가 학습결과에 대해 좀 더 큰 역할을 하게 됨에 따라 수행에 대한 책임을 영유아에게로 이동하게 된다.

이때 성인이나 교사가 할 일은 최종 목표로 정한 행동을 영유아가 독립적으로 수행하도록 비계설정해 오던 것을 적절한 때에 제거하는 일이다. 처음에는 방관자였던 영유아가 Bruner가 말하는 '양도원칙(hand over principle)'에 의해 성인이나 숙련자가 영유아에게 과제를 넘겨주면서 학습의 참여자가 된다(Bruner, 1983). 즉, 비계설정의 개념은 근접발달영역 내에서 다음과 같은 사항이 일어나고 있다는 것을 분명히 해 준다(김억환 외 역, 1999).

본질적으로 비계설정은 교사와 학습자 간의 상호협력관계를 강조한다. 교사나 부모가 영유아의 학습을 조력할 수 있는 구체적인 발판화의 방법은 다음과 같다(권대훈, 2006).

- 시범 보이기
- 모델 제공하기
- 틀린 개념을 발견하고 수정하기
- 구체적이고 현실적인 목표를 제시하기
- 절차를 설명하기
- 기초능력을 개발하기
- 오류를 교정하기
- 동기를 유발하기
- 피드백을 제공하기
- 질문하기

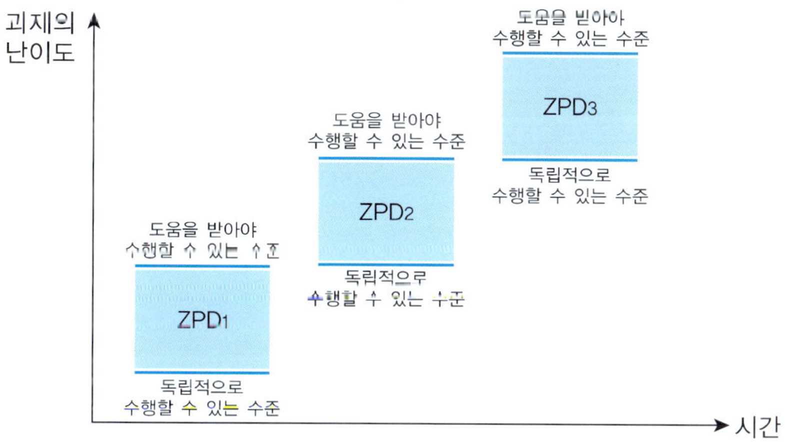

그림 2-8 ▶ 근접발달영역의 역동적인 특성

출처: Bodrova, Elena & Leong, Deborah J 저, 김억환 · 박은혜 역(1998). 정신의 도구: 비고츠키 유아교육. 이화여자대학교출판부. p.75.

비계설정을 제공할 때는 근접발달영역을 감안해야 한다. 다시 말해 실제적 발달수준보다 약간 더 높은 수준의 과제를 제시한 다음 문제를 해결하는 과정에서 도움을 주는 것이 효과적이다. 이것은 수업이나 학습과제의 수준을 결정하는 것이 매우 중요하다는 것을 의미한다.

잠재적 발달수준에 비해 지나치게 어려운 과제를 제시하면 아무리 많은 도움을 준다고 하더라도 학습효과는 전혀 나타나지 않는다. 그 다음으로 중요한 것은 문제해결능력이 높아짐에 따라 도움을 점진적으로 줄여 나가고, 스스로 문제를 해결할 수 있도록 하는 것이 중요하다. 예를 들어, 건축물의 완성도가 높아지면 거푸집(비계)을 철거하고, 건물이 완성되었을 때는 더 이상 거푸집(비계)이 필요없게 되는 것과 같은 것이다.

그림 2-9 ▶ Vygotsky의 비계설정의 예

여기서 Vygotsky와 Piaget의 공통점과 차이점을 살펴보면 표 2-9와 같다.

표 2-9 Vygotsky와 Piaget의 차이점

구분	Vygotsky	Piaget
구성주의	사회적 구성주의자	개인적 구성주의자
발달 단계	발달 단계를 제시하지 않음	보편적 발달의 4단계 제시
발달과정	근접발달영역, 언어, 담론 문화의 도구	도식, 동화와 조절, 조작, 보존, 분류 가설, 연역적 사고
언어	사고의 형성에 중요한 역할	언어는 최소한의 역할만 함 인지가 언어를 이끎
교육의 역할	교육이 발달에 선행함	발달이 교육에 선행함
교수적 함의	교사는 아동발달의 촉진자 교사의 도움을 통해 보다 많은 기술의 습득이 가능함	교사 역할의 최소화 교사는 안내자, 지시자가 아님

권대훈(2006)에 따르면 Piaget와 Vygotsky의 공통점과 차이점은 다음과 같다.

- **공통점**

첫째, 발달은 개체와 환경의 상호작용을 통해 일어난다.

둘째, 학습자를 능동적인 존재로 파악한다.

셋째, 발달을 급격한 변화로 구성된 역동적인 과정으로 간주한다.

- **차이점**

첫째, 발달의 주요 동인에 대한 견해가 다르다.

Piaget에 따르면 발달의 원동력은 개인 내부에 존재하므로 학습자가 발달에서 주체적인 역할을 하지만 사회환경은 발달에 큰 영향을 미치지 않는다. 이에 비해 Vygotsky는 사회환경을 이해하지 않으면 발달을 이해할 수 없다고 보고 사회적 영향을 강조하였다.

둘째, Piaget는 평형화를 중시하고, Vygotsky는 내면화를 중시한다.

영유아를 세계에 대한 지식을 독자적으로 구성하는 꼬마 과학자로 간주하는 Piaget는 인지갈등을 해소하려는 평형화 과정에서 인지발달이 이루어진다고 보았다. Vygotsky는 사회적 상호작용을 통한 내면화가 인지발달에 큰 영향을 준다고 주장하였다.

셋째, 언어의 역할에 대한 견해가 다르다.

Piaget에 따르면 언어는 사고의 징표에 불과하다. 반면 Vygotsky는 언어가 사고발달에 핵심적인 역할을 수행한다고 주장하였다.

넷째, 학습과 발달의 관계에 대한 설명이 다르다.

Piaget는 발달이 학습에 선행한다고 간주하지만 Vygotsky는 학습이 발달에 선행한다고 간주하였다.

다섯째, Piaget에 따르면 영유아들의 도식은 성인과의 상호작용보다는 다른 영유아와의 상호작용을 통해 더 신속하게 발달한다.

Vygotsky는 지적으로 좀 더 유능한 사람들과의 상호작용을 통해 더 많은 것을 학습한다고 주장하였다.

3) 정보처리이론

정보처리이론(information processing theory)은 인간이 외부 정보에 주의를 기울이고, 그 정보를 저장하고, 필요할 때 인출하는 과정을 분석한다. 또한 자극과 반응을 매개하는 정신과정을 분석한다.

정보처리이론에서는 인간의 인지가 컴퓨터의 정보처리과정과 같다고 보고, 그것을 모형으로 나타내었다. 정보처리 모형은 Atkinson과 Shiffrin(1968)이 제안한 정보처리 구조와 과정을 모형으로 나타낸 것이다. 기억구조 모형 혹은 기억단계 모형이라고도 한다. 기억을 단기기억과 장기기억을 구분하고 있다는 점에서 이중저장고 모형(dual-store model)으로 불리기도 한다. 이 모형은 정보가 여러 단계를 통해 처리되며, 각 단계마다 인지 과정이 작용한다고 전제한다.

정보처리 모형은 세 부분으로 구성되어 있다.

① **기억 단계** : 기억은 컴퓨터의 기억저장장치에 해당된다. 기억단계는 감

각기억, 단기기억(작업기억), 장기기억으로 구성된다.

② **인지 과정 :** 정보를 변환하고, 전이하고, 저장하는 정신과정으로 컴퓨터의 소프트웨어에 비유된다. 인지 과정에는 주의, 시연, 부호화, 인출이 있다.

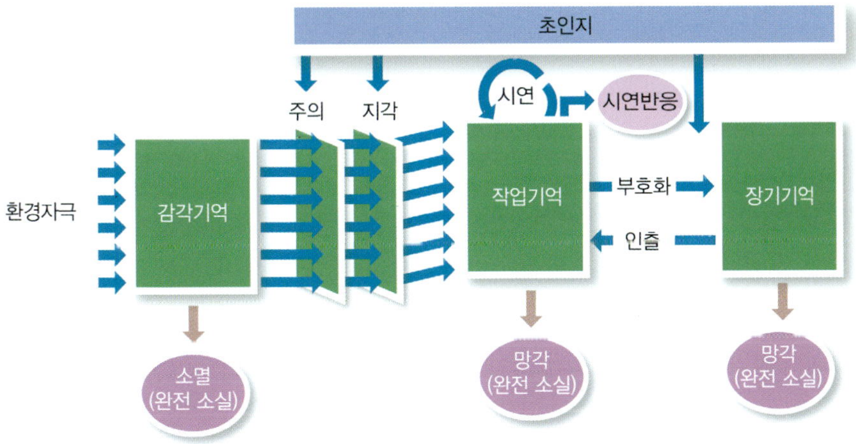

그림 2-10 ▶ 인간기억의 모형

출처: Paul Eggen, Don Kauchak 저, 신종호·김동민·김정섭·김종백·도승이·김지현·서영석 역, 2015, p. 298

③ **메타 인지 :** 자신의 인지 과정을 인식하고 통제하는 과정이다.

이 요소들의 관계와 정보처리의 순서에 대해 설명하면 다음과 같다.

① 외부 환경에서 투입되는 정보는 감각기억에 순간적으로 파지되지만 그 정보에 대해 인지활동이 이루어지지 않으면 곧 망각된다.

② 감각기억에 파지된 정보에 대해 주의를 기울이면 그 정보는 단기기억으로 전이된다.

③ 단기기억으로 전이된 정보는 짧은 시간 동안 파지된 후 망각된다.

④ 시연은 단기기억에 전이된 정보를 파지하는 기능을 한다.

⑤ 단기기억에 저장된 정보에 대해 시연이나 부호화 같은 인지활동을 수

행하면 그 정보는 장기기억으로 전이되어 망각된다.

⑥ 장기기억 속에 저장된 정보도 망각된다.

⑦ 장기기억에 저장되어 있는 정보는 인출과정을 통해 단기기억으로 전이된다.

한편 메타인지 과정은 주의·시연·부호화·인출과 같은 인지 과정을 인식하고 통제한다.

정보처리 모형은 인간의 인지를 컴퓨터의 정보처리과정에 비유한다. 인간과 컴퓨터는 정보를 받아들이고 그 정보를 기억에 저장하고 필요할 때 정보를 인출하는 과정이 비슷하다.

이론적 관점에 따라 다소 차이가 있으나 정보처리이론은 일반적으로 다음과 같은 가정을 하고 있다.

첫째, 인간은 정보를 처리하는 존재다. 정보를 처리한다는 것은 정보에 대해 정신적인 행위를 한다는 것을 의미한다. 정보처리는 조작(operation), 과정, 전략이라고도 한다.

둘째, 모든 인지활동-지각, 시연, 사고, 문제해결, 망각, 심상형성 등에는 정보처리가 포함되어 있다.

셋째, 학습자는 외부에서 투입되는 정보를 흡사 스펀지와 같이 수동적으로 흡수하는 존재가 아니라 장기기억 속에서 유의미하게 저장하기 위해 능동적으로 구조화하고 조직화한다.

넷째, 정보는 일련의 단계를 거쳐 처리된다. 또 정보가 처리되는 각 단계는 질적으로 다르며, 단계에 따라 정보의 형태와 표상방식도 다르다.

다섯째, 인간은 무한정한 정보를 획득할 수 있지만 정보가 처리되는 각 단계에서 처리할 수 있는 정보의 양은 한계가 있다.

여섯째, 인간의 정보처리체계는 상호작용적이다. 주의나 지각과 같은 정보처리과정과 기억 속에 저장된 정보는 서로 영향을 주고 영향을 받는다.

6. 도덕성발달이론

1) Piaget의 도덕성발달이론

Piaget의 인지발달론은 도덕적 추론의 발달을 포함한다. Piaget는 인지구조와 인지능력이 발달에 우선한다고 믿었다. 그리고 인지능력은 영유아들이 사회환경을 판단하는 능력을 결정하는 데 영향을 준다. 인지능력과 함께 Piaget는 예측할 수 있는 단계에 의해 발달이 진행된다고 제안했는데, 이것은 자아중심적인 단계에서 협동과 상호성에 근거한 정당한 체계의 단계까지 말한다. 아동의 도덕 판단에 대한 도덕적 추론에 대해 Piaget(1932/1965)는 두 가지 측면으로 설명하였다. 즉, 규칙에 대한 존중과 공정성에 대한 개념이다.

- **규칙에 대한 존중:** 구슬놀이를 하는 아이들에게 규칙에 대한 존중 관련 질문을 함

> Piaget는 스위스의 5-13세 아동들과 구슬놀이를 하면서 규칙에 대한 존중이 어떻게 발달하는지 연구하였다. 놀이를 하는 아동들에게 "이 규칙은 어디에서 온 것이지?", "모든 사람이 규칙을 지켜야만 할까?", "이 규칙들은 바뀔 수 있을까?"의 질문을 하였다.

- **공정성에 대한 개념:** 도덕적 결정이 필요한 이야기를 들려주고 질문을 함

> 이야기A: John이란 어린 남자 아이가 자신의 방에 있다. 그는 저녁 먹으라고 부르는 소리에 거실로 향했다. 문 뒤에는 탁자가 놓여있고, 그 위에는 15개의 컵이 놓여 있는 쟁반이 있었다. John은 문 뒤에 있는 이 모든 것에 대해 알지 못했고, 거실로 들어서면서 문으로 쟁반을 건드리게 되어 그 위에 있던 컵들이 모두 깨져버렸다.
>
> 이야기B: Henry라는 어린 남자 아이가 있었다. 어느 날 어머니는 외출을 하셨고, 아이는 찬장에서 잼을 꺼내려 하고 있다. Henry는 탁자 위로 올라가서 팔을 뻗었다. 그러나 잼이 너무 높이 있어 손이 닿지

> 않았다...잼을 꺼내려다가 컵 1개를 넘어뜨렸다. 컵은 떨어져서 깨졌다(Piaget, 1932/1965. p. 122).
>
> Piaget는 이 이야기를 아이들에게 들려준 후, "어떤 아이가 더 나쁘지?", "왜 그렇게 생각하니?", "나쁜 아이에게는 어떤 벌을 주어야 할까?"라는 질문을 하였고, 아동들의 대답을 분석하였다.

Piaget는 이런 연구 기법을 통해 전도덕기와 두 가지 도덕 단계로 된 도덕발달이론을 설명하였다(David R. Shaffer & Katherine Kipp 저, 송길연 외 역. 2014).

전도덕기(premoral)

Piaget는 학령전기 영유아는 규칙에 관심이 없거나 인식하지 못한다고 하였다. 전도덕적 영유아는 자신들의 규칙을 만드는 듯하고, 게임의 핵심을 차례를 지키고 즐기는 것이라고 생각하였다.

타율적 도덕성(heteronomous morality)

- 규칙에 대한 강한 존중이 발달하는데, 여기에서 '타율적'이란 '다른 사람의 통제 아래'라는 의미로서 이 시기 아동은 규칙이 경찰, 교사, 부모처럼 강력한 권위적인 인물들에 의해 정해진 것이고, 이 규칙들은 절대 수정할 수 없다고 생각하였다.
- 이 시기의 아이들은 규칙이 절대적인 도덕이라고 생각하며, '옳은' 것은 '항상 규칙을 따른다는 의미'이다.
- 의도보다 객관적인 결과에 근거해 행동이 나쁜지에 대해 판단한다. 예를 들어, 5~9세 아동은 좋은 의도로 행동을 하다가 15개의 컵을 깬 John이 엄마 몰래 잼을 훔치려다 1개의 컵을 깬 Henry보다 나쁘다고 판단한다.
- 예를 들어, 6세 아동은 창문을 깬 아이는 자신의 용돈으로 창문 값을 변상하는 것보다 손바닥으로 엉덩이를 아프게 맞아야 한다고 생각하는 '속죄적 처벌(expiatory punishment)'을 선호한다.

- 이 시기의 아동은 '내재적 정의(immanent justice)'를 믿는다. 즉, 사회적 규칙의 위반은 반드시 어떠한 방식으로든 처벌을 받는다고 생각하는 것이다.

● **자율적 도덕성(autonomous morality)**

- 아동들은 사회적 규칙이 사람들의 합의에 따라 도전을 받거나 바꿀 수 있는 임의적인 동의라는 것을 알게 된다. 규칙이 사람들의 필요에 따라 위반할 수도 있다는 것을 생각할 수 있게 된다.
- 옳고 그름의 판단은 행위 자체의 객관적인 결과보다 속이거나 사회적 규칙을 위반하려는 행위자의 의도에 더 의존할 수 있게 된다. 10세 아동은 잼을 훔치려다(나쁜 의도) 1개의 컵을 깬 Henry가 저녁을 먹으러 오다가(좋은 의도이거나 중립적인 의도) 15개의 컵을 깬 John보다 더 나쁘다고 말한다.
- 자율적 도덕성 시기의 아동은 이제 사회적 규칙의 위반이 발견되지 않을 수도 있고, 처벌받지 않을 수도 있다는 것을 경험으로부터 배우기 때문에 더 이상 내재적 정의를 믿지 않는다(David R. Shaffer & Katherine Kipp 저, 송길연 외 역, 2014)

Piaget의 도덕성발달 단계를 요약하면 표 2-10와 같다.

표 2-10 Piaget의 도덕성발달 단계

타율적 도덕성 (영유아)	• 강제의 관계에 기초해서, 예를 들어 어른들의 처방에 대한 영유아들의 완전한 수용, 도덕적 실재주의의 태도를 반영한다. • 규칙은 부동적인 요구처럼 보이고, 기원과 권위의 외부에서 협상에 열려져 있지 않는 것처럼 보인다. • 옳음이란 성인과 규칙에 대한 문자적인 복종의 문제이다. • 그름은 반대적인 형태와 행동의 결과의 관점에서 판단된다. • 정당함은 성인의 결정 내용을 나누는 것이다. • 독단적이고 심한 처벌을 정당함으로 보인다. • 처벌은 위반의 자동적인 결과이고, 정의는 고유의 것으로 보인다.

자율적 도덕성	• 자율적인 사람들 사이에서 협력, 평등에 대한 공통적인 인식에 기초하여 평등한 사람들 사이의 관계에서처럼 이성적인 도덕적 태도를 반영한다. • 규칙은 공통적인 동의에 의해 합법적으로 만들어진다. • 옳음이란 협력의 요구와 공통의 관점 사이의 일치의 문제이다. • 그름이란 행위자의 의도에 따라 상대적인 것으로 보인다. • 공정함은 똑같은 처리 혹은 개인적인 요구의 합계로서 정의된다. • 처벌의 공정함은 알맞은 정도로서 정의된다.

2) Kohlberg의 도덕성발달이론

Piaget학파의 전통을 있는 대표적인 학자 중 하나는 Kohlberg(1927~1987)이다. Kohlberg는 도덕발달에 초점을 맞추어 Piaget의 초기 연구를 월등히 능가하는 도덕적 사고에 관한 단계이론을 제시하였다(김제한, 2001).

Kohlberg는 학부 시절 철학과 문학을 통해 도덕적 전통을 배웠으며, 대학원 과정에서 Bettlheim, Rogers, Back과 같은 학자들로부터 임상적 이론과 실제를 배웠다. 처음엔 임상심리학자가 되려고 하였으나, Piaget에 흥미를 갖게 되어 도덕적 문제를 가진 영유아들이나 청년들과 면담하기 시작했다. 면담과 토론 결과를 '10~16세까지의 사고와 선택유형 발달'이라는 박사학위논문을 제출하여 그의 도덕성발달이론이 탄생한 것이다.

Kohlberg는 어느 시대나 사회를 막론하고 인간에게는 반드시 지켜야 할 보편적인 정의의 원리와 도덕률이 있다고 생각하고, 인간이 개인적인 욕구중심의 단계로부터 원리적 도덕성으로 이행해 가는 과정을 그의 도덕성발달이론의 근간으로 하였다.

Kohlberg의 도덕적 발달이론은 영유아가 참다운 도덕 판단을 만들어 가는 단계를 기술하고 있다. Kohlberg에 의하면 그 단계는 다른 형태의 가치나 판단으로부터 도덕적 가치나 판단이 점진적으로 분리·분화해 가는 과정인 것이다.

만약 영유아가 도덕 판단의 아주 높은 단계까지 진행하는 데 성공한다면 사춘기에 그는 도덕적 문제의 평가기준을 '정의'라고 하는 개념에 둔다.

(1) 이론의 초점

도덕성발달은 항상 사회화의 일면으로 간주되고 있다. '사회화'란 영유아가 양육된 문화의 기대에 따르는 것을 학습해 가는 과정이다. 도덕적 가치의 경우 영유아는 이들 기준에 따르는 것을 배울 뿐만 아니라 그것을 내면화하고 그것에 의해 자기 자신의 개인적 가치를 수정, 표현하거나 받아들이는 것이다.

영유아의 도덕성발달을 연구해 온 사람들은 관찰된 행동, 죄의식, 도덕 판단의 기초라고 하는 세 가지 성격 중에서 각각에 조점을 맞추는 것이 일반적이었다.

(2) 도덕성의 발달

Kohlberg의 체제에서 도덕 판단에 있어서의 성장은 발달의 세 수준을 통해서 진전된다고 하였다. 즉, 전도덕적 또는 전인습적 수준으로부터 사회적 인습에 따르는 수준으로, 마지막으로 인습을 초월하여 개인적인 자기 수용적·도덕적 원리에 기초하는 최고 수준에 이른다. 이 최고의 수준은 때때로 후인습적 또는 자율적이라고 부른다.

이러한 세 수준을 여섯 단계로 구분한다. Kohlberg의 6단계에서는 도덕적 결정은 다른 가치 판단과 혼합되어 다른 사건에 의해서 규칙도 변한다고 하는 저차원의 수준으로부터 도덕적 가치를 다른 것과는 구별하는 고차원의 수주에 대한 발달로 나타내고 있다.

Kohlberg(1963, 1984: Colby & Kohlberg, 1987)는 10, 13, 16세 남아들에게 일

련의 도덕적 딜레마를 해결하도록 함으로써 도덕발달이론을 발전시켰다. Kohlberg는 'Heinz의 딜레마' 이야기를 들려주고, 실제로 어떻게 해야 한다는 참가자들의 결정(즉, Heinz가 해야 했던 일)보다 자신의 결정에 대해 정당화시키기 위한 이유(rationale) 혹은 '사고 구조'를 알아내기 위해 심층적인 확인 질문을 하였다(David R. Shaffer & Katherine Kipp 저, 송길연 외 역. 2014).

- Heinz는 약을 훔칠 의무가 있는가? 만일 Heinz가 아내를 사랑하지 않더라도 그녀를 위해 약을 훔쳐야 하는가?
- Heinz가 낯선 사람을 위해서도 약을 훔쳐야 하는가?
- 사람들이 타인들의 생명을 살리기 위해 가능한 모든 일을 하는 것은 중요한가?
- 아내를 살리는 것이 남편의 의무이기 때문인가? 혹은 생명을 보존하는 것이 인간의 가장 높은 가치이기 때문인가?

Kohlberg는 Heinz의 딜레마와 같은 여러 가지 갈등상황을 제시한 연구에서 영유아들이 이 상황에 대해 어떻게 대답하는지를 기초로 도덕성발달을 크게 3수준 6단계로 구성하였다.

Heinz 이야기

유럽에서 한 여인이 특이한 종류의 암에 걸려 죽음 직전에 와 있었다. 의사들은 그 여인을 살릴 수 있을 것으로 생각되는 한 가지 약이 있었다. 그것은 같은 도시에 있는 한 약사가 최근에 발견한 것으로 라듐의 한 형태였다. 그 약을 제조하는 데는 비용이 많이 들었다. 그 약사는 약값으로 제조 비용의 10배를 불렀다. 그는 라듐 구입에 200불을 지불하고 그 약의 소량 처방에 2,000불을 요구했다. 환자의 남편 Heinz는 돈을 구하기 위해 아는 사람을 모두 찾아다녔지만 약값의 반인 1,000불 밖에 구하지 못했다. 그는 약사에게 자기 아내가 죽어 가고 있다는 것을 말하고 약을 좀 싸게 팔거나 아니면 약값을 나중에 갚도록 해 달라고 부탁했다. 그러나 약사는 "안돼요 내가 그 약을 발견했고 나는 그걸로 돈을 벌려고 합니다"라고 단호히 말했다. 그러자 Heinz는 절망했고 아내를 위해 그 약을 훔치려고 약국을 부수고 침입했다. Heinz는 정당한 일을 하였는가? 만약 정당하다면 그 이유는 무엇인가?

① 전인습적 수준

4세부터 10세까지의 아동기에 해당하는 시기로 인간은 선악 개념을 놀이를 통해 동료들로부터 배우게 된다. 그러나 이러한 집단이나 단체의 도덕 개념의 내용은 성인 사회의 규범과는 그 성격을 달리할 수 있다. 왜냐하면 아동기의 도덕 개념은 아직도 세분화되어 있지 않기 때문이다. 그들의 도덕적 결정은 근본적으로 자아중심적이고 이기적이며 구체적인 감각성에 의존하고 있다.

② 인습 또는 도덕적 수준

이 시기의 특징은 자기중심성이 사라지면서 사회적인 방향으로 나타난다. Kohlberg는 이러한 현상을 사회적인 모든 규범에 적용하고 인간의 유지, 발전으로 보고 있다. 일반적으로 청년기에 있어서의 도덕적 판단은 사회성을 띠게 되는데, 이것은 곧 인간이 사회화되어 감을 뜻한다고 그는 보았다.

③ 후인습 자율적 수준

이 시기의 수준에서는 자기중심적인 선악 판단은 물론 사회적인 가치기준에 의한 도덕관념의 획득을 떠나서 개체의 자율적인 세계관에 의해 가치기준을 설정한다.

Kohlberg의 이론은 일부 경험적인 검증을 받기도 하였지만, 인습 이후의 도덕성발달에 관한 경험적 연구에 대한 지지가 미약하고, 도덕적 행동과 도덕적 판단의 일치성 문제, 여자와 아동의 도덕성발달에 대한 명확한 설명이 없어 비판을 받고 있다(김제한, 2001).

표 2-11 Heinz 딜레마에 대한 반응으로 살펴보는 도덕성발달 단계

수준	단계	훔치기에 찬성	훔치기에 반대
1. 선인습적 도덕성 규칙은 내면화된 것	1단계: 처벌-복종지향	약을 훔치는 것이 정말로 나쁜 것은 아니다. 그는 처음에 돈을 내려	Heinz는 약을 가져가는 것에 대해 허락을 구하지 않았다. 그는

수준	단계	훔치기에 찬성	훔치기에 반대
이 아니라 외부에 있는 것이다. 아동은 처벌을 피하거나 보상을 얻기 위해 권위적 인물이 정한 규칙을 따른다. 도덕성은 이기적이다. 잘 해내거나 혹은 개인적으로 만족스런 것이 옳은 것이다.		고 했다. 그는 어떤 해도 끼치지 않았고 다른 어떤 것도 갖지 않았다. 그가 가져간 약은 2,000달러가 아니라 단지 200달러의 가치가 있는 것이다.	창문을 부수면 안 된다. 해로운 일을 하는 것은 나쁜 범죄다. 그리고 그렇게 비싼 것을 훔치는 것은 큰 범죄다.
	2단계: 순진한 쾌락주의	Heinz는 실제로 약사에게 어떤 해로운 일을 한 것은 아니다. 그리고 그는 언제든지 갚을 수 있다. 그가 아내를 잃고 싶지 않다면, 그 약을 가져와야 했다.	약사는 나쁘지 않다. 그는 단지 다른 모든 사람들처럼 이익을 얻기를 원한 것뿐이다. 돈을 벌기 위해 사업을 한 것뿐이다.
2. 인습적 도덕성 사람들은 타인의 인정을 얻기 위해 혹은 사회질서를 유지하기 위해 규칙이나 사회적 규준을 따르려고 한다. 윤리적 행동의 동기로서 사회적 칭찬이나 비난의 회피가 가시적인 보상이나 처벌을 대체한다. 타인의 조망이 분명하게 인식되고 주의 깊게 고려된다.	3단계: 착한 소년 소녀지향단계	훔치는 것은 나쁘다. 그러나 Heinz는 좋은 남편이 당연히 해야 하는 일을 한 것 뿐이다. 자신의 아내를 사랑해서 한 행동에 대해 그를 비난할 수는 없다. 만일 그가 아내를 구하지 못했다면 그를 비난해야 할 것이다.	Heinz의 아내가 죽더라도, Heinz를 비난할 수 없다. 그가 범죄를 저지르지 않았다고 해서 그가 무정하다고 말할 수는 없다. 약사는 이기적이고 정이 없는 사람이다. Heinz는 실제로 그가 할 수 있는 모든 일을 하려고 했을 뿐이다.
	4단계: 사회질서유지 도덕성	만일 약사가 누군가를 죽게 내버려 둔다면 잘못된 삶으로 가고 있는 것이다. 그리고 Heinz의 의무는 자신의 아내를 살리는 것이다. 그러나 Heinz는 법을 어겨서는 안 된다. 그는 약사에게 값을 치루고 훔친 것에 대한 벌을 받아야 한다.	Heinz가 아내를 구하려고 하는 것은 당연하지만, 훔치는 것은 나쁜 것이다. 사람들은 감정이나 상황에 상관없이 규칙과 법을 따라야 한다.

수준	단계	훔치기에 찬성	훔치기에 반대
3. 후인습적 도덕성 도덕추론의 가장 높은 수준에 있는 사람은 성문법이다. 권위적 인물의 명령과 대립될 수 있는 광범위한 정의(justice)의 원칙에 근거해서 옳고 그름에 정의한다. 도덕적으로 옳은 것과 법적으로 적당한 것이 항상 한 가지도 아니고 똑같은 것도 아니다.	5단계: 사회계약 지향	훔치는 것이 도덕적으로 잘못된 것이라고 말하기 전에, 전체 상황을 고려해야 할 필요가 있다. Heinz 역시 자신의 행동이 합법적이지 않다는 것을 알았을 것이다. 하지만 이러한 특별한 상황에서 약을 훔치는 것은 어떤 사람에게나 합법적이진 않지만, 합리적일 것이다.	불법적으로 약을 가져가는 것의 좋은 면을 볼 수 있다. 그러나 아무리 목적이 합리적일 수 있다고 하여도 그 목적이 수단을 정당화할 수는 없다. 법은 사람들이 함께 살기 위해 합의한 것이고 Heinz 역시 이런 동의를 존중할 의무가 있다. 우리는 Heinz가 약을 훔친 것에 대해 모든 것에 있어 나쁘다고만 할 수는 없다는 것도 알지만, 이런 상황에서도 훔치는 것을 옳은 것으로 만들 수는 없다.
	6단계: 개인적인 양심원칙의 도덕성	법을 어기는 것과 인간의 생명을 구하는 것 중에서 선택해야 할 때, 생명을 지켜야 하는 더 높은 원칙은 약을 훔치는 것을 도덕적으로 옳은 것으로 만든다.	많은 암과 약의 희소성으로 인해, 그것이 필요한 모든 사람에게 돌아갈 만큼 충분하지 않을 수 있다. 올바른 행동과정은 관련된 모든 사람들에게 '옳은' 것이어야 한다. Heinz는 감정이나 법이 아니라 그가 이 경우에 이상적으로 정의로운 사람이 할 일이라고 생각한 것에 따라 행동해야 한다.

출처: David R. Shaffer & Katherine Kipp 저, 송길연 외 역(2014), p. 566-570

7. 동물행동학적 이론

동물행동학은 Darwin의 진화론적 관점에서 비롯된 동물과 인간의 행동을 연구하는 학문으로서 인간발달에 있어서의 생물학적 역할을 강조한다. 인간행동에 대한 설명을 생물학적 기초에 두는 동물행동학자들은 인간의 생태적 행동특성을 무시하고 학습에만 치중하는 환경론의 접근에 가장 큰 반론을 제기하였다. 다시 말해 신체적 특징뿐만 아니라 동물의 본능적 행동 패턴에서도 진화가 이루어진다는 것이다.

동물행동학자들은 인간행동에 진화론적 접근을 하고 다른 동물에게서 발전된 지식을 인간에게 적용하는 시도를 하였다.

여기에서는 Lorenz의 각인이론과 Bowlby의 애착이론을 살펴보기로 한다.

1) Lorenz의 각인이론

동물행동학의 아버지라 불리는 Konrad Lorenz (1903~1989)는 동물행동 연구에 Darwin의 진화론적 관점을 도입하여 독자적인 이론을 발전시켰다.

그는 1903년 오스트리아에서 태어났으며 빈 대학에서 동물학을 연구하여 박사학위를 받았다. 1973년에는 Tinbergen, Frisch 등과 함께 노벨생물학상을 공동 수상하였다. 그는 인간을 사회를 구성하는 동물의 하나로 생각하고, 그러한 생각을 인간행동 연구에 적용시켰다.

(1) 각인

Lorenz는 자연계의 서식지에서 여러 종의 동물들의 행동을 관찰하고서 생존 가능성을 증진시키는 행동 패턴을 발견하였는데, 이들 중 가장 잘 알려진 것이 각인(imprinting)이다. Lorenz(1965)는 어미 거위가 낳은 알을 두 집단으로 나누어 한 집단의 알은 어미 거위가 부화하게 하고, 다른 집단의 알은 자신이 부화시켰다.

첫 번째 집단의 새끼 거위는 예측한 대로 부화 직후부터 어미 거위를 따라다녔으나, 부화하면서 Lorenz를 본 두 번째 집단의 새끼 거위들은 Lorenz를 어미처럼 졸졸 따라다녔다.

Lorenz는 이런 새끼 거위의 어미 거위에 대한 추종행동을 각인이라 하였다. 각인의 가치는 과연 무엇일까? 집단으로 생활하고, 출생 후 곧 움직이며, 천적의 강한 압력 하에 있는 조류와 포유동물에게서 각인은 강한 애착 기재로 진화해 온 것 같다. 이러한 종에 있어서 어미를 쫓아다니는 추종반응 등의 신속한 행동의 형성은 새끼들이 위험에 처했을 때, 새끼들로 하여금 도망가는 어미를 따를 수 있도록 해준다(Freedman, 1974: 정옥분, 2003).

(2) 결정적 시기

각인 연구에서 밝혀진 것은 이 현상이 결정적 시기(critical period)에서만 일어난다는 것이다. 각인은 어린 동물이 일단 생후 초기의 특정한 시기 동안 어떤 대상에 노출되어 그 뒤를 따르게 되면, 그 대상에 애착하게 되는 것을 의미하는데, 여기서 '특정한 시기'가 결정적 시기가 된다. 만약 결정적 시기 이전이나 이후에 대상에 노출되면 애착은 다른 대상에게 애착하도록 하는 것이 불가능해진다.

결정적 시기는 아동발달에도 폭넓게 적용되어 온 주요 개념으로 결정적 시기는 제한된 시간 내에 아동이 특정한 적응행동을 습득하도록 생물학적으로 준비되어 있으며, 그러기 위해서는 적절한 자극적인 환경의 지원이 있어야 한다는 것을 의미한다(Berk, 2000).

2) Bowlby의 애착이론

John Bowlby(1907~1990)는 1907년 런던에서 태어나 의학과 정신분석학적 훈련을 받았다. 임상의로서 Bowlby는 제2차 세계대전 후 고아원에서 성장한 영유아들에게 타인과 친밀하고 지속적인 관계를 형성하지 못하는 등 여러 가지 정서적 문제가 있음을 발견하였다.

Bowlby는 이 영유아들이 생의 초기에 어머니에 대한 확고한 애착을 형성할 기회가 없었기 때문에 친밀한 인간관계를 맺지 못하는 것으로 해석하였다. 이 분야에 대한 관심은 결국 그로 하여금 동물행동학적 이론을 인간의 발달(영유아와 어머니 간의 애착관계)에 적용하도록 만들었다.

(1) 애착

영유아가 태어나서 자신을 돌보는 사람, 특히 어머니와 강한 정서적 유대를 맺게 되는데 이것이 애착관계이다. Bowlby는 아기의 애착행동-미소짓기, 옹알이하기, 잡기, 매달리기, 울기 등-은 선천적인 사회적 신호라고 주장하였다. 이러한 행동들은 부모로 하여금 아기에게 접근해서 보살피고, 상호작용하도록 격려할 뿐만 아니라 아기를 먹이고, 위험으로부터 보호하고, 건강한 성장에 필요한 자극과 애정을 기울이게 해 준다.

영유아의 애착발달은 새끼 새에서 보여지는 각인 형성보다 훨씬 더 복잡한데 어머니(또는 양육자)와 장기간에 걸친 유대관계를 통해 형성하게 된다(Bretherton, 1992).

Bowlby의 애착에 관한 연구는 인간의 애착관계의 질이나 유대과정(bonding process)에 관한 연구를 촉진하였다.

Bowlby(1969)가 제시한 애착발달 단계는 다음과 같다.

첫째, 무분별한 사회적 반응 단계이다.

출생 후 약 8~12주에 해당하는 시기로 영유아는 움직이지 않는 물체보다 활동하는 사람들에게 웃기, 쳐다보기, 목소리 내기 등의 사회적 신호를 더 많이 하는 단계이다. 그러나 이 시기의 영유아는 낯익은 사람과 낯선 사람을 구분하지는 못한다.

둘째, 변별된 사회적 반응 단계이다.

생후 3~6개월에 해당하는 시기로 영유아는 더 적극적인 애착행동을 하게 되고, 특히 친숙한 사람에게 많은 애착행동을 한다. 그러나 아직까지 낯선 사람에게도 비교적 다정하게 대한다.

셋째, 적극적이고 능동적인 접근과 접촉 추구의 단계이다.

생후 6개월~3세에 이르는 시기로 영유아는 애착대상에게 기어가거나 따라가는 등의 능동적인 접근행동을 하고 애착대상을 기점으로 탐색을 하며, 특히 곤경에 빠졌을 때 애착대상을 찾는다.

넷째, 목표-수행적인 동반자적 관계이다.

3세 이후~아동기 말 시기로 영유아는 애착대상의 행동을 이해하게 되고, 애착대상이 없는 경우에도 애착대상의 행동을 상상할 수 있게 된다. 이 시기의 영유아행동은 융통성 있게 되고 애착대상과의 관계도 협조적인 동반자와 같은 관계가 된다.

그림 2-12 ▶ Harlow실험: '철사' 어미와 '헝겊' 어미. 애착 관련 실험

출처: David R. Shaffer & Katherine Kipp 저. 송길연 외 역. 2014. 발달심리학. p. 429

(2) 기질

영아는 출생 직후부터 각기 다른 기질적 특성을 보인다. 어떤 영아는 쾌활하고 명랑한 반면, 어떤 영아는 잘 울고 자주 보챈다. 또 어떤 영아는 조용하고 행동이 느린 반면, 어떤 영아는 활기차고 행동이 민첩하다. 이와 같은 개인차는 기질에서의 차이를 반영한다.

기질이란 한 개인의 행동양식과 정서적 반응유형을 의미하는 것으로 활동 수준, 사회성, 과민성과 같은 특성을 포함한다(Rothbart & Bates, 1998). 기질 연구가들은 영아와 영유아가 보이는 기질의 차이에 관심을 기울여 왔다. 기질을 형성하는 심리적 특성이 성인기 성격의 토대라고 믿기 때문이다. 다시 말해 기질은 "나중에 이것이 영유아와 성인의 성격을 형성하는 모체가 된다"(Ahadi & Rothbart, 1994).

심리학자들은 영아의 경우 성격이라는 용어 대신 기질이라는 용어를 사용한다. 기질과 성격의 구분은 인자형과 표현형의 구분과 유사하다. 인자형은 기본 패턴(잠재력)을 결정하지만, 궁극적으로 나타내는 표현형은 인자형의 잠재력이 환경에 의해 영향을 받은 결과이다. 이와 마찬가지로 기질이 기본 패턴을 나타내는 것이라면, 아동기나 성인기에 성격으로 나타나는 것은 기본 패턴이 수없이 많은 생활경험에 의해 영향을 받은 결과를 반영한다(Buss & Plomin, 1984; DiLalla, Kagan, & Reznick, 1994).

① 기질의 구성요소

기질이 어떤 특성으로 구성되어 있는가에 관해서는 영아의 기질에 관해 연구하는 학자들마다 견해가 다르다. 여기서는 EAS 모형을 중심으로 기질의 구성요소에 관해 살펴보기로 한다.

● EAS 모형

Buss와 Plomin(1984, 1986)은 NYLS 모형으로는 35% 정도의 영아가 어느 유형에도 분류되지 않는다는 점을 지적하고 영아의 기질은 정서성

(Emotionality: E), 활동성(Activity: A), 사회성(Sociability: S)의 세 가지 구성요소로 이루어진다는 EAS 모형을 제시하였다.

- 정서성(Emotionality: E) : 정서적 반응의 강도를 의미하는데 영아가 자극에 대해 얼마나 빨리 부정적인 반응을 보이는가를 말한다.
- 활동성(Activity: A) : 영아가 일상생활에서 보이는 행동의 속도와 강도를 의미하는데 활동성이 높은 영아는 잠시도 가만히 있지 못하고 계속 움직이며 끊임없이 새로운 것을 탐색하고 격렬한 활동을 추구한다.
- 사회성(Sociability: S) : 영아가 얼마나 다른 사람과 함께 있기를 좋아하는가를 의미하는데 사회성이 높은 영아는 혼자 있는 것을 싫어하고 낯선 사람에게도 쉽게 접근한다.

② 영아의 기질과 부모의 양육행동

영아의 기질은 특히 주 양육자인 어머니와의 관계에 영향을 미친다. 예를 들어, '까다로운' 기질을 가진 영아는 부모를 좌절하게 만들고 부모로 하여금 그들에게 기대를 덜 걸게 하는 형태로 부모의 양육태도에 영향을 미치게 된다.

부모의 양육태도 또한 영아의 기질을 변화시킨다. 수줍고 소심한 기질을 가지고 태어났다 하더라도 외부 세계에 대한 대처양식을 부드럽게 촉진시키는 환경에서 양육되는 영아는 이러한 속성이 점차 소멸되는 반면, 사교적이고 과감한 성격을 가지고 태어났다 하더라도 지나치게 스트레스를 주는 환경은 소심한 영아가 되게 한다.

부모의 태도와 영아의 기질 간의 상호작용은 쌍방적 원칙에 근거한다. 즉, 영아의 발달은 자신이 타고난 기질과 그를 사회화시키는 사람의 기질 간의 상호작용의 산물이다. 부모-자녀 간의 상호작용을 통해 부모는 자녀가 타고난 유전적 요인에 변화를 주는 역할을 한다.

8. 생태학적 이론

아동의 발달은 진공상태에서 이루어지는 것이 아니며, 가족, 이웃, 국가라는 여러 가지 환경 속에서 발달하는 것이다. 영유아는 가족, 친구, 친척, 종교단체, 학교 등의 영향을 받는다.

또한 대중매체나 영유아 자신이 속한 문화뿐만 아니라 세계 도처에서 일어나는 사건에 의해서도 영향을 받는다. 영유아발달은 부분적으로 환경과 사회적 영향의 산물이다.

Bronfenbrenner의 이론을 통해 영유아발달의 생태학적 접근법을 알아보기로 한다(정옥분, 2005).

1) Bronfenbrenner의 생태학적 체계이론

생태학적 체계이론은 Bronfenbrenner(1979)가 인간발달을 사회문화적 관점에서 이해하는 이론이다. 이 이론에는 다섯 가지의 환경체계가 있으며, 다섯 가지 체계는 미시체계(microsystem), 중간체계(mesosystem), 외체계(exosystem), 거시체계(macrosystem), 시간체계(chronosystem)이다. 이들은 영유아를 둘러싸고 있는 직접적 환경으로부터 영유아가 살고 있는 문화적 환경까지를 다 포함하는 것이다. 최근에 와서 Bronfenbrenner(1995)가 그의 이론에 생물학적인 영향을 첨가하였으며 그의 이론은 이제 생물학적 이론으로 지칭되고 있지만, 그의 이론에서는 여전히 생태학적·환경적 영향이 우세한 실정이라 할 수 있다.

(1) 미시체계(microsystem)

미시체계는 영유아가 살고 있는 집의 크기, 근처에 있는 운동장의 시설 등의 물리적 특성을 포함한다. 아동의 가족, 친구, 학교, 이웃이 이 체계에 포함된다. 이들은 영유아의 발달에 관련이 있는 특성들을 소유하는데 또래

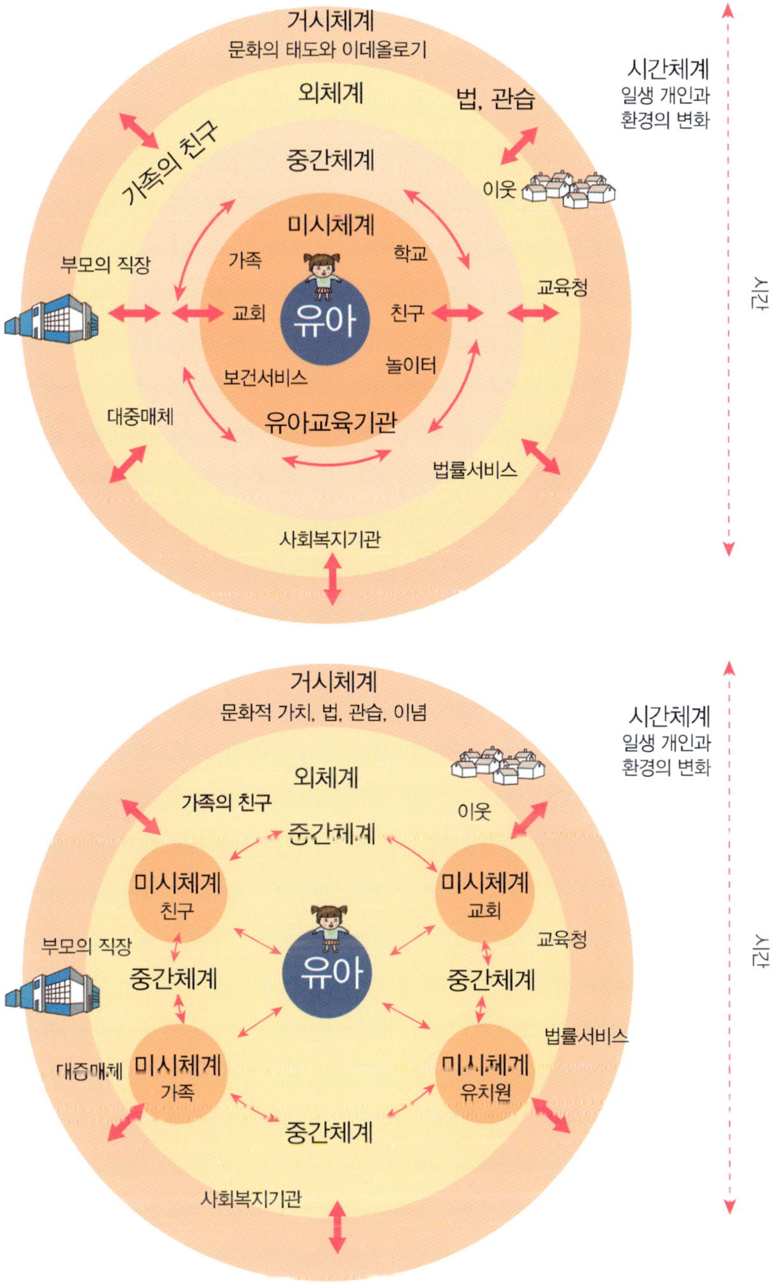

그림 2-13 ▶ Bronfenbernner 생태학적 체계모델

출처: 전남련 외 2012. 영아발달. 양서원. p. 188

집단의 사회경제적 지위, 부모의 교육수준, 교사의 정치적 신념 등이 그것이다.

영유아는 환경의 영향을 받는 수동적인 존재가 아니라 환경을 구성하는 능동적인 주체이다.

미시체계는 아동이 성장하면서 변화한다.

(2) 중간체계(mesosystem)

중간체계는 미시체계들 간의 상호관계, 즉 환경들과의 관계를 말한다. 부모와 교사 간의 관계, 형제 관계, 이웃, 친구와의 관계 등이다.

일반적으로 이 체계들 간의 관계가 밀접할수록 영유아의 발달은 순조롭게 진행된다.

(3) 외체계(exosystem)

외체계는 영유아가 직접 참여하지는 않지만 영유아에게 영향을 미치는 사회적 환경을 의미하는 것으로 정부기관, 사회복지기관, 교육위원회, 대중매체, 직업세계 등이 포함된다.

영유아는 이러한 외체계에 참여하지는 않지만 이러한 환경들은 영유아의 행동에 영향을 미친다.

(4) 거시체계(macrosystem)

거시체계는 미시체계, 중간체계, 외체계에 포함된 모든 요소에다 개인이 살고 있는 문화적 환경까지 포함한다. 아동이 속해 있는 사회문화적 배경은 영유아의 발달에 지속적인 영향을 미친다. 즉, 거시체계는 신념, 태도, 전통을 통해 영유아에게 영향을 미친다.

거시체계는 일반적으로 다른 체계보다 더 안정적이지만, 때로는 사회변화(예를 들면, 경제적 번영에서 IMF체제로의 변화, 평화체제에서 전쟁체제로의 변화)에 따라 변할 수 있다(Elder & Caspi 1988; 정옥분, 2005).

(5) 시간체계(chronosystem)

시간체계는 전 생애에 걸쳐 일어나는 변화와 사회역사적인 환경을 포함한다. 예를 들면, 부모의 이혼이 아동에게 미치는 영향에 관한 연구에서 연구자들은 이혼의 부정적인 영향은 이혼한 첫 해에 최고조에 달하며, 딸보다 아들에게 더 부정적인 영향을 미친다는 것을 발견하였다. 이혼 후 2년쯤 되면 가족 간의 상호작용은 안정을 되찾는다.

사회문화적 환경과 관련해서 20~30년 전에 비해 더 많은 여성이 직업을 갖기를 희망한다. 이와 같은 상황에서 시간체계는 영유아들의 삶에 지대한 영향을 미친다.

9. 신 지능발달이론

20세기의 이성에 중심을 둔 심리측정적 접근의 교육적 한계를 극복하고자 많은 심리학자, 교육심리학자들의 노력이 있었는데, 그 대표적인 것이 사회적 지능영역으로 정서지능(EI)과 다중지능(MI)이다. 사회적 지능의 개념에서는 다른 사람들과의 사이에서 나타나는 감정, 기질, 의지 등과 자기 자신을 알아내는 지식, 영유아 자신의 지적인 능력, 부족함, 희망, 감정, 자기 자신을 아는 것에 기초하여 반응할 줄 아는 능력, 자신이 행동을 이끌고 이해하는 것에 따른 감정을 표현할 줄 아는 능력에 관하여 설명하고 있으며, 사회적 관계와 그 속에서의 영유아의 역할 세계를 어떻게 볼 것인가와 영유아의 지각과 이해를 명백히 하려는 시도가 들어있다.

여기에서는 다중지능이론과 정서지능이론에 대하여 살펴보기로 한다.

1) 다중지능이론(Multiple Intelligence Theory)

(1) 다중지능의 개념

Gardner는 인지와 상징체계의 발달과 훼손에 대한 자신의 연구결과를 바탕으로 Piaget의 지능이론에 반기를 들면서 지능의 개념을 다르게 정의하려고 노력해 왔다.

Gardner는 과거의 지능이론들이 모두 일차원적인 개념 아래 이루어졌기 때문에 인간의 지적 능력을 모두 파악하는 데 한계가 있다고 보고, 다원적인 측면에서 지능을 이해해야 한다고 주장하였다. 이를 위해서 Gardner는 상징체계적 관점을 채택하고 있다.

상징체계적 관점은 각 상징체계에 작용하는 지적 능력들을 고유한 지적 능력으로 구분하고 있다. 상징체계이론은 문화에 따라 다르게 나타나는 상징체계를 중시하는 이론으로 신경생물학, 유전학, 인류학 등의 학문과 함께 발전되어 왔다(Gardner, 이경희 역, 1993).

상징체계는 문화적으로 형성된 의미체계로서 사람들이 주요 정보의 형식을 이해하고 전달할 수 있게 한다. 대표적으로 언어, 그림, 수학은 거의 모든 나라에서 인간의 생존과 생산성에 관련되어 사용하고 있는 주요한 상징체계라고 할 수 있다.

다중지능이론의 핵심적인 주장을 살펴보면 다음과 같다(Armstrong, 전윤식 외 역, 1997).

첫째, 모든 사람은 여덟 가지의 지능들을 다 가지고 있으며, 이 지능들이 관련되는 방식은 문화와 사람마다 다르다.

둘째, 대다수의 사람은 각 지능들을 적절한 수준까지 발달시킬 수 있다.

셋째, 대개의 지능은 단독으로 작용하기보다는 복잡한 방식으로 함께 작용한다.

다중지능의 측정을 통하여 영유아들의 지적 능력에서 강한 영역과 약한 영역이 파악될 수 있는데, 영유아들이 자신의 강한 영역에서 성공을 경험하게 될 때 긍정적인 감정을 형성할 수 있으며, 이러한 경험이 학업수행뿐 아니라 독특한 잠재 능력을 표현하는 데도 도움이 된다(김현진, 1999).

(2) 다중지능 구성요소의 분석준거

Gardner는 독립적인 지능의 종류를 식별하기 위해 종래의 심리측정학자들처럼 요인분석 방법을 사용하지 않았다. 발달심리학, 생물학, 실험심리학, 유전학, 신경해부학, 인물의 전기 등의 연구를 통하여 각각의 연구에서 밝혀진 결과들을 서로 연결, 하나의 후보지능을 식별하는 방식으로 독립적인 지능의 여덟 가지 준거를 제시하고, 인간의 다양한 능력 중에서 이에 부합하는 능력을 지능의 범주에 포함시켰다.

그 준거는 다음과 같다(Gardner, 이경희 역, 1993).

① 특정 능력은 뇌의 특정 부위와 관련이 있어야 한다.
② 특정 능력에는 최고와 최저의 발달수준이 있어야 한다.
③ 특정 능력은 나름의 정보처리 기제가 있어야 한다.
④ 특정 능력은 그 능력만이 요구되는 특정한 과제가 있어야 한다.
⑤ 특정 능력은 독립된 하나의 지능으로서 다른 지능과 구별될 수 있어야 한다.
⑥ 특정 능력은 누구나 겪는 발달과정이 있어야 한다.
⑦ 특정 능력은 진화적인 특성을 가지고 있어야 한다.
⑧ 특정 능력은 관련 상징체계를 가지고 있어야 한다.

(3) 다중지능의 구성요소

다중지능의 구성요소는 다음과 같다.

공간지능(spatial intelligence), 논리-수학지능(logical-mathematical intelligence), 언어지능(linguistic intelligence), 신체 운동지능(body-kinesthetic intelligence), 음악지능(musical intelligence), 개인이해지능(intrapersonal intelligence), 대인지능(interpersonal intelligence), 자연지능(natural intelligence)으로 구성되어 있다.

각각의 지능을 살펴보면 다음과 같다(Gardner, 1993, 1998).

① 공간지능

공간지능이란 시각적·공간적 세계를 정확하게 지각하는 능력(예: 사냥꾼, 정찰병, 지리 안내원 등)과 그런 지각을 통해 형태를 바꾸는 능력(예: 실내장식가, 건축가, 화가, 발명가 등)을 말한다.

이 지능에는 색, 선, 모양, 형태, 공간과 이런 요소들 간에 존재하는 관계에 대한 감수성이 포함된다. 또 추상적인 것을 구체화하는 시각화 능력, 시각적·공간적 아이디어를 기하학적으로 표현하는 능력, 자신을 어떤 공간상에 적절하게 위치시키는 능력 등이 포함된다.

② 논리-수학지능

논리-수학지능이란 숫자를 효과적으로 사용하고(예: 수학자, 세무사, 통계학자 등) 추론하는(예: 과학자, 컴퓨터 프로그래머, 논리학자 등) 능력을 말한다.

이 지능에는 논리적 유형화 능력과 논리적 관계설정 능력, 진술문과 명제의 관계추론 능력(원인-결과, 만약 ~라면 ~이다), 함수와 기타 이와 관련된 추상적 사고능력, 논리-수학적 기억력이나 논리-수학적 창의성, 과학능력과 산수능력이 포함된다. 범주화, 분류, 추리, 일반화, 계산, 가설검증 등이 논리-수학적 지능이 작용하는 사고과정의 예들이다.

③ 언어지능

언어지능은 논리-수학지능과 더불어 전통적으로 심리학자들이 '지능'이라고 지칭하는 영역이다. 모든 사람의 의사소통 도구가 언어이며 누구나 언어를 사용할 수 있기 때문에 누구나 갖는 보편적인 것으로 문화를 초월하고 그 발달과정도 거의 일정하다.

언어지능이란 말로 하든(예: 이야기꾼이나 구술작가, 웅변가, 정치가 등) 혹은 글로 표현하든(예: 시인, 극작가, 편집자, 기자 등) 언어를 효과적으로 구사하는 능력을 말한다.

이 지능에는 구문론, 음성학, 의미론과 언어의 실용적 차원 혹은 실제 활용 등을 통제하는 능력이 포함된다.

④ 신체-운동지능

신체-운동지능이란 자신의 모든 신체를 이용해서 어떤 생각이나 감정을 표현하는 능력(예: 배우, 운동선수, 무용가 등)과 자신의 손을 이용해서 사물을 만들거나 변형시키는 능력(예: 장인, 조각가, 외과의사 등)을 말한다.

이 지능에는 자기 자극에 대한 감수성, 촉각적 능력뿐 아니라 협응, 손재주, 유연성, 속도 등과 같은 특정한 신체적 기술이 포함된다.

신체-운동지능은 정도의 차이는 있으나 운동선수나 행위예술가뿐 아니라 모든 사람에게 있는 보편적인 능력이다. 또한 행동을 잘 하지 못하는 실행증은 언어적 장애와 구별되며, 논리적 능력은 결손되었으나 고도의 기술적 근육운동을 수행하는 데 어려움이 없는 신경심리학적 환자들이 있다.

⑤ 음악지능

음악지능이란 음악적 표현형식을 지각하고(음악 애호가), 변별하고(음악 비평가), 변형하고(작곡가), 표현하는(연주자) 능력을 말한다. 이 지능에는 어떤 음악의 리듬, 음조, 멜로디, 음색 혹은 음절에 대한 민감성이 포함된다. 말은 못하면서도 악기를 연주하는 사람이 있다. 이는 음악지능이 언어지능과 별개의 지능임을 보여주는 한 예가 된다. 음악은 인간사회에서 석기시대부터 중요한 역할을 해 왔으며, 누구나 흥얼거리고 노래한다는 점에서 음악지능은 모든 문화권에서 볼 수 있는 보편적인 능력이다.

음악적 능력은 음악적 창의성, 음악적 청각능력도 포함된다. 생후 2개월이 되면서 엄마의 자장가의 가락과 음조를 구별할 수 있게 되며 음악지능은 발달하기 시작한다.

취학 연령 이후에는 기술적인 측면 외의 음악적 능력은 발달하지 않는다. 그러나 가락, 리듬, 소리의 맵시와 음악의 감정을 알아낼 수 있고 음의 세계에 매우 민감하여 음을 기억하고 창조할 수 있는 능력이 고도로 발달하게 되면 성공한 작곡가, 연주가가 될 수 있다.

⑥ 개인이해지능

개인이해지능이란 자기 자신에 대한 객관적 이해 및 지식과 그에 기초하여 잘 행동할 수 있는 능력을 말한다.

이 지능에는 자기 자신에 대한 정확한 이해(자신의 장점과 단점 등), 자기 내면의 기분, 의도, 동기, 기질, 욕구 등에 대한 이해능력뿐 아니라 자기통제와 자기관리 능력과 자존감을 유지하려는 의지와 능력이 포함된다.

개인이해지능은 아주 사적인 것이며 다른 지능들과 혼합되어 나타나는 것이 일반적이므로 개인이해지능의 구체적인 모습을 파악하는 것이 매우 어렵다. 즉, 음악가가 만든 곡을 통해 그들의 음악지능이 나타나지만, 음악가들 중에서 보다 인간적인 내적 감정에 호소력을 갖는 사람이 있을 것이다. 바로 그런 사람을 개인이해지능이 뛰어난 사람이라고 할 수 있다.

그러나 누구나 자신의 감정을 느끼고 자신의 존재를 느낀다는 점에서 개인이해지능은 보편적인 지적 능력이다. 가족중심의 동양사회보다는 개인중심적인 서구에서 개인이해지능을 더 강조한다. 문화 간에 다양성이 매우 뚜렷하여 다른 지능에 비해서 그 비교가 더욱 어렵지만, 모든 문화 속에서 인간 경험 중에서 느껴지는 영역을 개인이해지능의 영역으로 간주할 수 있다.

⑦ 대인지능

대인지능이란 타인의 기분, 의도, 동기, 감정을 지각하고 구분할 수 있는 능력을 말한다. 이 지능에는 얼굴표정, 목소리, 몸짓 등에 대한 민감성뿐 아니라 상대방의 기분, 감정, 의도를 읽을 수 있는 단서들을 구분할 수 있는 능력 그리고 그런 단서들에 대해 효과적으로 잘 대응할 수 있는 능력 등이 포함된다. 오늘날 사회에서 중요시 여기는 집단응집력, 지도력, 조직력, 결속력 등의 사회적 능력은 이 지능에 해당된다.

사회적 지식을 다루는 데 작용하는 창의적인 대인지능은 동물에게서는 발견되지 않는다. 또한 대인지능은 문화 간에 다양성이 매우 뚜렷하며 비교가 불가능한 측면을 갖는다.

대인지능은 생후 2개월에는 다른 사람의 형태와 얼굴 등을 구분하고 1세에는 낯가림을 하면서 애착을 형성한다. 2~5세에는 다른 사람의 역할을 재현해 볼 수 있게 되고, 학령기에 이르러서는 사회적 기술, 사회적 지식을 습득하게 되며, 이때에 타인의 의도와 생각을 알게 된다. 아동 중기에는 타인의 행동동기를 알게 되고, 위계질서와 타인의 입장을 이해하고 상호관계에 대해 정신적인 조작이 가능하게 된다. 청소년기에는 타인의 숨겨진 욕망, 걱정, 동기에 더욱 민감해지고 사회에 대한 이해가 더욱 세분화되며, 법에 대한 개념을 형성하게 되고 도덕원리인 정의의 중요성을 알게 된다.

대인지능을 사용해서 해결할 수 있는 고유의 과제는 타인의 행동과 느낌, 동기에 관한 연구를 하거나 자신의 행동결과를 계산하고 타인의 가능한 행동이나 손익을 계산하는 것이다.

대인지능만이 존재한다는 특정 두뇌영역은 전두엽인 것으로 알려져 있는데, 이 부분이 손상될 때 다른 지적 능력은 손상되지 않은 채 대인관계를 맺는 성격적 측면에 큰 변화를 가져온다. 진체직으로 대인지능은 공동작용(synergy)을 창조하고 유지하며, 다른 사람의 관점으로부터 사물을 판단하고 집단과 협력하며 언어적·비언어적으로 의사소통하는 능력을 일컫는다.

Gardner는 대인지능과 개인이해지능을 합하여 개인지능(personal intelligence)이라고 하였다. 대인지능은 타인을 이해하는 능력이며 개인이해지능은 자신을 이해하는 능력이다.

두 지능 모두 개인에 초점을 둔 지능으로서 자기에 대한 감각 혹은 인식능력은 인간의 사회적 관계를 맺고 참여하는 데 매우 중요한 능력이라고 할 수 있다.

⑧ 자연지능

자연지능은 다양한 꽃들이나 풀, 돌과 같이 식물, 동물들을 구분하는 능력과 환경의 특징을 사용하는 능력을 말한다. 모든 사람은 어느 정도 이 능력들을 가지고 있으나 어떤 사람들은 어린 나이에도 불구하고 이러한 것들을 잘 인식하고 분류하는 예를 볼 수 있다.

예를 들어, 3~4세의 아동이 어른들보다 공룡을 잘 인식하는 경우가 그렇다. 이 능력의 대표적인 과학자로 Darwin을 들 수 있다. 그는 살아 있는 것들의 특징 하나 하나를 의미 있게 보았다는 점에서 뛰어난 인물이다.

이러한 능력은 인간뿐 아니라 동물들에게도 생존에 필요한 능력이라는 점에서 진화적인 증거를 찾을 수 있다(김현진, 1999).

(4) 다중지능 교육환경 만들기

다중지능이론을 교육현장에 적용하기 위해서는 이론에 대한 개념의 이해뿐 아니라 다중지능에 대한 더욱더 깊은 이해가 필요하다. 이것이 이루어지고 난 후에 다중지능이론을 현장에 적용한 유치원이나 학교를 만들 수 있다는 미국의 서미트 연구팀의 조사를 기반으로, 다중지능이론의 견해를 반영한 프로그램을 실행하여 성공적으로 증명된 학교를 규정지을 기준표를 밝혔는데, 그 기준표는 다음과 같다(문용린 역, 2001).

① 준비성

다중지능 개념에 대한 인식을 확립하는 절차와 다중지능 개념을 실행할 방법을 세우는 것이 중요하다. 이러한 절차에는 교직원 세미나, 부모 이해의 밤(부모모임), 다른 다중지능 학교를 방문하는 일 등이 포함된다. 만약 그 학교가 다중지능의 주제나 정신과 최소한이나마 부합하는 신념이나 실행방법을 가지고 있지 않다면 이러한 인식을 확립하는 절차에는 시간이 더 필요할 것이다.

② 문화

다중지능이론의 수행은 다양한 학습자를 지원하고 쉴 새 없이 힘든 작업을 고무하는 상황에서 가장 잘 이루어지는 듯하다.

③ 협력

학교 안에서 뿐만 아니라 경험과 관심을 공유할 만한 사람들과 공식적으로든 비공식적으로든 토론할 기회가 많이 있어야 한다. 왜냐하면 논의할 문제점과 의사결정할 일들이 언제나 많기 때문에 변화의 과정이 시작되었다면 이러한 논쟁은 매우 중요하다.

④ 선택

학교는 학생들에게 성장과 학습의 평가뿐 아니라 교육과정에 대한 의미 있는 선택지를 제공해야 한다. 이 선택지는 학생들과 더 넓은 지역공동체의 뜻에 맞아야 한다. 교육과정이 너무 엄격하여 융통성이 없거나 단답형의 표준화된 검사와 같은 하나의 평가기준이 존재한다면 '다중지능 환경'은 만들어지지 않는다.

⑤ 도구

다중지능은 우수한 양질의 학생 연구를 촉진하는 수단으로 사용해야 한다. 앞서 분석한 바에 따르면 학생의 학업과 그것에 대한 학생들의 이해가 바로 좋은 학교의 증거이다. 다중지능 접근은 모든 사람이 강하게 관심을 갖는 결과가 완전하게 결합될 때 가장 잘 작동된다.

⑥ 예술

예술적인 면이 풍부한 프로그램은 학교에서 중요한 역할을 할 것이다. 그렇지 않다면 학생들과 교사들에 의해 드러나는 지능을 설명하기 어려워질 것이다.

또한 다중지능이론은 학생들의 개별적인 능력에 관심과 초점을 둔다. 즉, 개인에게 맞추어진 교육환경을 말한다. 30~40여 명이 함께 있는 교실에서 학생들이 하나같이 모두 순종적이고 조용한 것이 아니기 때문에 각 개인에게 맞추어진 교육을 생각하는 것은 어려운 일이지만 불가능한 것도 아니다. 이러한 점을 고려하여 Gardner(1999)는 다음과 같은 전략을 세우고 있다(문용린 역, 2001).

- 특정 학생이 어떻게 학습하는지와 교사와 학생이 지식을 어떻게 공유하는지에 대해 가능한 한 많은 자료를 모아라. 연령이 증가함에 따라 영유아는 많은 정보를 제공받을 수 있으며 그들 스스로에게 피드백을 제공할 수 있다.
- 학생들이 몇 년 동안 같은 교사의 지도를 받도록 해서 교사와 학생이 서로 잘 알 수 있도록 하라.
- 교사와 학생에게 각자의 일을 융통성 있게 할당하여 교사와 학생이 더 잘 조화를 이루게 하라.
- 학교에서 더욱 효과적인 정보전달체제를 형성하여 다음 해에 교사들이 자신의 새로운 학생들에 대해 가능한 한 많이 알 수 있도록 한다. 또한 교사는 이러한 정보에 가까이 접근할 수 있는 준비를 하고 필요한 정보를 최신의 것으로 바꿀 수 있도록 하라.
- 더 나이가 많은 학생이 어린 학생들과 함께 작업을 하도록 하거나 양립 가능하고 보충적인 학습접근법을 가진 학생들끼리 함께 작업하도록 하라.

2) 정서지능이론(Emotional Intelligence Theory)

정서지능의 개념이 주목받기 시작한 것은 근래에 들어서이다. 그러나 정서 또는 감정이 인간의 삶에 큰 영향을 준다는 인식은 오래전부터였다. 1990년대에 들어와 정서지능 또는 정서지능지수라는 개념이 등장하여 최근 이슈가 되고 있다. 특히 1990년대에 들어와 인간의 성공, 건강, 행동 등에 정서적 요인의 중요성이 강조되면서 정서지능이란 새로운 개념이 등장하게 되었다.

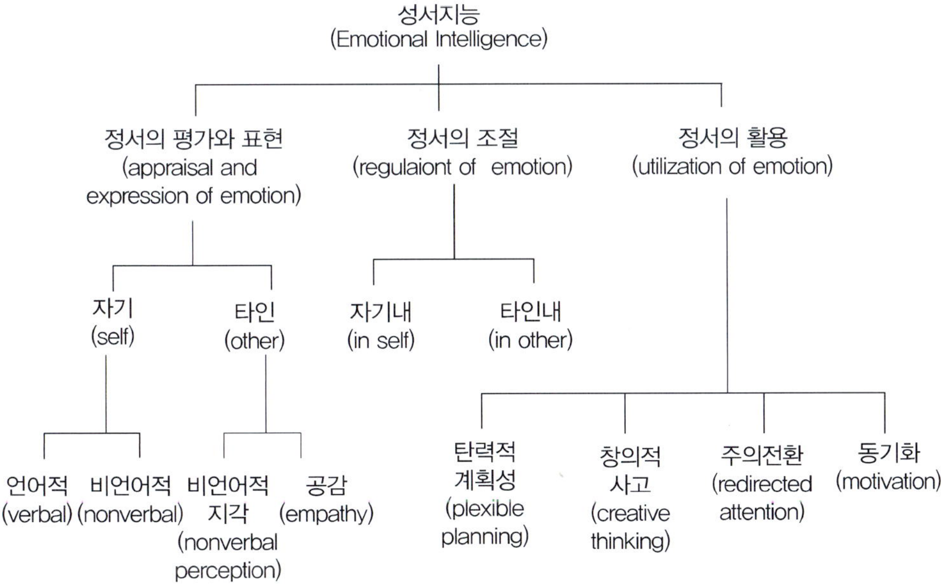

그림 2-14 ▶ 정서지능의 개념화

출처: Salovey & Mayer(1990).

정서지능은 자신과 타인의 정서를 점검하고 변별하며 이러한 정서관련 정보를 자신의 사고와 행위를 결정하는 데 적절하게 사용하는 능력과 관련되는 일종의 사회적 지능이다.

구체적으로 정서지능이란 개념을 처음으로 사용한 Salovey와 Mayer (1996)는 정서지능을 "정서를 정확하게 지각하여 평가하고 표현하는 능력, 정서의 사고촉진능력, 정서 및 정서와 관련된 지식을 이해할 수 있는 능력' 이라고 정의하고 있다.

정서지능이란 이성능력인 사고능력, 즉 기억력, 계산력, 추리력 등을 발휘하게 하거나 그런 능력을 억압하고 제한하기도 하는 감성능력을 말한다.

인간에게는 신기한 메커니즘이 있어서 기억력이 아무리 좋다고 하여도 기억하겠다는 의식적인 의지와 감정이 없이는 기억행위가 일어나지 않는다. 머리가 좋은 것과 실질적인 삶과 연관되는 의지와 감정은 서로 다른 능력인 것이다.

이와 같이 다른 능력들을 종합하고 조화시켜 발휘하는 능력이 곧 정서지능이다(문용린, 1997). 한편 Salovey는 "정서지능의 한 요소인 정서조절 기술을 좋은 목적으로 사용할 수도 있지만, 나쁜 목적으로 사용될 수도 있다. 예를 들어, 반사회적인 성향을 지닌 범죄자도 타인의 정서를 조절하는 데 대단히 능숙할 수가 있기 때문이다"라고 주장하였다. 그래서 요즘 MQ라는 개념이 다시 대두되고 있다. 도덕지수라고 하는데 도덕지능(moral intelligence)을 수치화한 개념이다. "정서지능이 적응을 위한 능력, 기술, 에너지로서 중립적인 힘이라면, 도덕지능은 그런 능력과 힘을 옳고 바른 쪽으로 활용되도록 이끄는 도덕적 안내자이자 견인력이라고 볼 수 있다"(문용린 외, 1999).

두 개념은 모두 사회적 지능(social intelligence)의 중요한 하위 요소들이라고 할 수 있다.

3) 정서지능의 구성요소

Salovey와 Mayer(1990)는 정서지능을 정서의 평가와 표현, 정서의 조절, 정서의 활용 등 세 가지 요소로 구분하고 각각의 하위 요인들을 제시하였다.

첫째, 정서의 평가와 표현은 자기와 타인의 정서를 정확하게 평가하고 표현하는 것이다. 정서의 평가와 표현이 정확한 사람들은 자신의 정서를 보다 빠르게 지각하고 반응할 수 있으며, 타인에게 정서를 보다 잘 표현하고, 감정을 정확하게 지각하기 때문에 자신의 감정에 보다 적절하게 반응할 수 있다.

둘째, 정서의 조절은 자기와 타인의 정서를 조절하는 것과 관련된 능력이다. 이 능력을 적절하게 사용하면 자신과 타인의 기분을 북돋워주고, 타인들을 가치 있는 목적을 향해 동기화시킬 수 있다.

셋째, 정서지능의 활용은 정서를 사고, 추리, 문제해결, 창의성 등에서 정서를 적응적으로 활용하는 것과 관련된다. 정서지능이 우수한 사람은 문제의 성격에 따라 자신의 정서와 기분을 적응시킬 수 있는 능력을 소유한 자이며, 융통성 있는 계획 세우기, 창의적 사고, 주의집중의 전환, 동기화에 정서를 잘 적응하여 활용할 수 있다.

한편, Goleman(1995)은 Gardner의 이론과 Salovey와 Mayer의 이론을 참고로 하여 정서지능을 다섯 가지 요인으로 나누어 설명하고 있다. Goleman이 제안한 다섯 가지 정서지능의 구성요인은 정서의 자각능력, 정서의 관리능력, 자신의 감정을 동기화시킬 수 있는 능력, 타인의 정서를 정확히 인지하여 공감할 줄 아는 능력, 인간관계를 잘 할 줄 아는 사회적 기술 능력으로 나누어 설명하였다.

첫째, 정서의 자각능력은 자신의 감정을 관찰하고 이를 살피는 능력으로 흔히 우리가 "이렇게 느껴서는 안돼", "기운을 내기 위해 생각을 바꿔야 해"라는 생각은 자신의 감정을 먼저 살핀 후에 나타내는 판단적인 반응이다. 자신의 감정을 알아차린 후에 감정을 적절하게 바꿀 수 있는 능력이 바로 정서지능이다.

둘째, 정서의 관리능력은 자신의 정서를 적절하게 관리할 줄 아는 능력으로 "어떻게 하면 분노를 낮출 수 있을까?"라는 능력을 갖추고 있으면 정서를 잘 관리하는 정서지능이 높은 사람이라 할 수 있는 것이다.

셋째, 자신의 감정을 동기화시킬 수 있는 능력은 목표에 충실하게 자신의 정서를 유도해 낼 수 있는 능력, 예컨대 욕구만족을 지연하거나 충동을 조절할 줄 아는 능력이다.

넷째, 타인의 정서를 정확히 인지하여 공감할 줄 아는 능력이다. 자신의 감정을 잘 표현할수록 남의 감정도 잘 읽을 수 있으며 다른 사람이 느끼고 있는 감정을 알아차리는 동감능력은 삶의 중요한 부분이다.

다섯째, 인간관계를 잘 할 줄 아는 사회적 기술능력은 감정표현을 잘 조절함으로써 다른 사람과 얼마나 인간관계를 잘 유지해 나가는 능력을 말한다.

이러한 사회적 기술은 매력을 끌게 하고, 활력을 주며, 영감을 주어 보다

관계를 돈독하게 해주며 설득력과 영향력을 키우고, 남을 편안하게 해 줄 수 있는 유용한 삶의 기술이다.

국내에서는 문용린(1999)이 제안한 정서지능의 구성요소가 Salovey와 Mayer가 제안한 네 가지 구성요소에 감정이입능력이 추가되어 총 다섯 가지의 구성요소로 되어 있다.

다섯 가지 구성요소에 맞추어 만들어진 정서지능의 모형은 다음과 같다.

① 정서의 인식과 표현능력

정서의 인식과 표현능력은 정서지능의 가장 기본이 되는 개념이다.

정서의 인식과 표현력이 발달되지 않으면 정서지능 전체 능력이 발달하고 향상되기 어렵다. 자신의 감정을 조절하고 통제하기 위해서는 그것에 대해 정확하게 이해하는 것이 무엇보다도 필요하다. 정서의 인식과 표현의 개념을 한 마디로 정의하면 바로 자신과 타인의 기분이나 감정을 정확하게 파악하고 이해하며 자신이 느끼는 바를 적절하게 표현하는 능력이다.

정서의 인식과 표현능력은 다음의 두 가지로 구별된다.

- 자신의 감정을 소재로 하되 행동적인 측면을 강조한다.
- 느끼는 감정과 기분을 적절하게 상황에 맞게 표현하는 능력으로, 자신의 감정과 기분을 표현하는 능력인 표현기술을 기르는 것이 중요하다.

② 감정이입

감정이입능력은 '공감'이란 용어와 비슷한 개념이다. 감정이입은 타인의 감정을 이해하고 그 감정을 자신의 내부에서 재경험해 볼 수 있을 뿐 아니라 상황에 따른 감정과 기분의 학습을 가능하게 한다. 정서지능의 구성요소에 포함되는 감정이입은 기존에 연구되어 온 감정이입보다는 광의의 의미를 가진다(Salovey & Mayer, 1990).

③ 정서의 촉진

정서의 사고 촉진은 정서의 인식과 표현능력보다 상위의 개념으로 자신의 기분과 감정을 정확하게 알고 이해하면서, 과제를 해결하는 데 집중할 수 있는 능력이다. 정서의 사고촉진능력은 두 가지로 볼 수 있다.

- 자신에게 현재 가장 중요한 일에 주의를 집중하는 능력으로 자신의 주의를 전환하여 집중하는 능력이다.
- 자신이 해결해야 하는 과제를 잘 처리하기 위해서 자신의 감성과 기분을 그 과제를 해결하기 위해 활용하는 능력이다.

④ 정서지식의 활용

정서지식의 활용능력은 정서와 지식이 얼마나 풍부한가에 대한 능력이며, 그 지식이 담고 있는 내적인 의미를 파악하고 있는지에 대한 능력이다.

인간은 성장하면서 다양한 경험을 하고, 정서의 종류가 늘어나고, 감정의 폭이 넓어지면서 정서에 대한 지식이 풍부해진다.

⑤ 정서의 활용

정서의 활용은 정서지능의 핵심적인 내용이라고 할 수 있다. 정서의 조절을 요약하면 자신의 감정이나 기분을 상황에 따라 적절하게 조절하고, 통제하는 능력으로, 인내심이나 참을성과 비슷한 의미를 가진다.

⑥ 정서지능을 높여주는 실천적 방법

정서지능은 얼마든지 교육과 훈련으로 길러질 수 있는 능력이다. 김언주 외(2000)는 정서지능을 증진시킬 수 있는 방법을 정의적 측면, 인지적 측면, 행동적 측면으로 나누어 제시하고 있다.

● 정의적 측면

- 인물사진이나 그림을 보고 그 사람의 감성상태를 설명해 보도록 한다.
- 동화책에 나오는 주인공의 감성상태를 설명하도록 한다
- 거울을 보고 희로애락의 감성상태를 표현해 보도록 한다.

- 매일 매일의 감성상태를 여러 가지 색깔로 표현해 보도록 한다.
- 우울할 때나 기분 나쁠 때 기분 전환하는 방법을 가르쳐준다.
- 성취하고 싶은 성적이나 하고 싶은 일을 정해놓고 스스로 해내도록 한다.

● **인지적 측면**

- 만화영화에 나오는 등장인물이 되어 그들의 느낌을 느껴보도록 한다.
- 모든 일이 잘 될 것이라는 신념을 갖도록 한다.
- TV에서 방영되는 연속극 중 인물들의 생각과 느낌을 설명해 보도록 한다.
- 사람들이 화가 나거나 슬플 때 어떻게 행동하는지에 대해 설명해 준다.
- 자신의 느낌을 자신에게 고백하는 식으로 내면적 대화를 하도록 지도한다.

● **행동적 측면**

- 몸짓, 얼굴표정, 언성 등 비언어적인 행동을 적절하게 표현하는 연습을 시킨다.
- 상대방이 말하는 동안 그의 표정이나 언성 등을 통해 상대방의 감성상태를 읽어내는 연습을 시킨다.
- 자신의 감성상태를 말로 표현해 보는 기회를 준다.

Chapter 03

발달 영역과 연구방법

1. 영유아발달 연구의 중요성
2. 영유아발달 연구분야
3. 영유아발달 연구의 역사
4. 영유아연구방법
5. 영유아연구접근법
6. 영유아연구의 윤리

1. 영유아발달 연구의 중요성

영유아발달에 대해서 왜 연구해야 하는가? 영유아발달에 대한 책임은 부모, 친구, 사회, 국가 모두에게 있다. 우리 자신이 유아였었고 청소년기를 거쳐 성인기로 발달한 지금, 우리가 어떻게 발달해 왔으며, 우리의 후세들은 어떻게 발달할 것이고, 어떤 방향으로 이끌어 주어야 하는지에 대한 의문과 해답이 있는 곳이 바로 유아발달의 연구영역이기 때문이다.

유아발달은 임신에서부터 청소년기에 이르는 인간의 성장과 변화를 이해하기 위한 연구분야이다. 영유아발달은 발달심리학의 한 분야로서 인간이 일생동안 경험하는 모든 변화를 포함한 인간발달의 한 부분이기도 하다.

2. 영유아발달 연구분야

영유아발달 연구분야는 우리가 영유아에 관해서 의문스러웠던 바를 여섯 가지로 제시하고 있다(Berk, 1991).

첫째, 인간이 태어나기 전에는 어떤 모습이었으며, 건강한 신생아가 태어나기 위해서는 어떻게 해야 하는가?

둘째, 신생아는 복잡한 지각세계를 이해할 수 있는가? 신생아가 자신의 주변 세계에 대해서 이미 알고 있는 것은 무엇인가? 그리고 그들이 살아가는 동안 배워야 하는 것은 어떤 것인가?

셋째, 영유아가 출생 후 몇 년 동안 복잡한 언어체계를 어떻게 효과적으로 사용할 수 있게 되는가? 좀 더 나이든 유아나 성인보다 유아가 외국어를 배우는 것이 쉬운가, 아니면 어려운가?

넷째, 지능 및 성격발달의 개인차는 어떤 요인에 기인하는 것인가? 유아가 똑똑한지 아닌지, 적극적인지 소극적인지, 사회적인지 비사회적인지에 대해서 유전이 갖는 의미는 무엇인가? 가정환경의 어떤 면이 영유아 간의 발달 차이가 생기도록 하는가?

다섯째, 대부분의 영유아들은 왜 출생 후 약 6개월 정도가 되면 어머니와 강한 정서적 유대관계를 맺으려고 하는가? 양육자에게 정서적으로 애착을 형성하지 못한 영유아는 이후에 어떤 발달적 손상을 보이는가?

여섯째, 영유아들을 지적, 사회적으로 좀 더 발달시킬 수 있는 양육방법에는 어떤 것이 있는가? 부모는 영유아에게 허용적이어야 하는가, 아니면 영유아의 행동을 통제해야 하는가? 그렇지 않다면 적절한 양육방법은 무엇인가?

3. 영유아발달 연구의 역사

현재까지 발달이론과 발달연구에 영향을 끼쳐온 두 철학자는 Locke와 Rousseau이다. 영국의 철학자 Locke는 유아의 경험이 유아발달의 기본적인 결정요인이 된다고 보았으며, 유아의 마음은 백지상태와 같아서 학습에 의해 인간이 형성된다고 하였다.

한편 프랑스 철학자 Rousseau는 Locke와는 다른 견해를 제시하였다. 유아는 도덕적 특성을 선천적으로 타고나기 때문에 옳고 그른 것을 직관적으로 통찰할 수 있는 존재라고 보았다. 따라서 유아는 건강하게 성장할 수 있는 발달능력을 갖고 태어나기 때문에 사회나 성인의 지시나 감독 없이도 나이 들면서 점차로 적절하게 성장할 것이라고 믿었다. 오히려 부모나 교사의 간섭이 유아의 발달과정을 저해하거나 손상시킨다고 주장하였다.

그 후 Rousseau의 주장을 받아들였던 스위스의 Pestalozzi는 그의 40개월된 아들의 발달을 관찰한 보고서를 출판하였다. 이 책에서 그는 발달에서 유아 스스로의 활동을 강조하였다.

발달연구의 역사에서 가장 큰 사건 중의 하나는 Darwin(1859)이 제시한 진화론의 출현이다. Darwin(1877)은 자신의 자녀의 초기 발달에 관한 관찰일지를 출판하였는데, 그는 특히 유아행동의 진화론적 특성에 관심이 많았다. 유아는 인간의 본성에 대한 많은 정보를 갖고 있기 때문에 면밀한 관찰을 통해서 개인의 발달을 추적할 수 있고 이것이 인류의 진화론적 역사를 이해하게 해준다고 믿었다.

또한 생리학자인 Preyer(1888)는 자신의 아들(출생 후부터 4세까지)에 관한 발달 과정을 기록한 관찰일지를 발표하였다. 그는 특히 반사적 행동의 발달과 반사적 행동의 수정에서 훈련이나 경험의 영향에 관심을 두었다.

발달심리학의 설립 초기에 나타난 아동일지들은 과학적인 연구자료로서는 명확한 제한점이 있다. 대개 한두 명의 유아를 대상으로 하기 때문에 관찰결과가 객관적이라고 하기 어렵다는 것이다. 또한 체계적이지 않거나 불규칙한 시간 간격을 두고 관찰이 이루어져, 이들 자료들로부터 보편적인 유아발달 양상을 밝히기는 불가능하다.

이러한 사실에도 불구하고 초기 철학자들의 주장과 마찬가지로 관찰일지들은 유아발달의 주요 논점을 제시하는 데 가치가 있으며, 유아의 과학적인 연구에 대한 관심을 자극하고 유도하는 데 커다란 역할을 하였다고 평가된다.

많은 유아를 대상으로 체계적인 연구가 시작된 것은 Stanley Hall에 의해 시작되었다. 그는 유아의 마음을 질문지법을 적용하여 조사하고자 하였다(Hall, 1891). 유아들에게 그들의 활동과 흥미에 대하여 질문했으며 그의 목표는 발달의 순서와 시기를 기술하는 것이었다. Hall의 연구는 많은 유아를 대상으로 객관적인 측정을 적용하였다는 점에서 유아에 대한 과학적인 연구의 효시라 할 수 있다.

Hall과 거의 같은 시기에 프랑스의 Binet는 유아연구의 과학적 접근에 크게 공헌하였는데, 그는 1905년에 지능검사를 작성하여 유아의 지능을 측정하였고, 실제 교육 장면에 적용시켰다. Binet 지능검사 이후 이와 같은 검사법은 영유아의 지능만이 아니라 성격이나 능력, 적성 측정에도 활용되었다.

Hall과 Binet 이후 20세기 초기의 많은 발달심리학자들은 Darwin의 영향을 받아 발달 변화는 대부분 성숙의 결과라고 믿었다. 또한 연령에 따라 나타나는 발달 변화는 모든 유아에게서 보편적으로 나타나는 선천적 발달 유형으로 생각하였다. 이러한 이론을 제시한 대표적인 학자는 Gesell이었다.

이와 같은 경향이 지속되면서 1920년대와 1930년대에는 미국의 하버드 대학, 캘리포니아대학 및 여러 유아연구기관에서 10년 이상의 장기간에 걸친 종단적 연구가 시작되었다. 이들 종단적 연구에서는 영유아의 신체적 성장은 물론 여러 심리적 행동특성을 같은 대상의 영유아들로 추적하여 연령에 따른 발달 변화에 대해 연구하였다.

이때 미국과 유럽 심리학의 세 가지 동향이 이후의 유아발달심리학에 크게 영향을 미치게 되는데, 첫째는 Freud의 정신분석이론, 둘째는, 행동주의 이론, 셋째는 Piaget의 인지발달이론이다. 이들 세 이론의 발달은 현재 아동발달심리학의 이론적인 중추를 형성하였다.

제2차 세계대전 이후부터는 발달 변화를 기술하는 것 대신 유아행동에 대한 이론적 설명을 검증하는 실험아동심리학이 나타나기 시작하여 1960년대 중반까지 아동발달심리학의 주축을 이루었다.

이 시기의 유아를 연구하는 심리학자들은 유아행동을 정확히 기술하는 것뿐만 아니라 유아행동에 대한 원인이나 이유를 찾고 설명하는 데 관심을 가졌다. 또한 행동주의적 입장에서 주로 관찰될 수 있는 외적 행동에 관심을 두었으며 환경결정론적인 견해를 갖고 있었다. 연구는 자연관찰보다는 한 상황에서 모든 면을 통제할 수 있는 실험실 안에서 이루어졌다.

1960년대 전후로 행동주의의 한계점이 지적되기 시작하였고, Piaget의 이론이 주목받기 시작하였다. 이러한 맥락에서 영유아발달에 대한 연구가 활발히 이루어지게 되었으며, 1970년 초까지는 발달의 이론적 모델로서 Piaget 이론이 주축을 이루었다.

그러나 1970년대에 들어오면서 심리학의 정보처리 패러다임의 영향으로 정보처리모델을 기초로 인지발달 연구들이 보고되기 시작하였다.

또 최근에는 유아발달에서 자연상황에서의 환경적 맥락을 강조하는 생태학적 이론, 유아는 사회문화적 상호작용에 의해 특정 문화의 사고와 행동양식을 내면화한다는 사회문화적 이론, 진화론적 관점에서 발달특성의 적응적 가치를 찾는 동물행동학 이론에 근거한 발달연구들이 이루어졌다(최경숙, 2006).

4. 영유아연구방법

연구방법(김제한, 2001)이란 원래 목적 달성을 위한 수단이자, 도구, 기술에 지나지 않는다. 그러므로 연구의 목적이 뚜렷하고, 거기에 알맞은 방법과 기술을 선정해서 적용해야 한다. 각각의 방법에는 각기 특성과 한계가 있음을 유의해야 하며, 이를 활용함에 있어 비과학적 결론에 빠지지 않도록 주의해야 한다.

그리고 한 연구가 어떤 한 가지의 방법에 의해서 결정될 수 있는 경우란 극히 드물고, 몇 개의 방법을 종합해서 사용하고 있다는 사실도 알아야 한다. 다시 말해 연구방법에는 각기 독자적인 명칭이 있으나 내용적인 면에서는 서로 중복되는 경우도 있으며, 실제로 연구에 임했을 때 몇 가지 방법을 병행하는 것이 유아를 올바로 이해하는 데 있어 필요한 경우가 매우 많기 때문이다.

1) 관찰법

(1) 개념

일반적으로 인간행동에 관한 정보를 수집하는 방법은 크게 두 가지로 구분할 수 있다. 즉, 사람을 관찰하느냐, 그 사람에게 묻느냐는 것이다. 그런데 직접 물어보는 방법은 그 반응의 타당성과 신뢰성이 문제가 된다. 그러므로 연구자가 직접 정밀한 관찰을 통하여 정보를 수집하는 방법이 오랜 역사를 가지고 연구의 기본 수단으로 활용되고 있다.

특히 관찰법은 비언어적인 정보를 수집하는 데 일차적 목표를 가지고 있으며, 질문지나 심리검사 등과 같은 방법으로 파악하기 어려운 정보를 발견할 수 있다는 특징을 갖고 있다. 그러므로 연구로서의 관찰은 타당성과 신뢰성을 갖고 객관적으로 실시되어야 한다.

관찰이란 "도구를 사용하지 않는 측정이며 만약 도구(measurer)를 사용하더라도 그것은 측정하는 사람에게만 영향을 미치고 측정받는 사람에게는 영향을 주지 않는 측정방법"이다. 다시 말해 관찰법이란 유아의 행동을 그대로 두고 관찰하는 방법으로 관찰의 목적은 유아의 마음과 행동을 이해하는 데 있으며, 교육적인 어떤 판단을 내리는 데 필요한 자료수집에 있다.

관찰법이 연구에서 사용되는 경우는 다음과 같다. 첫째, 다른 측정방법으로는 사회적 상호작용의 과정을 방해할 위험이 있다. 둘째, 행위자 자신이 직접적인 정보원으로서는 부적당한 경우이다. 특히 감수성이나 언어표현이 부족한 영유아, 유아의 행동 등은 질문에 의해서는 불가능하기 때문이다.

(2) 절차

관찰법의 유형에 따라 절차는 달라질 수 있으나 일반적으로 다음과 같다 (김제한, 2001).

① 연구목적을 설정한다.
② 관찰대상을 설정한다.
③ 관찰자를 정한다.
④ 관찰기록지를 만든다.
⑤ 실제 관찰을 수행한다.
⑥ 피관찰자와 친근감을 갖도록 한다.
⑦ 관찰을 끝낸다.
⑧ 관찰한 자료를 분석한다.

⑨ 결과보고서를 작성한다.

(3) 장·단점

관찰법의 성공은 관찰자에 의존하게 된다. 그러므로 관찰자는 고도의 훈련을 거친 전문가이어야 한다. 또한 관찰의 결과에 대한 해석이나 판단에도 주의를 기울여야 한다. 관찰법의 장·단점을 살펴보면 다음과 같다.

● 장점

① 관찰법은 비언어적 행동에 대한 데이터를 수집하는 데 있어서 조사연구, 실험연구보다 더 유용하게 사용될 수 있다.

② 어떤 문제의 사태나 피관찰자의 행동이 발생함과 동시에 기록될 수 있다.

③ 관찰법은 피관찰자의 고의적인 방해를 받지 않는다.

④ 관찰법은 피관찰자의 교육 정도나 언어 등에 영향을 받지 않는다.

● 단점

① 관찰을 위해서는 행동이 나타날 때까지 기다려야 하는 어려움이 따른다.

② 관찰의 측정방법은 조사연구, 실험연구와 달리 양적 측정이 불가능하다.

③ 관찰 대상자가 적고 실험연구보다 크지만 조사연구보다 작게 표집된다.

④ 관찰은 자연적인 환경에서 이루어지기 때문에 연구에 대한 승인을 받는 데 어려움이 있다.

⑤ 관찰에서 관찰자의 편견이나 선입견 또는 주관이 개입되기 쉽다.

2) 면접법

(1) 개념

면접은 연구자가 알고자 하는 주제에 관한 자료를 얻기 위해서 언어를 매개로 하여 면접자와 피면접자 간에 이루어지는 상호작용을 말한다. 자료 수집 방법으로서의 면접은 자기 기입식 질문지를 통한 자료수집 방법과 달리 좀 더 다양하고 심층적인 자료를 얻는 데 그 목적이 있다.

면접법이란 일상생활에서 유아와 부모, 교사들이 서로 대화할 때, 그 대화의 내용이나 태도에서 필요한 자료를 얻거나 지도·조언할 수 있는 방법을 말한다. 그러므로 면접 시에 면접자는 선입견이나 편견을 피하고 유아와 면접자 사이에 신뢰할 수 있고, 자유로운 분위기를 가질 수 있도록 친근한 인간관계(rapport)를 형성해 주어야 하며, 질문에 응할 수 있도록 계획을 잘 세워 요령 있는 대화술과 기술을 발휘해야 한다.

(2) 절차

① 면접자 선정

면접자 선정은 면접 목적과 피면접자의 특성에 따라 다르게 선정한다. 면접자는 가장 중요한 존재이다. 일반적으로 면접자는 성격이 원만하고 대화를 좋아하며 예리한 관찰력과 판단력을 지녀 면접결과를 객관적으로 기록, 정리해야 한다.

② 면접자 훈련

연구자 자신이 면접자가 되지 못할 경우에는 훈련된 면접자를 활용하도록 하고, 면접자를 훈련할 때는 '면접자를 위한 지침서'를 활용하도록 한다.

③ 면접 실시

면접자가 대상자를 방문할 때는 사전에 약속을 해야 하며, 피면접자와 원만한 인간관계(rapport)를 형성하도록 한다. 면접에서 피면접자의 반응이 불충분하다고 생각되면 추가 질문을 통해 캐묻기를 실시한다.

④ 면접의 기록

아무리 훌륭한 면접을 했다 하더라도 면접결과를 정확하고 체계적으로 기술하지 못하면 쓸모없는 일이 되고 만다. 면접내용을 일일이 기록하기 어려운 경우에는 약어나 기호 또는 녹음기와 같은 기기의 도움을 받을 수 있다.

(3) 장·단점

● 장점

① 면접법은 자기 보고와 같은 검사지로 얻기 힘든 심층적인 자료를 수집할 수 있다.

② 말을 주고받아 자료를 수집함으로써 문장 독해력이 없는 사람에게 활용할 수 있다.

③ 피면접자의 표정이나 태도를 함께 관찰함으로써 신뢰성을 높일 수 있다.

④ 면접은 대면을 통해서 이루어지므로 자료의 정확성이 있다.

⑤ 부정확하거나 모호한 반응에 대해 다시 물을 수 있다.

⑥ 연구와 직접적인 관련이 없으나 부차적인 자료를 얻을 수 있다.

● 단점

① 면접은 고도의 기술을 필요로 한다.

② 시간과 경비가 많이 든다.

③ 피면접자의 익명성이 보장되지 않는다.

④ 표준적인 절차가 지켜지지 않는다.

(4) 유의사항

① 면접자와 피면접자 사이에 친밀감(rapport)을 형성하고 분위기를 조성해야 한다.

② 면접 중에는 대화의 내용만이 아닌 태도, 표정, 상대방의 기분까지 파악해야 한다.

③ 안정된 분위기를 만들도록 하고 상하의 고압적인 태도를 취해서는 안 된다.

④ 편견이나 선입견 없이 대하도록 노력해야 한다.

⑤ 면접 중 기록을 하고 안하고는 태도에 따라 결정하되, 기록을 못했을 경우에는 면접 종료와 동시에 필요한 것을 정리해야 한다.

⑥ 유아의 의사를 존중하고 교사가 유아의 이야기를 중단시켜서는 안 된다.

⑦ 면접한 결과는 비밀을 보장해 주어야 하며, 타인에게 이야기해서는 안 된다.

3) 실험법

(1) 개념

실험법은 두 개의 요인이나 사상 간의 관계가 불확실할 때 한쪽을 조절함으로써 다른 한쪽에 어떠한 영향을 주게 되는가를 보아서, 두 사상이나 요인 간의 인과적 관계를 밝혀 보려는 것이다. 다시 말해 실험법은 어떤 한 변인을 조작하여 그것이 다른 변인에 미치는 영향을 측정한다. 이러한 경우 조작되는 변인을 '독립변인'이라 하고, 그것의 영향을 받는 변인을 '종속변인'이라 한다.

(2) 절차

① 연구문제를 정의하고 독립변인과 종속변인을 결정한다.
② 연구가설을 설정하고 실험설계를 한다.
③ 실험에 필요한 대상을 표집하여 실험집단과 통제집단으로 편성한다.
④ 실험집단에게 처치를 가한다.
⑤ 실험결과를 측정하여 변화의 양을 측정한다.
⑥ 실험결과에 대한 기술과 해석을 한다.

(3) 장·단점

● 장점

① 실험연구는 처지의 효과가 명확하다.
② 실험을 여러 조건 하에서 반복할 수 있다.
③ 복잡한 연구에서도 변인들 간의 인과관계가 분명하다.

● 단점

① 실험연구 결과가 쉽게 일반화될 수 없다.
② 실험집단의 구성에 편파적일 수 있다.
③ 인간을 대상으로 한 연구에서 엄격하게 조건을 통제할 수 없다.
④ 인간발달 연구에서 인위적인 조건 통제는 윤리적인 문제가 제기될 수 있다

(4) 유의사항

실험연구는 인위적인 상황에서 조건을 통제하고, 독립변인과 종속변인에 미치는 영향을 연구하는 것으로, 엄격한 실험이 이루어지지 않으면 실험결과의 타당성을 의심하게 된다. 그러므로 실험연구에서는 타당성을 높이도록 노력해야 한다.

실험연구의 타당도는 내적 타당도와 외적 타당도로 구분할 수 있다. 내적 타당도란 실험결과를 설명할 수 있는 최소한의 요구조건을 의미하며, 외적 타당도란 실험결과의 일반화 가능성을 따지는 문제이다.

내적 타당도를 저해하는 요인으로 역사, 성숙, 검사, 측정도구, 통계적 회귀, 피험자 선발, 피험자 탈락, 피험자의 선발과 성숙 간의 상호작용 등을 들 수 있으며, 외적 타당도를 저해하는 요인으로 검사 실시와 실험처치 간의 상호작용 효과, 피험자의 선발과 실험처치 간의 상호작용, 실험상황에 대한 반동 효과, 중다처치에 의한 간섭효과 등을 들 수 있다.

4) 표준화 검사법

(1) 개념

표준화 검사법이란 인간의 능력, 지식, 기술, 심리적 특성 등에 관한 정도를 표시할 목적으로 어떤 조건 하에 미리 제작된 문제나 작업을 가하여 피험자의 행동과 그 성과를 일정한 관점에 비추어 질적·양적으로 기술하는 조직적 절차의 한 방법이다.

검사법은 심리적 특성이나 행동이 비교적 분명하게 판별되고, 그 조사결과가 수량화될 수 있다는 점에서 연구도구로서 광범위한 가치가 있다. 표준화 검사를 실시할 때 유의해야 할 점은 검사의 실시, 처리, 해석, 활용이 표준화되었기 때문에 제작정신에 위배되어서는 안 된다는 것이다.

검사의 측정은 인간의 행동특성이나 기능을 표집하는 데 아주 좋은 방법 중의 하나이다. 일반적으로 많이 이용하는 것은 표준화 검사로서, 이 검사는 표준화된 일정 수효의 문항과 검사 실시 및 채점에 관한 방법이 있고 해석의 기준을 가지고 있기 때문에 객관성을 기할 수 있다.

영국의 Galton, 프랑스의 Binet, 미국의 Thorndike 등에 의한 심리측정 및 통계적 방법 분야의 빛나는 업적과 제 1·2차에 세계대전이라고 하는 큰 사회적 사건, 자본주의 물질문명의 발달이라고 하는 역사적·사회적 배경 하에 질적·양적으로 다양한 종류의 다양한 검사가 발달하였다.

검사결과를 해석함에 있어 명심할 것은 결과의 수락 여부는 검사자 자신에게 있지, 결코 검사규준 자체에 있는 것이 아니라는 것이다.

(2) 절차

① 검사의 목적이 명백하고 분명해야 한다.
② 검사의 목적에 맞는 문항의 형식을 선택한다.
③ 예비 검사를 실시하여 수정을 한다.
④ 실시방법과 해석방법을 결정한다.
⑤ 검사지와 검사요강을 만든다.

(3) 장·단점

● 장점

① 개인이나 집단의 비교가 가능하다.
② 구체적인 능력을 측정할 수 있다.
③ 학습지도나 진단 또는 생활지도의 목적으로 활용할 수 있다.

● 단점

① 체계적인 절차로 검사를 제작한다는 것은 매우 어렵다.
② 비언어적인 특성을 측정하기 어렵다.
③ 비교를 위해서는 표집의 편파성이 없어야 한다.

(4) 유의사항

검사법은 검사도구를 연구목적에 맞게 사용하는 것이다. 따라서 일반적으로 활용되고 있는 표준화 검사 선정에서 유의할 점은 다음과 같다.

① 검사목적에 적합한 표준화검사를 선택해야 한다.

② 연구대상에 맞는 검사 형식을 선택한다.
③ 실시방법이 편리한 검사를 선정한다.
④ 검사결과에 대한 해석이 용이한 검사를 선정한다.

5) 질문지법

(1) 개념

질문지법은 어떤 문제에 대하여 미리 만들어진 질문들을 연구 대상자가 기술하도록 하는 방법이다. 이러한 질문을 체계적으로 작성한 글을 질문지라고 한다.

미국의 Hall에 의해서 개발된 방법으로 사람의 의식내용에 관해서도 용이하게 자료를 수집할 수 있다는 장점에서 널리 사용되어 왔다. 그러나 이것은 어디까지나 응답자의 반응을 근거로 하는 것이기 때문에 자료의 정확성이나 성실성을 믿을 수 없다. 뿐만 아니라 연구자가 자기가 바라는 자료를 얻을 수 있게 유도하는 질문을 할 수도 있다.

(2) 종류

질문지는 질문을 묻는 내용과 형식에 따라 구분할 수 있다. 질문의 내용은 크게 객관적인 사실을 알아보기 위한 질문이 있다.

질문의 형식에는 구조화된 질문과 비구조화된 질문이 있다. 구조화된 질문은 선택형, 체크리스트형, 등위형, 척도형 등이 포함되며, 비구조화된 질문은 자유반응형으로, 예를 들면 어떤 문제에 대하여 '아무것이나 마음대로 써라'라고 하는 형식을 말한다(김제한, 2001).

(3) 절차

① 질문내용의 구체화

질문지의 질문은 연구자가 알고자 하는 연구문제가 정확하게 반영되어 있어야 한다. 연구문제를 구체화하여 변인으로 진술할 수 있어야 한다.

② 질문 형식 선정

질문의 형식은 응답의 형식을 고려하여 표현된다. 즉, 구조화된 질문으로 할 것인가, 비구조화된 질문으로 할 것인가를 결정해야 한다.

③ 문항 작성

질문은 간단명료해야 한다. 질문지에 응답할 대상을 고려하여 용어나 술어를 사용해야 한다. 너무 전문적인 용어는 응답자로 하여금 기피하거나 무성의하게 답할 가능성이 있다.

④ 사전 검사

좋은 질문지를 만들기 위해서는 예비과정을 거쳐 용어나 표현을 수정할 수 있어야 한다.

(4) 장·단점

● 장점

① 많은 자료를 조직적으로 수집할 수 있다.

② 일시에 많은 대상자에게 실시할 수 있기 때문에 시간이 절약되고 경비가 적게 든다.

③ 다른 방법으로 조사하기 어려운 개인적인 내용이나 심리적 특성을 파악할 수 있다.

④ 전문적인 지식이나 훈련을 받지 않은 연구자도 사용할 수 있다.

⑤ 연구자가 연구대상자에게 미치는 영향이 극히 적다.

● **단점**

① 언어력이 부족한 유아나 문맹자들을 대상으로 실시할 수 없다.
② 질문지 응답결과에 대한 신뢰성을 확인하기 어렵다.
③ 질문지의 회수율이 낮다. 우편을 통한 조사의 경우에는 더욱 낮아지기 때문에 사전에 표집비율을 고려해야 한다.
④ 전수조사가 아닌 표집의 경우에 편파적인 표집이 되기 쉽다.

(5) 유의사항

① 가능한 한 응답자의 정직하고 성실한 반응을 불러일으키도록 해야 한다. 그러기 위해서는 동기를 유발해야 한다.
② 자료수집이 꼭 질문지여야만 하는가, 다른 더 적당한 방법은 없는가를 검토해야 한다. 질문지가 최적의 방법이라고 생각될 때 사용해야 한다.
③ 질문의 수는 목적을 달성할 수 있는 최저수로 제한해야 하며, 어법은 일의적이고 단순해야 한다.
④ 질문이 답에 대한 어떤 암시를 주거나 영향을 미치는 어구는 피해야 한다. 또한 질문의 잠재적 목적을 눈치채지 않게 해야 한다. 숨겨진 목적이 드러나면 왜곡된 반응이 나올 가능성이 있다.
⑤ 반응자의 인격이나 도덕적·사회적 신분을 손상케 하는 질문은 피해야 한다. 수치심이나 열등감을 자극하는 질문은 피해야 한다.
⑥ 질문지는 포괄성이 없고 시야가 너무 편협해서는 안 된다. 어떤 정치집단이나 기관이 찬성 자료를 얻기 위한 편협한 목적의 질문지를 만드는 경우 같은 것을 말한다.
⑦ 최종 질문지를 만들기 전에 사전조사를 해야 한다.

6) 사례연구법

(1) 개념

사례연구법이란 특정한 개인에 대하여 여러 가지 필요한 사항을 조사하여 문제의 원인을 진단하고 그에 따라 적절한 치료방법을 발견하는 것을 말한다. 특히 학생의 성격이나 행동문제를 중심으로 그 문제의 발생요인, 조건을 진단하고, 성격이나 행동문제를 교육적으로 해결하고 치료하려는 임상적 방법(clinical method)으로 많이 사용되고 있는 것이다.

유아의 개성 이해나, 문제의 진단과 그 지도를 위해 유아의 지금까지의 생활의 전 과정이나 어떤 측면에 대한 자료를 집중적으로 수집하고 분석하는 방법이다.

성공적인 사례연구가 포함해야 할 영역에는 표준적인 것은 없으나, Gates 등이 시사한 바에 따르면 잠정적으로 다음과 같은 내용을 들 수 있겠다.

① **현재** : 문제, 교육상황, 지적상황, 신체 및 건강상황, 성장수준, 인격성, 사회관계, 직업, 가정관계

② **과거** : 문제의 역사, 교육의 역사 등

③ **미래** : 교육계획, 지적 발달의 장래 수준의 예상, 건강의 예상 등

(2) 절차

일반적으로 사례연구는 다음과 같은 절차를 갖게 된다.

① 사례를 확인한다.

모든 것이 사례일 수는 없다. 특정한 유아 또는 기관, 집단이 사례라고 할 수 있다. 한 유아가 사례일 수는 있으나, 그 유아의 행동이 곧 사례는 아니다. 그 이유는 학생의 학습행동은 특수성이 아닌 일반성을 나타내기 때문이다.

② 사례연구의 대상에 관심을 가진다.

일반적으로 하나의 사례에 대한 관심이 적기 때문에 모집단을 상정하고 일반적인 상황을 고려하여 많은 사례를 대상으로 하게 된다. 그러나 많은 사례를 모은다고 일반적인 특성을 찾을 수는 없다. 각각의 사례는 유사한 특성이 있을 수도 있으나 그렇지 않을 수도 있다.

③ 사례연구의 목적을 분명하게 한다.

사례연구의 목적은 사례에 대한 연구자의 관심에서 출발하게 된다. 교육에서 사례연구의 대상은 특별한 유아나 교육과정 등에 대한 순수한 관심에서 시작된다. 때로는 사례연구가 이론의 정립이나 일반화를 위하여 실시될 수도 있으나 그것은 이차적인 목적이라고 할 수 있다.

④ 사례연구의 자료수집 방법을 결정하게 된다.

사례연구라고 하여 반드시 질적인 자료수집방법을 따르는 것은 아니다. 특히 임상심리학에서 수행되는 사례연구는 환자의 상태를 말해 주는 많은 증상들과 각종 검사기록들은 질적이기보다는 양적일 수 있기 때문이다. 사례연구에서 자료 수집은 면접, 관찰, 문서 등의 질적인 자료에 의존하지만 설문조사나 기타 양적인 자료수집방법도 사용될 수 있다. 이러한 자료수집에서 양적·질적인 방법이 모두 사용될 수 있다는 것이 사례연구의 특징이 된다.

⑤ 발견된 결과들을 기술 · 정리하고 그들의 의미를 해석하고 분석한다.

여기서 연구자의 전문적인 지식이 요구된다. 사례연구의 목적이 단순하게 자료의 수집에 있다면 객관적인 자료를 잘 정리하고 서술을 하게 된다.

최근에는 컴퓨터를 이용한 질적인 자료 분석이 가능해지고 있다. QDA package는 이러한 목적으로 널리 활용되고 있는 프로그램이다(Richards & Richards, 1994). 그렇지만 질적인 자료분석에서 컴퓨터를 사용할 때는 주의를 기울여야 할 것이다.

많은 자료분석을 위하여 지나치게 효율성을 추구하다 보면 질적 자료의 특성이 희생될 수 있다는 점을 간과해서는 안 된다.

(3) 장·단점

● 장점

① 사례연구의 종단적이고 계속적인 방법은 유아 이해의 가장 효과적인 방법이다.

② 부적응 유아뿐만 아니라 정상 유아의 진단과 지도에 활용될 수 있다.

③ 다른 연구에 앞서 기초자료를 수집하는 데 활용될 수 있다.

④ 개인에 대한 심층적인 연구를 수행할 수 있다.

⑤ 사례연구 시 관찰법, 면접법, 검사법 등의 자료를 활용할 수 있다.

● 단점

① 사례연구를 통해 성급하게 인과적 결론을 유도하지 말아야 한다.

② 단일 개체의 연구결과이므로 일반화에 제한이 따른다.

③ 사례연구의 결과에 대한 발표 시 윤리성의 문제를 고려해야 한다.

④ 계량적이고 통계적인 분석이 쉽지 않다. 그러나 최근에는 컴퓨터를 활용하여 질적인 자료분석이 가능해지고 있다.

(4) 유의사항

① 사례연구에서 연구자의 추측과 상상은 위험한 결과를 초래할 수 있다.

② 문제를 가진 개인에 대한 사례연구의 결과는 비밀을 유지해야 한다.

③ 사례연구의 결과, 자료의 해석에 연구자의 의견이 들어가지 않도록 한다.

5. 영유아연구접근법

영유아연구는 연령 증가에 따른 성장과 쇠퇴에 관심을 가지기 때문에 연령변인의 조작이 가장 중요한 문제이다. 연령변인의 조작방법에 따라 구분될 수 있는 접근법에는 종단적 접근법, 횡단적 접근법, 단기 종단적 접근법이 있다.

1) 종단적 접근법

동일한 피험자를 일정 기간 동안 반복적으로 관찰함으로써 연령에 따른 변화를 연구한다.

● 장점

① 동일 개인의 성장과 발달과정 또는 개인차의 모습을 알 수 있다.
② 발달의 환경변인이나 조건의 분석과 개체(성숙요인)와 환경(경험요인)과의 상호작용의 규명에 유용하다.
③ 행동특성의 안정성, 변동성을 검토할 수 있다.
④ 질적 자료도 쉽게 얻을 수 있다.

● 단점

① 시간, 경비, 노력의 부담이 크다.
② 피험자를 구하기가 힘들며, 구하더라도 협력을 얻기가 어렵다. 또한 표집이 잘못될 수도 있다.
③ 동일 집단의 측정에 따른 반복성의 효과가 일어나기 쉽다.
④ 피험자의 주거 이전 등으로 최초의 표본을 유지하기가 힘들어 계속 연구에 지장을 초래하기 쉽다.

2) 횡단적 접근법

각기 다른 연령의 서로 다른 개인을 대상으로 하여 동일한 시기에 관찰하는 방법이다.

● **장점**

① 단시간 내에 많은 대상자로부터 자료를 수집할 수 있어서 시간, 경비, 노력의 부담이 적다.
② 발달규준, 발달의 표준형 또는 일반적 경향을 알아보는 데 유용하다.
③ 예비적 가설의 검토에 도움이 된다.
④ 조사·측정방법의 타당성 검토가 쉽다.

● **단점**

① 발달의 문화적, 환경적 요인이나 배경을 제외하거나 고려하지 않는다.
② 이 발달과정을 정확하게 나타내기보다는 개략적으로 나타낼 뿐이다.
③ 각 연령군의 동질성 확보가 어렵다.
④ 발달의 연속성이나 안정성을 규명하기가 어렵다.

3) 단기 종단적 접근법

Schaie(1965)에 의해 제안된 방법으로 현재까지 이 접근법이 가장 바람직한 유아연구의 접근법으로 간주되고 있다. 이 접근법은 종단적 접근법과 횡단적 접근법의 장점을 최대화하고 단점을 최소화하는 동시에 출생 동시집단 효과를 알아볼 수 있도록 설계되어 있다.

비교적 짧은 기간 내에 연구가 완료될 수 있고 시간 경과에 따른 개인의 발달양식을 알아낼 수 있다. 만일 연구자가 단기 종단적 접근법을 사용하여 의존행동의 연령 변화를 연구한다면 우선 1세, 3세, 5세의 유아들을 표본으로 추출하여 연구를 시작한다.

그리고 2년 후 그들이 각각 3세, 5세, 7세가 되었을 때 다시 평정하고 다시 2년 후 5세, 7세, 9세가 되었을 때 의존행동을 평정한다.

연구자는 이러한 연구접근법을 통해 1세부터 9세까지의 의존행동의 발달 연구를 3개의 출생 동시집단을 사용하여 4년 만에 끝마칠 수 있다(한국인간발달학회, 1995).

연구방법과 이론의 관계를 정리하면 표 3-1 과 같다(Santrock, 2001).

표 3-1 아동의 연구방법과 이론과의 관계

연구방법	이론
관찰법	• 모든 이론은 관찰법의 일정 형태를 강조한다. • 행동주의와 사회인지이론들은 실험실 관찰을 가장 강조한다. • 생태 문화인류학이론들은 자연과학을 강조한다.
면접법	• 정신분석이론과 인지이론은 종종 면접법을 이용한다. • 행동주의와 사회인지이론들은 면접법을 최소한의 필요범위 내에서만 사용한다.
표준화된 검사법	• 이 방법의 사용을 강조하는 이론들은 거의 없다.
사례연구	• 정신분석이론들은 이 방법을 자주 사용한다.
상관연구	• 정신분석이론에서는 드물게 사용되지만, 모든 이론이 이러한 연구방법을 사용한다.
실험연구	• 행동주의, 사회인지이론, 정보처리이론들이 실험법을 자주 사용한다.
종단적/횡단적 연구	• 다른 연구방법들에 비해 더 강조되고 있는 이론들은 없다.

6. 영유아연구의 윤리

유아를 대상으로 연구를 실시할 때 연구결과가 인간 전체에 큰 공헌점이 있다 해도 유아의 건강, 안녕, 존엄성, 자존심을 손상시키는 연구가 되어서는 안 된다. 그 이유는 유아들은 성장과정에 있으므로 조그마한 통제나 좌절, 긴장에도 쉽게 마음에 손상을 입을 수 있으며 그 결과 정상적인 성장이 저해될 수 있기 때문이다.

유아연구에서 윤리적 문제는 흔히 심신의 상해문제, 사생활의 침해문제, 사회적 책임문제 등 세 가지로 나누어 설명되고 있다(이종승, 1984).

첫째, 유아들이 연구에 참여하게 됨으로써 신체적으로나 정신적으로 피해를 입을 위험이 있다.

둘째, 유아를 대상으로 연구할 때 연구자들은 때때로 속임수를 써서 유아에 관한 사적인 정보를 얻어야 하는 문제가 있다.

셋째, 유아연구자가 고려해야 할 또 하나의 윤리적 문제는 그의 연구가 사회 전체에 어떠한 영향을 미칠 것인가의 문제이다.

Part 02

생애 초기의 발달

Chapter 04 태내기발달

Chapter 05 신생아기발달

Chapter 04
태내기발달

1. 결혼과 임신
2. 생명의 시작
3. 임신의 생리
4. 태내발달
5. 유전적 결함을 위한 대책
6. 출산과정
7. 출산 후 변화

1. 결혼과 임신

결혼은 인생에 있어서 제 2의 출발을 의미한다. 이러한 제 2의 인생을 행복한 생활로 영위해 나가기 위해서는 가정경영이나 인간관계 등 여러 가지 요인에 신경을 써야 하지만, 무엇보다도 중요한 것은 건강한 자녀를 낳아 기르는 데 있다고 할 수 있다.

이 세상의 모든 생명체는 축복 속에서 태어나 사랑을 받으며 자라나야 올바른 인격체로 성장해 갈 수 있는데, 이를 위해서는 부모가 되고자 하는 이들의 올바른 성지식과 가치관, 건전한 성관계가 필요하다.

하나의 생명은 정자와 난자가 만나 수정되는 순간부터 시작되며, 어떠한 생명체라도 존중받아야 함에도 불구하고 임신 초기의 낙태행위에 대해 별다른 죄의식을 가지지 않는 사람들이 있다는 것은 안타까운 현실이다.

이러한 범죄행위를 미연에 방지하고 건강한 아기를 임신하고 출산하는 데 필요한 몇 가지 유의사항이 있다.

첫째, 철저한 계획 하에 임신을 해야 한다(대한산부인과학회, 1994).

즉, 원하지 않는 임신으로 인한 인공임신중절을 피하기 위해서는 산부인과 의사와 상의하여 피임효과가 확실하고 부작용이 적은 방법을 택하고 출산은 될 수 있는 한 젊었을 때 하는 것이 좋다. 출산 연령이 높을수록(35세 이상) 미숙아, 사산, 기형아 출산율과 산모의 사망률이 높아지기 때문이다.

둘째, 임신을 앞둔 여성은 자신의 건강관리에 힘써야 한다.

특히 여성은 남성에 비해 빈혈이 생기기 쉬우므로 사전에 혈액검사를 통해 빈혈 여부를 살펴보고 이에 대비하여 태아에게 영향을 미칠 수 있는 질병에 관한 건강진단을 미리 받는 것이 좋다. 기형아 출산과 관련되는 것으로 보이는 모체의 질병으로는 결핵, 심장병, 당뇨병 등 여러 가지가 있으나 가장 심각한 것은 풍진(Rubella)이다.

풍진은 감기 증세와 비슷해서 구별하기 어려우며 바람이 지나가듯 쉽게 치르는 병이지만, 만약 임신 중 풍진에 걸렸을 때에는 태아에게 치명적인 영향을 주어 선천성 백내장, 심장기형, 귀머거리, 벙어리, 소두증, 지능저하

등의 기형을 유발한다(임의선 외, 1991). 그러므로 이를 예방하기 위해서는 풍진 항체검사를 받고 만약 항체가 없으면 예방 접종을 받아두어야 한다.

마지막으로 이러한 계획과 건강관리 하에 임신이 되었을 때에는 건강한 아이를 낳아 기른다는 기쁨과 행복한 마음으로 산부인과 전문의의 정기적인 진찰을 받아 임신 중에 생길 수 있는 태아의 발육이상 여부를 관찰하고 이에 대비해야 한다.

2. 생명의 시작

인간의 생명의 시작에 대해서는 과학자나 보통 사람 모두 신비해 하고 궁금해 한다. 인간발달은 태내기, 영아기 등 초기 단계에 가장 극적으로 이루어진다.

여기에서는 생명이 세상으로 나올 준비를 어떻게 진행하고 있는지를 살펴볼 것이다.

우리는 임신이 어떻게 일어나며 앞으로의 발달을 이끌어가게 될 요인들에는 어떤 것이 존재하고 있는지, 새 생명이 자궁 내에서 어떻게 자라고 있으며, 임신기간 동안에 영향을 주는 요인은 무엇인지, 자연적인 태내 발달 과정을 중재하기 위하여 사용되는 혁신적인 기술들은 어떤 것들인지 살펴볼 것이다. 마지막으로 단순한 사건이 아니라 매우 복잡한 과정인 출생을 설명하고자 한다.

배우체인 남성의 정자와 여성의 난자가 결합되는 것이 수정인데, 수정이 되는 순간부터 한 개체의 생명이 시작된다. 두 개의 배우체인 정자와 난자는 각각 수많은 유전정보를 갖고 있다. 이러한 유전적 정보를 유전인자(genes)라 하며, 이 유전인자는 염색체(chromosome)라는 보다 큰 덩어리로 된 화합물질 속에 배열되어 있다.

3. 임신의 생리

임신은 남성의 정자가 여성 난자의 세포벽을 뚫고 들어갈 때에 이루어진다. 이와 같이 수정될 수 있는 기회는 생리적으로 제한되어 있으며, 성적인 충동과는 아무 관계가 없다.

1) 유전인자와 염색체 수의 이상

(1) 유전인자

① DNA

생물의 형질을 나타내는 근본이 되는 유선인자는 핵 속의 염색체 내에 존재한다. 유전인자는 유전특성의 전달자로서 DNA라는 물질로 구성된다. DNA의 긴 가닥은 유전부호를 운반하며 이 부호 속의 정보들이 세포의 활동을 지배하는 특별한 효소와 단백질의 생산을 명령한다.

유전의 신비를 벗기는 데 획기적인 기여를 한 Watson과 Crick은 1953년 DNA의 입체구조 모형을 고안해 내었다. 유전인자가 가장 최소의 유전자 단위인 줄 알았으나 1953년 영국의 두 과학자가 DNA라는 화합물질이 유전인자를 구성하고 있음을 알아낸 것이다.

DNA는 스스로 복제하면서 형질을 유전시킨다.

② RNA

DNA라 인간의 전체 구소를 위한 청사진이라면 각 구조물을 건축하기 위한 명세서를 필요로 한다. 이와 같은 역할은 RNA에 의해 수행된다.

RNA는 세포나 기관의 생성과 생명유지에 필요한 단백질 합성을 인도한다. DNA의 미친기지로 세포의 핵 속에 만들어신 핵산인 RNA는 세포질로 이동하여 그곳에서 단백질 합성에 관여한다.

(2) 염색체의 이상

염색체 수가 부족하거나 과잉인 경우에 대부분 태내에서 사망하나, 경우에 따라서는 생명에 지장을 주지 않고 태어나는 경우도 있다.

① 클라인펠터증후군(Kinefelter's syndrome, 47/XXY)

800명의 남아 중 한 명 꼴로 발생하며 정상 남아의 성염색체(XY)에 과잉의 X염색체가 한 개 더 있고, 나이든 임부에서 태어난 남아에게서 더 자주 발생한다.

고환이 작고 유방이 커지는 여성적 증상과 불임 등의 증세를 보이며 약 반수는 정신지체를 나타낸다. 유방을 제거하고 남성호르몬을 계속 주사함으로써 치료할 수 있으나 불임은 치료되지 않는다. 특히 남아에게 일어나는 현상이며 남성의 음경과 여성의 특징(둥근 몸매, 여성 호르몬 분비 등)을 겸비하거나 생식능력은 없다.

② 다운증후군(Down's syndrome)

'몽고리즘'이라고도 하는데, 수정란이 분열할 때 21번째 염색체쌍이 제대로 분열되지 못하여 한 개의 염색체가 덧붙여지는 경우에 발생한다. 40세 이상의 임산부인 경우에 많이 발생한다.

연령 증가로 인한 내분비선의 변화에 기인하는 것으로 500~600명의 아이 중 한 명 꼴로 나타나며 특이한 신체 형태와 정신지체를 보인다. 즉, 양미간이 넓고 평평하며, 이마에 주름이 지고 혀를 내밀고 있다.

다운증후군 유아의 평균 지능지수는 50~60 정도이며 다운증후군 유아의 경우, 기질은 매우 쾌활한 편이라 타인과 사귀기 쉽지만 학습능력이 낮아서 말 배우기도 힘들고 학교생활에 적응하기를 기대할 수도 없다.

대개 호흡기와 심장이 약해서 일찍 사망하나 의학의 발달로 평균연령이 늘어나고 있다.

③ 터너증후군(Turner's syndrome, 45/XO)

2,500명의 여아 중 한 명꼴로 발생한다. 성염색체가 한 개밖에 없는 경우로 가장 대표적인 특징은 키가 작다는 것이다.

성적 성장이 제대로 이루어지지 않고 자궁이나 나팔관이 없는 경우가 많으며, 성호르몬의 부족으로 음모가 없을 수도 있다. 지능지수는 정상과 비슷하나 공간지각능력이나 조직력이 매우 부족하다.

여성호르몬인 에스트로겐을 주입해 성적 성숙을 유도할 수는 있으나, 임신하지는 못한다. 또한 왜소한 외모와 자기에 대한 부정적 생각 때문에 정신병적 증상이 나타나기도 한다.

어릴 때는 손가락이 짧을 뿐 별로 큰 특징은 나타나지 않지만 청년기에 이르러 여성의 특징이 나타나지 않는 것이 병적 현상이다. 임신 중에는 비타민을 비롯한 각종 영양제마저도 의사와 상의하여 복용하고 시나치게 많은 양의 약을 복용하지 않는 것이 좋다.

임산부의 질병 약물복용으로 인한 심신 박약아의 유형을 살펴보면 다음과 같다.

표 4-1 임산부 질병 약물복용으로 인한 심신 박약아의 유형

	원인(임산부)	결정적 시기	결과(유아)
질병	풍진	임신 1개월: 결손을 가져올 확률이 50% 임신 2개월: 22% 3~5개월: 6~10%	사망, 심장병, 심장 · 눈 · 머리의 기형, 발달지체, 농 또는 난청
	이하선염(볼거리)	임신 3개월 이내	사망, 심장기형
	소아마비		소아마비
	간장염		간장염
	매독	임신 5개월 후	태아의 유산 · 사산 혹은 조산, 미리의 기형
	당뇨병		조산 확률이 매우 높은 척추가 없거나 다른 골격에 이상이 생김

	원인(임산부)	결정적 시기	결과(유아)
	인슐린 (충격요법에서와 같은 다량 투여)	임신 14주	사망, 기형
	톨부타마이드 (당뇨병 치료형)		사망, 기형
약물	탈리도마이드	임신 2개월	기형이나 불구
	스트렙토마이신 테트라사이클린 (항생물질)	임신 기간 동안	농 또는 난청
	항경련제	임신 기간	언청이(순열 및 구개열), 심장에 결함
	아스피린(다량 복용)	임신 8개월	태아 유산 · 성장 지체
	니코틴	임신 기간 동안	태내 심장 박동의 증가, 조산, 성장 발육의 장애, 선천성 심장병의 가능성 높음
	헤로인(마약)	임신 초기 몇 달	신생아에게 중독됨
방사선	X선	임신 초기 몇 달	중추신경계의 결함, 정신지체, 암에 걸릴 가능성이 높음
	핵폭발로부터의 방사		백혈병, 백내장, 발달지체

출처: 김성희 · 허혜경(2001).

4. 태내발달

태내기는 임신으로 시작하여 출산으로 끝난다. 대부분의 아기들은 수정 후 34~40주 사이에 태어나며, 태내발달의 평균기간은 약 9개월(280일) 정도로 간주된다. 이 기간 동안 태아는 하나의 단세포에서 완전히 인간 영아로 성장한다.

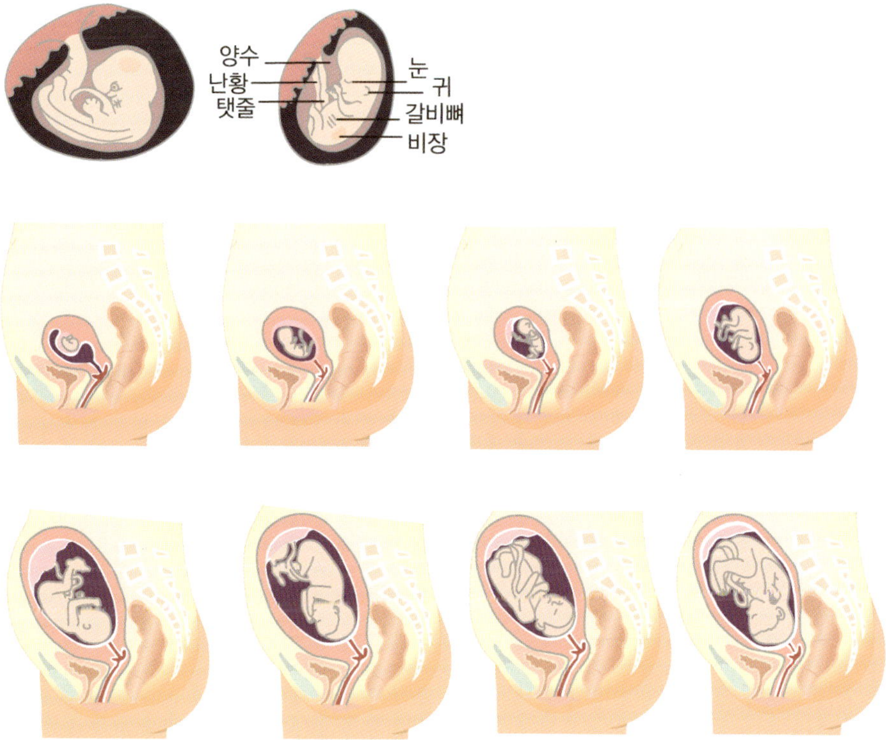

그림 4-1 ▶ 태아의 발달과정

280일 동안의 임신기간은 다음과 같이 3단계로 나누어진다.

1) 정착기(수정에서 2주까지)

수정되는 순간 접합자가 자궁벽에 부착하는 약 2주 동안의 기간에 해당된다. 수정된 난자는 세포분열을 거듭하면서 나팔관을 따라 자궁으로 향한다.

2) 배아기(2주에서 12주까지)

임신 3주부터 8주까지이며 이 기간 동안 기관들이 형성된다. 자궁벽에 착상한 후부터 임신 8주까지의 기간을 배아기라 하고, 이 시기의 분화하는 유기체를 배아(embryo)라 한다.

배아기 동안 계속해서 태반이 발달하고 탯줄이 형성된다. 배아는 외배엽, 내배엽 및 중배엽으로 분화되며, 각 부분은 다시 세부적인 기관으로 분화를 계속한다. 배아기, 즉 임신 제 2단계 동안 중요한 신체조직(호흡, 소화, 신경계)과 기관이 발달된다. 이때는 성장과 발달이 빠르기 때문에 배아가 태내환경에 의해 가장 큰 영향을 받는다. 거의 모든 출생 시의 결함(언청이, 사지의 불완전한 발달이나 결손, 장님, 벙어리)은 결정적으로 임신 첫 3개월 동안 발생하며 아주 심각한 결함이 있는 배아는 보통 이때 살아남지 못하고 자연 유산된다(Garn, 1966).

자연적 유산은 자궁 밖에서 살아남을 수 없는 태내 유기체를 자궁으로부터 배출하는 것이다. 자연 유산으로 인해 어머니가 죽게 되는 경우는 아주 드물지만 첫 3개월 이후에 유산하는 여성의 경우는 그 위험성이 더 크다.

3) 태아기(12주부터 출생까지)

임신 8주 이후부터 출산까지의 기간, 태아의 크기가 증대되고 기관과 근육의 기능이 시작된다. 대략 8주에 첫 뼈세포가 나타나면서 배아는 태아가 되기 시작하며 12주에는 임신의 마지막 단계인 태아기로 접어든다. 출산까지 긴 기간 동안 신체 각 부분의 발달이 마지막 단계에 이른다. 신체는 형태가 변화하고 길이는 20배로 자라난다.

임신 3개월부터 출생까지를 태아기라고 하고, 이때부터 성장하는 유기체를 태아(fetus)라고 한다. 외형적으로 완전한 인간의 모습을 갖춘 태아는 이 시기에 각 기관체계와 사지, 근육들이 기능하게 된다.

태아는 발로 차고 꿈틀거리고 머리를 돌리기 시작하며 결국 몸통 전체를 돌릴 수 있게 된다. 태아는 눈을 감고 있으나 곁눈질을 시작하고 찡그리며 입술을 움직인다.

또한 태아는 입을 벌리고 적은 양의 양수를 삼키며 빠는 동작을 취한다.

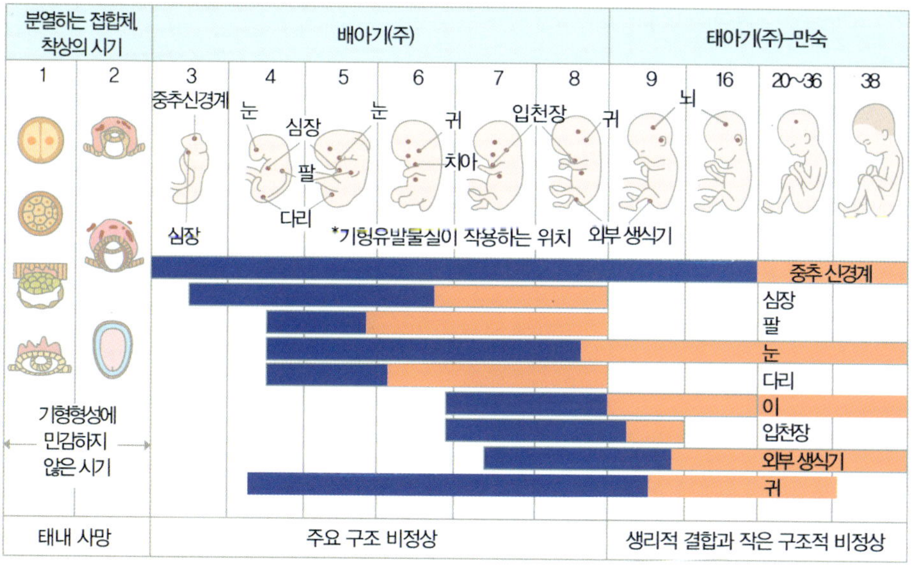

그림 4-2 ▶ 태내기: 각 기관이나 구조는 기형유발물질로부터 가장 민감하게 손상을 입는 결정적 시기가 있다. 짙은 색 부분은 그 시기에 가장 민감한 시기이고, 옅은 색은 손상은 받지만 다소 덜 민감한 시기를 나타낸다.

5. 유전적 결함을 위한 대책

부모의 가계에 유전결함의 원인이 있다든가 아니면 태아의 정상성이 의심될 경우에 병원을 찾게 된다. 의사는 먼저 선천적 결함의 유전 가능성을 면밀하게 검토한 다음 필요하면 생물학적 검사를 실시한다.

1) 가계도 분석법

태아의 유전병 여부를 의심하는 임산부가 병원을 방문하면 제일 먼저 그 가계의 역사를 추적·조사한다. 윗세대에 나타난 표현형 자료를 수집·분석함으로써 유전적 결함 가능성을 평가한다.

2) 모체의 혈액검사

혈액검사를 통해 태아의 이상을 밝혀내는 진단검사 중 하나인 모체 혈액검사는 두뇌나 척추 형성에 결함이 있는 아기를 가질 위험이 있는 여성들에게 실시된다. 만약 검사결과 AFP 수준이 지나치게 높은 것으로 나타나면 초음파검사나 양수검사를 받게 된다.

3) 양수채취법

주사바늘을 양수 주머니에 삽입하여 양수를 채취한다. 양수에는 태아의 세포가 포함되어 있기 때문에 태아가 지니고 있는 결함 여부를 밝혀낼 수 있다. 그러나 임신 12주 이전에는 양수 주머니가 작고 양수가 거의 없기 때문에 임신 14~16주가 되어야만 양수채취가 가능하다(Pillitleri, 1981).

양수채취법의 또 다른 결점은 그 가능성(1%)이 대단히 적기는 하지만 태아가 손상을 받을 수 있고 그 결과 유산될 수 있다는 것이다. 양수검사로 태아의 성별도 판별될 수 있으므로 혈우병과 같이 성과 연관된 질병을 확인하는 데 있어서는 양수검사가 결정적일 수 있다. 양수검사는 임산부가 적어도 35세 이상일 때 권고되고 있다.

4) 융모막채취법

융모는 배아를 둘러싼 막으로부터 산출된 머리털과 같은 것으로써 급속히 발달하는 태아세포이다. 융모막채취법은 한 개 이상의 융모 끝으로부터 조직을 떼어내어 여러 가지 이상 상태가 있는가를 검사한다. 태아세포를 얻는 이 새로운 방법은 양수검사보다 더 초기에 실시할 수 있고(임신 2개월 내에) 결과도 빨리 알 수 있다(1주일 이내).

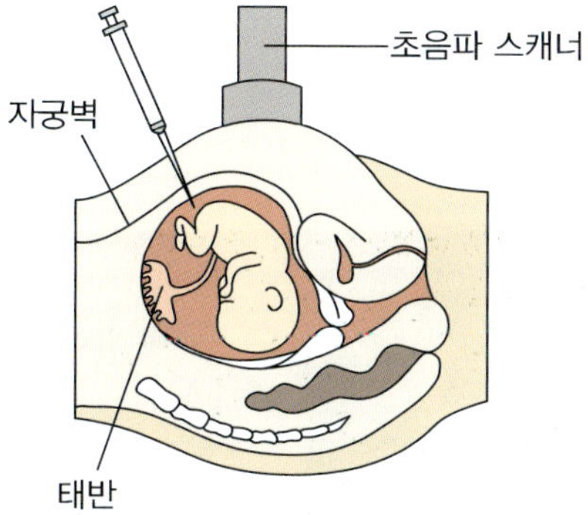

그림 4-3 ▸ 양수채취검사

출처: Robert V. Kail 저, 권민균 외 역. 2009. 아동과 발달. 4th. 시그마프레스. p. 68.

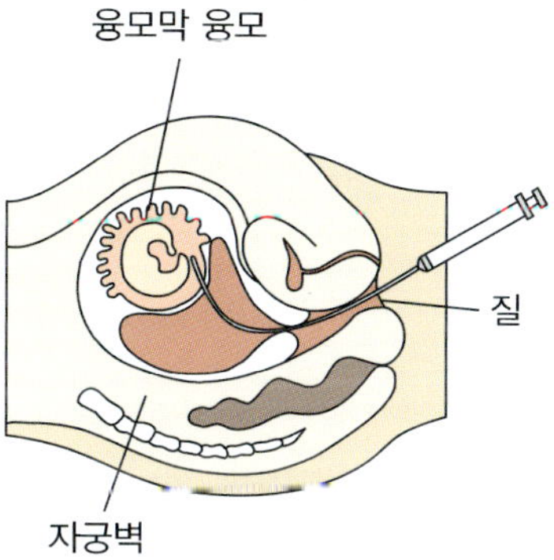

그림 4-4 ▸ 융모막채취검사

출처: Robert V. Kail 저 권민균 외 역. 2009. 아동과 발달. 4th. 시그마프레스. p. 68.

5) 초음파검사

고빈도 음파를 임부의 배에 투사해 자궁이나 태아, 태반의 모습인 소노그램을 나타낼 수 있다. 이런 기술을 초음파라고 하며, 의사들은 이 방법을 통해 임부에게 거의 불편을 주지 않고도 자궁 내부를 볼 수 있다. 초음파는 태아의 머리 크기를 측정하고 태내연령을 판단하며 쌍생아 임신을 미리 찾아내는 데 이용된다.

또한 자궁 내 이상을 알아내고 태아가 사망 유무를 밝혀내며 양수검사와 같은 다른 검사과정을 안내하는 데 유용하게 쓰인다.

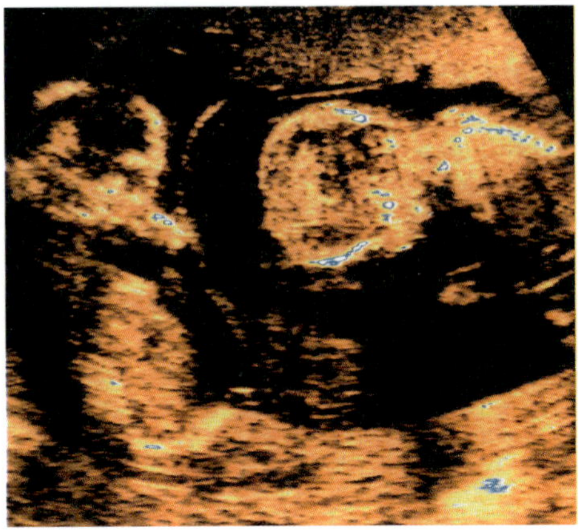

그림 4-5 ▶ 초음파검사

출처: Robert V. Kail저 권민균외 역. 2009. 아동과 발달. 4th. 시그마프레스. p. 68

6) 조산

조산이란 임신기간이 37주 미만이며 체중이 2.5kg 이하의 아기 출산을 의미한다. 그러나 최근에는 임신 37주 이후에 태어났다고 할지라도 체중이 2.5kg 이하면 조산으로 간주한다. 정상 신생아의 평균 몸무게는 3.2kg 정도이며 몸무게가 적을수록 사망률은 증가한다.

일반적으로 조산아들은 정상아들보다 신경통제가 불완전하고 체온조절이 미숙하며 빨기, 기침하기, 삼키기와 같은 반사기능이 약하고 불규칙하다. 또한 그들은 혈관이 가늘고 쉽게 출혈하며 질병에 대한 저항력이 약하다. 따라서 조산아들은 온도와 습도가 조절되고 감염을 방지하는 적당한 양의 산소를 공급해 줄 수 있는 특별한 장치, 즉 조산아 보육기를 필요로 한다. 조산은 완전히 성장, 발달하지 못한 태아를 산출하는 것이기 때문에 그 아기는 외부의 환경에 적응할 능력을 충분히 갖추지 못하고 있는 것이다.

그러므로 이렇게 불완전한 상태에서 태어난 아기는 비록 생존이 가능하다 할지라도 출생 후의 성장 발육이 순조롭지 못할 것이라는 점은 쉽게 생각할 수 있다. 대체로 임신 28주에서 38주 사이에 태어난 아기를 조산아라 하는데, 흔히 정확한 임신기간을 추산하지 못하기 때문에 이를 갖고 판단하기는 어렵다.

분만의 주수에 따른 분만 종류를 살펴보면 다음과 같다.

표 4-2 분만의 종류

임신 주수	1~16	17~28	29~38	39~42	43
분만 종류	유산	미숙아	조산	정상아	만기산

조산의 원인은 아직까지 분명하게 밝혀지지 않았으나 영양이 부족하며 과로하는 여성에게 나타날 가능성이 높다. Kopp(1983)의 연구에 의하면 임신기간 중 흡연이나 정서적 불안을 강하게 느끼는 여성일수록 조산할 가능성이 많다고 보고하고 있다.

6. 출산과정

임신 말기가 되면 자궁이 상당히 커지므로 임부는 배를 내미는 자세를 취하게 된다. 태아는 자궁 내에서 다리를 교차시켜 구부리고 턱을 가슴께에 대는 가장 부피가 작은 자세를 취하게 된다.

출산이 가까워지면 임부의 배가 처져서 가슴의 압박을 덜 받고 숨쉬기도 쉬워진다. 이러한 현상은 보통 출산 2~4주 전에 나타난다.

출산의 시작을 나타내는 징조로는 진통, 이슬, 양수의 터짐이 있다.

- **분만진통:** 자궁의 규칙적인 수축으로서 허리 부분에서 오는 것으로 지각된다. 규칙적인 간격으로 일어나는 진통은 분만이 진행됨에 따라 간

격은 짧아지고 강도는 증가한다.

- **이슬**: 자궁경부의 확대에 기인된 혈점이 있는 질의 분비물로서 점액질의 이슬이 배출된다.
- **양수의 배출**: 양수 주머니가 파열됨으로써 양수가 배출된다.

1) 분만단계

분만과정은 대개 3단계로 나누어진다. 제 1단계는 진통기, 제 2단계는 분만기, 제 3단계는 후산기로 명명된다(장휘숙, 1990).

① 제 1단계 : 진통기

진통기는 산모에 따라 수 분에서부터 약 30시간까지 지속될 수 있으나, 산모의 자궁경부가 태아의 통과가 가능한 정도로(약 4인치) 확대될 때까지 계속된다.

제 1단계의 초기 진통은 일반적으로 15~20분 간격의 가벼운 자궁수축으로 시작되나, 제 1단계가 끝날 무렵에 이르면 3~5분마다 빈번하고 강한 자궁수축이 일어난다.

분만이 시작되면 일부 임부들의 경우에는 자궁경부를 덮고 있는 점액질(이슬)이 방출되고, 양수 주머니가 터져서 약간의 양수가 흘러나오기도 한다. 그러나 이러한 초기 징후들이 전혀 나타나지 않는 임부들도 많이 있다.

② 제 2단계 : 분만기

분만기는 아기의 탄생이 이루어지는 시기이다. 자궁경부가 완전히 확대되면 아기는 산도를 따라 내려오고 임부는 자궁이 수축될 때마다 복근을 사용하여 아기를 밀어 내려서 출산을 돕는다. 의사는 임부에게 아기를 언제 밀어내리고 이완할 것인지를 지시함으로써 태아의 움직임을 조절한다. 태아의 머리가 자궁경부를 열면 신체의 나머지 부분이 빠르게 내려온다. 이때는 임부의 회음조직(질과 직장 사이의 부위)도 태아의 머리가 나올 수 있도록 확대되어야 한다. 그냥 두면 태아의 내려오는 힘과 임부의 밀어내려는 힘으로 질 입구가 파열되기 때문에 절개하는 것이 보통이다.

분만 제 1단계와 동일하게 제 2단계도 산모에 따라 큰 차이가 있으며, 약 15분에서 2시간 정도 소요된다. 분만 제 2단계는 경산일 때보다 초산일 때가 더 긴 시간이 요구된다.

③ 제 3단계 : 후산기

아기의 출산 후 태반이 자궁으로부터 분리되고 태반과 관련 조직이 방출되는 시기에 해당한다. 보통 분만 후 20분 이내에 일어나며 산모는 복근을 밀어내림으로써 태반 배출을 돕는다. 아기의 출산과 함께 중지되었던 진통이 다시 시작되면서 태반이 자궁으로부터 떨어져 나오게 되나, 이때의 진통은 아기 출산 시의 진통보다 약하다. 이것을 산후통이라고도 한다.

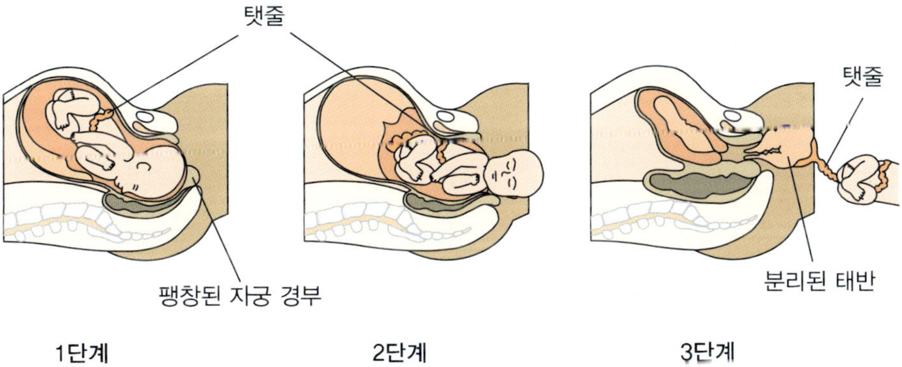

그림 4-6 ▶ 분만단계

출처: Robert V. Kail저 권민균외 역. 2009. 아동과 발달. 4th. 시그마프레스. p. 70

2) 분만방법

아기들은 여러 가지 방법으로 분만된다. 역사적으로 볼 때 중요한 관심사는 두 가지였다. 즉, 아기의 안전과 산모의 고통을 줄이는 것이었다. 그러나 요즘은 가족구성원들의 정서적 요구에 점점 민감해지면서 분만 시 아버지나 형제들을 참여시키는 데도 관심을 갖게 되었다.

① 약물에 의한 분만

대부분의 사회에서 분만을 촉진시키고 산모의 노고를 덜어주며 고통을 없애주는 여러 방법이 서구의 중류계층 부인들에게는 당연한 것으로 받아들여지고 있다. 마취분만을 포함한 약물에 의한 분만이 보편적으로 사용되고 있다.

어떤 임산부들은 전신마취를 받고 완전히 무의식이 된다. 또 어떤 임산부들에게는 척수나 미부의 신경을 마비시키는 국소마취를 사용해서 통증이 두뇌로 전달되는 신경통로를 차단시키는 방법을 사용한다. 또한 임산부를 이완시키는 진통제를 사용하기도 한다.

② 자연분만과 준비된 분만

1914년에 영국 의사인 Grantly Dick-Reed 박사는 분만의 고통을 피할 수 없는 것이라는 데 의문을 갖고 자연분만이론을 주장하였다. 이 이론에 의하면 분만 시 고통의 원인은 대부분 두려움 때문이다. 두려움을 없애기 위해 Dick-Reed는 부인들에게 임신과 분만의 생리를 교육하고 호흡, 이완, 체격 조절에 대한 훈련을 시켰다.

20세기 중반에 Lamage 박사는 자연무통분만법을 사용하였다.

③ 폭력 없는 분만

폭력 없는 분만은 필요하다면 국부적인 마취만으로 조용하고 희미한 불빛의 분만실에서 아기를 낳는 방법이다. 탯줄은 즉시 조이지 않고 아기를 호흡시키기 위해 때리지도 않는다. 그 대신 출생 후 바로 아기를 따뜻한 물에서 목욕시키고 어머니 배 위에 놓아둔다.

④ 제왕절개수술

정상적인 출산은 태아가 산모의 산도를 통과함으로써 이루어진다. 그러나 여러 가지 원인에 의해 태아의 산도 통과가 불가능할 때는 제왕절개수술을 실시한다. 제왕절개수술은 어머니의 복부와 자궁을 절개하고 아기를 들어내는 비교적 안전한 방법으로, 로마의 줄리어스 시저가 이 수술에 의해 태어났다고 해서 그렇게 불린다.

제왕절개수술이 실시되는 경우는 태아의 위치와 자리 잡음이 정상이 아니어서 발이 먼저 나오는 거꾸로 된 자세이거나 태아가 자궁 속에 가로누워 있을 때이다. 산도가 지나치게 좁거나 태아가 너무 클 때 혹은 어머니가 피로하여 태아의 산도 이동이 방해를 받을 때 실시하며, 태반의 조기분리나 태아피로증후와 같은 위기 상황에서도 실시된다.

7. 출산 후 변화

출산만큼이나 출산 이후의 변화된 다양한 상황에 잘 적응하는 것은 매우 중요하다. 출산 후 식변하게 되는 상태는 상상과 현실이 조화되어야 하는 미묘한 시기라 하겠다.

부모들은 아기의 탄생에 대해 만족감과 절망감을 번갈아 가며 느낀다. 산후우울증은 갑작스런 호르몬의 변화, 수면 부족, 가족 생활양식의 변화, 부모 자신에 대한 느낌의 변화 등이 그 원인이 된다. 특히 첫 임신이 되었을 때 부모의 정체감이 불확실했다면 출산 이후에도 계속된다.

아기의 탄생은 부모에게 여러 가지 변화를 요구하기 때문에 집에 머물면서 아기를 돌보는 엄마, 직장에 다니는 아빠에게도 영향을 주며 맞벌이 가정의 부부에게도 영향을 미친다. 피로와 수면 부족은 부모가 겪는 가장 큰 어려움이며, 특히 아기와 하루종일 집에만 있는 엄마는 아기를 제외한 다른 것에 대해서 생각할 능력이 없는 것처럼 느껴진다. 또한 출산 후 여성은 체중이 늘고 탄력이 없어지며 가슴이 처지는 것 같은 현상에 대해 두려움을 가질 수 있다.

아기의 출생은 부부관계에 깊은 영향을 미친다. 초기 애착은 부모 모두에게 아기에 대한 소유감을 느끼게 하여 "나는 아기를 돌볼 수 있는 유일한 사람이다", "아기는 다른 사람과 있으면 안전하지 않다"는 생각들을 하게 된다. 이러한 느낌은 여성뿐 아니라 남성에게도 해당된다.

이와 같이 아기를 사이에 둔 거리감과 친밀감이 부부 사이에 새로운 관계를 형성하게 한다.

Chapter 05

신생아기발달

1. 신생아기
2. 신체의 발달
3. 운동발달
4. 감각기관의 발달

1. 신생아기

신생아기는 출생 후 약 1개월까지로 보는 사람도 있다. 아기의 탯줄이 끊어진 후부터 배꼽이 아물기까지의 출산 후 약 10일~2주 정도이며, 이 시기에 있어서는 신체적 성장이 크게 나타나지 않는다. 그것은 출산 후의 환경이 태내의 환경과 전혀 다르므로 이에 대한 새로운 적응이 필요하기 때문이다. 때로는 이 기간에 체중이 감소되는 경우도 있으나 10여 일이 경과하면 회복되기 시작한다.

이 시기에는 모체의 자궁 내에서 의존하여 생활하다가 출생 후 새로운 환경에 적응하면서 발달이 지속된다. 분만 후 새로운 환경에서의 신생아 발달은 출생 전 발달의 연속이라 볼 수 있으며, 출산은 임신 후 280일에 이루어지나 개인차가 심하고 신생아의 발달 정도도 일정하지 않다.

아기들은 출생 시부터 그들의 신체적, 지적 발달에 큰 차이를 가지는데 여기서는 임신기간 280일을 채우고 태어난 정상적인 경우를 대상으로 그 발달상의 특성을 살펴보기로 한다.

2. 신체의 발달

1) 신체의 크기

(1) 체중과 신장

신생아의 신장과 체중은 성과 인종에 따라 다소 차이가 있으나, 대체로 평균 신장은 약 50cm, 평균체중은 3kg 정도이다. 남아의 경우가 여아의 경우보다 약간 우세한 경향을 보이고 있다. 우리나라의 경우 출생 시 유아의 평균 신장은 남아가 50.4cm, 여아가 49.8cm, 평균 체중은 남아가 3.31kg, 여아가 3.16kg, 흉위는 남아가 32.8cm, 여아가 32.1cm이다.

(2) 체중 미달과 신생아 사망

출생 시에 신생아의 체중이 남아의 경우 약 2.5kg 이하, 여아의 경우 약 2.4kg 이하가 되거나 임신기간이 260일 미만일 때는 보통 미성숙아라고 한다(Hurlock, 1986).

체중 미달의 위험요인을 살펴보면 표 5-1과 같다.

표 5-1 체중 미달 위험요인

구분	분류	위험
1	인구학적 위험요인	• 연령(17세 이하, 34세 이상) • 인종(흑인) • 낮은 사회·경제적 지위와 낮은 교육수준 • 미혼
2	임신 이전의 의학적 위험요인	• 아이가 없거나 4명 이상 • 신장에 비해 체중이 적음 • 생식기, 비뇨기 이상, 과거의 수술 경험 • 당뇨병, 만성적 과민증상과 같은 질병 • 풍진과 같은 감염에 대한 면역결핍 • 이전에 체중미달아 출산과 여러 번의 낙태 경험 • 어머니의 유전적 요인(예: 자신이 출생 시 체중미달아)
3	현재의 임신과 관련된 의학적 위험요인	• 쌍생아 임신 • 몸무게 증가가 적음(6.35kg 이하) • 이전 임신 후 6개월 이내에 임신함 • 저혈압 • 과민성이나 독혈증 • 풍진이나 방광의 감염 • 임신 3개월 이내나 6개월 이내 출혈 • 태반 이상 • 빈혈이나 비정상적인 혈액소 • 태아 이상 • 자궁경관이 약함 • 저절로 양막이 미리 파열
4	태내 행동적 및 환경적 위험요인	• 흡연과 영양결핍 상태 • 알코올과 다른 약물 남용 • DES와 다른 독성들(작업장에서의 독성 포함)에 노출 • 높은 곳에 올라감

구분	분류	위험
5	건강관리와 관련된 위험요인	• 태내관리가 전혀 되어 있지 않거나 부적절함 • 제왕절개나 유도분만으로 달이 차지 않은 조산아 분만

2) 생리적 기능

출생 즉시 신생아는 허파벽에 있는 공기주머니를 팽창시켜 산소를 흡입한다. 따라서 출산 시 아기의 울음은 최초의 호흡을 의미하기 때문에 대단히 중요하다. 처음 며칠 동안 초보의 어머니를 놀라게 하는 신생아의 기침과 재채기는 기도로부터 점액과 양수를 제거하려는 반사적 행동이다.

만약 출산 직후에 신생아가 울지 않는다면 아직도 호흡을 하지 못하고 있다는 신호이므로 호흡을 할 수 있도록 응급처치를 실시해야 한다. 아기의 등을 가볍게 문지르는 것으로 충분히 호흡하게 할 수 있으나, 액체와 점액이 기도를 막고 있을지도 모르기 때문에 거꾸로 들고 궁둥이를 때려 주기도 한다. 그러나 최근에 와서 호흡을 시키기 위한 거친 행동들이 지양되어야 한다는 목소리가 높아지면서 산소 호흡기를 사용하여 호흡하게 한다. 만약 신생아가 울지 않은 상태로 방치된다면 신생아는 산소 부족에 기인한 대뇌손상을 입을 가능성이 크다.

휴식 상태에서 신생아의 호흡은 1분당 30~60회 정도로 성인보다 대략 2배 정도 빠르게 호흡한다(Pillitteri, 1978). 신생아의 맥박은 1분에 약 140회 정도로 빠르나 혈압은 낮다(Smith et al., 1982). 수면시간도 성인이 평균 8시간인데 비하여 17~20시간의 수면을 취한다. 출산 직후는 하루의 84%를 잠자게 되는데 4일이 경과하면 68%로 줄어든다. 몸이 불편하거나 배가 고플 때, 큰 소리, 온도의 변화와 같은 자극에 의하여 깨곤 한다. 배설 상태를 보면 하루에 평균 대변은 4~5회, 소변은 18~19회 정도이다.

신생아의 위는 4~5시간이면 비게 되고, 소장은 7~8시간이면 비게 되며, 대장은 2~14시간이면 비게 된다.

3) 골격과 근육

신생아의 골격은 부드럽고 연해서 출생과정에서 일어날 수 있는 마찰을 방지하여 준다. 신생아의 부드러운 근육조직은 태아기로부터 발달된 것이기 때문에 출산 시에는 상당히 발달되어 있으며, 팔과 손의 근육이 목과 다리의 근육보다 조금 빠르게 발달되어 있다.

신생아는 성인의 연골이 약 206개인데 비하여 약 270개의 연골을 가지고 있어 부드러운 골격을 이루고 있다. 두개골도 완전한 구조를 형성하지 못하고 있기 때문에 6개의 숨구멍을 가지고 있다.

근육의 발달은 3~4세 동안 계속해서 증가하며 5~6세가 되면 근육을 구성하는 근섬유의 굵기가 증가하고 근력도 강해짐에 따라 체중의 75% 정도를 차지한다.

4) 머리

머리의 성장은 뇌의 발달과 밀접한 관계를 가지고 있다. 머리둘레는 33~35.6cm이며, 신장의 1/4에 해당하며 성인의 1/2 정도이다. 두부는 뇌부위와 안면부위로 나눌 수 있는데 신생아기에는 안면 1에 대해 뇌부위 8의 비율이다. 안면은 연령이 증가함에 따라 상하악골의 발육, 유치, 영구치 등에 부정중선 전후에 2개의 부드러운 부위가 있다.

전방에 있는 것을 대천문, 후방에 있는 것을 소천문이라 한다. 대천문은 앞이마 위에 위치하며 만지면 말랑말랑하고 심장처럼 팔딱팔딱 뛰고 있으며 생후 1.5~2년 사이에 닫힌다. 소천문은 훨씬 작기 때문에 생후 4~8개월만에 닫힌다. 이러한 숨구멍들은 두개골의 뼈와 뼈 사이를 이어주는 결제조직에 의해 형성되고 있으며, 두개골을 유연하게 함으로써 출생 당시 산도를 통과하기 쉽게 하는 역할을 한다.

3. 운동발달

1) 신생아의 운동경향

신생아는 출산 시부터 여러 가지 놀랄 만한 운동반응을 보인다. 출생 시의 신생아에게 주어진 최초의 방향반사는 몸이 거꾸로 되었을 때나 떨어질 때의 반응인 자세 변화와 젖꼭지를 찾으려고 머리를 움직이는 반응 등이다.

Lrwin에 의하면 신생아의 운동활동은 전신활동과 부분활동으로 분류된다.

전신활동이란 신경계통의 미발달로 인하여 신체의 여러 부분 간에 보완적인 연결성 또는 협력성 없이 신체 전체가 확산적으로 움직이는 것을 말하며, 특정 자극에 의하여 나타나는 것이다. 신생아에게는 신경계통이 발달되어 있지 않기 때문에 신체의 어느 부분에 자극을 주면 전신을 재빨리 움직인다. 아기들은 전신을 많이 움직이므로 에너지 소모가 많아 피로해지기 쉽다. 특히 아기가 울 때는 조용할 때보다 운동량이 많으므로 에너지 소비가 잠잘 때의 3배에 이른다고 한다.

2) 신생아의 반사

표 5-2 신생아의 반사

종류	자극 형성	반응	지속 기간	의미
겸아 반사	밝은 빛을 눈에 갑자기 비추거나 머리 위 12인치에서 손뼉치기	급하게 눈꺼풀을 덮음	영구적	강한 자극으로부터 보호 시각적 혹은 청각적 장애아에게는 결여
비셉 반사	팔꿈치의 비셉근치	비셉근의 짧은 수축	생후 2일 동안 가장 활발	무산소나 마취제에 노출된 신생아, 선천적인 근육질환자의 경우 결여

종류	자극 형성	반응	지속 기간	의미
슬개건 반사	무릎 밀치기 손가락을 유아의 손에 넣고 손바닥에 힘을 줌	빠르게 무릎 폄	생후 2일 동안 가장 활발	무산소나 마취제에 노출된 신생아, 선천적인 근육질환자의 경우 결여
바빈스키 반사	발가락에서 발꿈치까지 간지르기	실험자의 손가락을 자발적으로 잡음	생후 2일 동안 분명하지 않음	자발적 파지의 예비적 움직임 무산소나 마취제에 노출된 신생아
움츠림 반사	발바닥을 핀으로 찌르기	발바닥을 폈다 오므림	8개월에서 1년 사이에 사라짐	척수이상자에게 결여
찾기 반사	발바닥을 핀으로 찌르기		생후 10일간은 계속 보이지만 그 후 약해짐	불쾌한 촉각자극으로부터 보호, 척수이상자에게 결여
	한쪽 입 끝을 간지르기	자극의 방향으로 머리 돌리기 유아는 자극하는 손가락을 물려고 함	생후 2일간은 분명하지 않고 1~2주 동안 쉽게 나타나며 3주쯤에는 자발적인 머리 돌리기 반응으로 변형됨	아기가 젖꼭지를 찾는 데 도움을 줌 무산소나 마취제에 노출된 신생아에게 결여 혹은 부족
빨기 반사	입 속에 1인치 정도 손가락을 넣음	손가락을 주기적으로 빨음	생후 3~4일간은 약하고 주기적이지 못함	먹는 것을 가능하게 함 무산소나 마취제에 노출된 신생아에게 결여, 부족
모로 반사	유아를 곧바로 세워 머리를 아래로 떨어뜨리거나 갑자기 저음의 소리를 냄	유아는 등을 굽고 다리를 쭉 펴고 팔을 밖으로 늘어뜨림. 그 다음 매달리듯 유아는 상체를 끌어올림	생후 6개월이 지나면 사라짐	심각한 중추신경 장애의 지표
걷기 반사	유아의 팔을 잡고 맨발이 바닥을 닿도록 해줌	걷기 반응으로 발을 교대로 들음	보통 8주면 사라짐	무산소나 마취제에 노출된 신생아에게 결여

4. 감각기관의 발달

태내에서 아기는 자극과 위치 변화 등 여러 가지 자극에 반응을 나타내며 감각기관도 잘 발달되어 있다. 그러므로 신생아가 여러 가지 자극에 반응하는 것은 자연스러운 현상이다. 그런데 신생아가 빛, 소리, 온도, 기타 여러 가지 자극에 대하여 반응할 수 있는 준비를 하는 과정에서 개인차가 있다.

신생아는 일반적인 자극에 대하여 크게 반응을 나타내지 않고 무시하는 경향이 있으나, 자신에게 고통을 주는 자극에 대해서 강렬하게 반응을 나타낸다. 그러나 개인차가 있기 때문에 같은 자극이라도 아기에 따라 다르며 또한 때에 따라 다르게 나타난다.

1) 시각

출생 후 1일 정도에는 신생아의 눈꺼풀은 부풀어 있는 경향이 있고, 시야는 출생 직후에 투여한 안약으로 인해 흐릿하다. 그러나 2일이나 3일이 되면 신생아는 움직이는 물체를 눈으로 추적할 수 있다. 어떤 아기들은 출생 직후에 움직이는 물체를 쫓아 머리를 돌릴 수 있으나 대부분의 아이들은 몇 주 지나야 가능하다.

출생 후 2주 정도 된 아기들은 루밍 효과를 보인다. 비교적 큰 물체가 자신과 충돌할 것처럼 접근할 때 머리를 뒤로 젖히고 팔을 들고 울게 된다.

신생아의 눈은 약 19cm 전방에 초점이 맞춰져 있어 이 위치에 있는 것만을 뚜렷이 볼 수 있다.

2) 청각

신생아가 들을 수 있다는 것은 분명하다. 이미 태내기에서 큰 소리에 대해 놀람 반응을 나타낸다는 사실이 이것을 입증한다. 신생아들이 들을 수 있는 가장 낮은 소리는 성인이 들을 수 있는 소리보다 더 큰 10~20데시벨 정도의 소리이다. 그러나 출생 후 며칠이 지나면 내이를 채우고 있던 양수가 빠져나가기 때문에 20~30데시벨 소리까지 들을 수 있게 된다. 신생아의 청각이 성인 수준까지 도달하기 위해서는 출생 후 약 2년 정도의 기간을 요구한다.

3) 미각

신생아의 미각은 개인차가 크게 나타나며 맛의 차이에 대한 반응은 출생 후 2주일이 지난 후에야 나타난다. 즉, 출생 직후에는 미각이 완전히 발달하지 못하는 것 같으나 구연산, 키니네, 소금 등을 신생아의 혀에 떨어뜨리면 얼굴이 찌푸리는 반응이 나타난다.

4) 통각

출산 직후의 신생아에게는 통각이 발달되지 않으나 3~4일이 지나면 급속하게 발달되는 것으로 보인다. 신체의 각 부분마다 통각을 느끼는 강도에도 차이가 있어 입술, 속눈썹, 이마 등에도 매우 민감하고 몸통이나 하체 같은 부분에 대해서는 둔감하다. 즉, 머리 부분이 하체보다 더욱 민감하고 적극적인 반응을 나타낸다.

5) 후각

신생아가 냄새에 대하여 말로 표현할 수 없기 때문에 냄새를 맡을 수 있는지의 여부는 실험적으로 밝히기 어렵다. 신생아는 불쾌한 냄새를 맡으면 고개를 돌리는 반면, 단 냄새가 나는 방향으로 얼굴을 돌리고 맥박과 호흡은 느려지는 경향을 나타낸다. 신생아 출생 후 수일 이내에 다른 여성의 젖 냄새보다 어머니의 젖 냄새를 선호하였다(Russell, 1976).

Part 03

영아기발달

Chapter 06

신체·운동발달

1. 신체발달
2. 운동발달

영아기(infancy)의 정의는 라틴어 infans에서 유래된 말 '말을 하지 않음'이라는 뜻으로 생후 1개월~1년, 1년 6개월까지 시기를 말한다. Field(1990)는 영아기는 언어가 없는 시기라는 뜻으로 언어가 나타나기 이전의 첫 2년간을 의미하기도 한다(안영진, 2015).

1. 신체발달

1) 신장: 신체의 크기

일반적으로 영유아의 평균 신장은 1년 내 약 50%가 증가한다. 즉, 생후 첫 1년 동안 영아의 신장은 출생 시의 신장보다 25cm 이상 자랄 수 있다. 출생 시 평균 신장은 50~55cm 정도인데 12개월경에는 약 76~77cm, 18개월경에는 약 82~82.7cm로 성장하게 된다. 그러다가 2세경이 되면 87~88cm까지 크고 성인 평균 신장의 1/2에 해당하게 된다. 출생 시의 평균 신장이나 체중은 성별에 따라 차이가 있지만 그 증가율은 남자 아기나 여자 아기가 비슷하다. 신체 비율의 크기는 신생아의 경우 머리가 전체 신장의 25%로 머리가 아주 크게 보인다. 그렇지만 영아기 동안 몸통이 빠르게 성장하면서 팔과 다리도 길어져서 약 2세경이 되면 머리의 크기가 신장의 20% 비율로 감소한다(Muzi, 2000). 신장은 만 24개월이 되면 머리는 키의 1/5이 되고, 해마다 평균 5~7cm가 증가한다. 신장은 체중에 비해 환경의 영향을 적게 받으나 정상보다 심하게 신장발육이 지체될 때에는 뇌하수체 혹은 갑상선 등의 장애 유무를 확인해야 한다(안영진, 2014).

임신 후 2개월경 머리는 신장의 50%를 차지하지만 성인기에는 신장에 비해 머리는 12~13% 정도이다. 머리에 비해 다리는 태아기의 2개월경에는 신장의 약 12~13%이다가 25세 성인이 되면 신장의 50%가 된다.

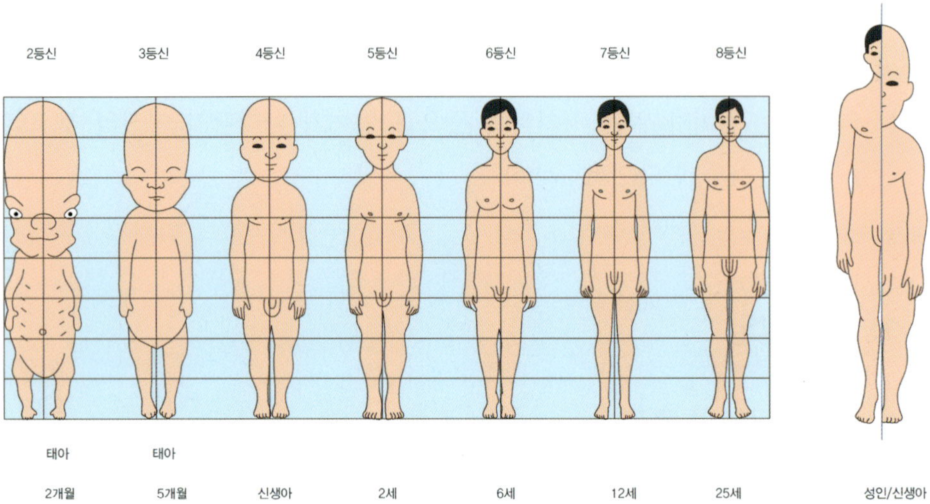

그림 6-1 ▶ 태아기부터 성인기까지의 신체비율

(1) 체중의 발달

체중은 신장보다 더 급격한 증가율을 보인다. 출생 시 3.3~3.4kg의 아기는 12개월경이면 약 9.8~10.3kg까지 증가한다. 즉, 태어나서 1년 동안 몸무게는 3배, 키는 2배 가량 증가하게 되는 것이다. 첫돌이 지나면서 이행능력이 점차 발달함에 따라 젖살이 빠지고 살이 단단해지기 시작하면서 체중의 증가 속도는 점차 감소한다(안영진, 2014).

표 6-1 신장과 체중 증가의 일반적 경향

연령	체중	신장
신생아	남: 3.39kg 여: 3.23kg	남: 51.4cm 여: 50.5cm
출생~6개월	140~200g/주 증가 6개월: 출생 시 2배	2.5cm/월 증가
6개월~12개월	80~140g/주 증가 6개월: 출생 시 2배	1.5cm/월 증가 만 1세: 출생 시 50% 증가
1세~3세	2.5kg/연 증가 2.5세: 출생 시 4배	2세: 성인 신장의 1/2, 12cm 증가 3세: 6~8cm 증가

연령	체중	신장
학령기 전	2~3kg/연 증가	4세: 출생 시 2배 5~7.5cm/연 증가

(2) 치아의 발달

생리적 특징은 첫울음이 첫 호흡이며, 복식 호흡에서 1년 후부터 흉식 호흡으로 전환된다. 땀샘의 발달 부족으로 온도와 습도를 조절해 주어야 하며, 혈압은 성인보다 낮고 성장에 따라 차츰 높아진다. 영아기에 이루어지는 골격의 변화 중 눈에 띄는 발달로 치아발달을 들 수 있다. 치아에는 젖니와 영구치가 있는데, 젖니의 수는 모두 20개이고 영구치의 수는 모두 32개이다. 치아의 발달은 생후 6~7개월부터 아래쪽 앞니가 2개가 나며, 다음으로 첫째 어금니, 송곳니, 둘째 어금니 순서로 난다. 24~30개월경에는 20개의 젖니가 모두 난다. 젖니는 유아가 음식을 잘 씹어서 소화할 수 있도록 하여 성장발육이 정상적으로 이루어질 수 있도록 돕는다(안영진, 2009/2014; 정옥분, 2012).

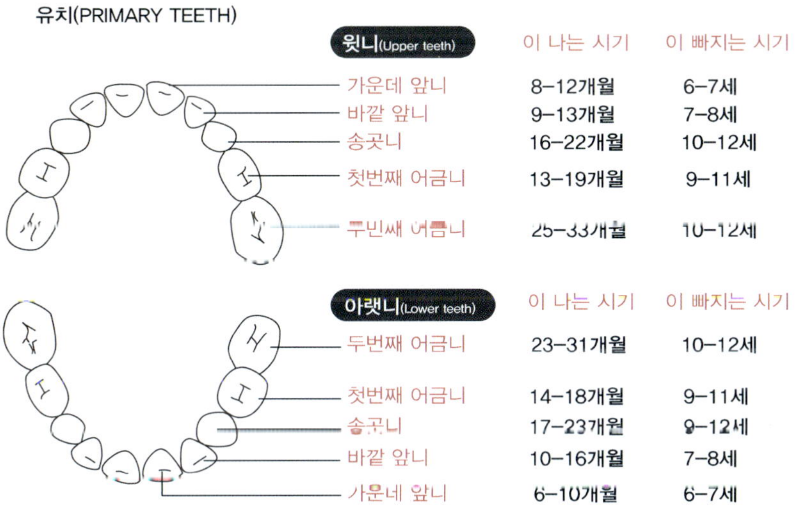

그림 6–2 ▶ 연령별 치아의 발달

2) 영아의 상태

영아의 신체는 먹고 자고 배설하며, 기분까지도 그 주기를 규제하는 내적인 시계를 지닌다. 이러한 시간적 양상은 태어날 때부터 있는 것으로 보이며, 영아가 매일 겪는 여러 상태, 즉 매일 일어나고 자고 활동하는 주기적인 변화는 각성수준의 정도에 따라 표 6-2 의 다섯 가지 상태로 나누어 볼 수 있다(안영진, 2015).

표 6-2 영아의 상태

상태	눈	호흡	운동	반응
규칙적인 수면	감고 있음	규칙적	갑작스런 놀람반사를 제외	순한 자극에 의해서는 일어날 수 없음
불규칙적인 수면	감고 있음	불규칙적	근육이 경련을 일으키지만 움직임은 없음	수면 시 소리나 빛으로 인해 미소를 짓거나 얼굴을 찡그림
졸음	감고 있음	불규칙적	어느 정도 능동적	자극에 대한 반응으로 미소 짓거나 깜짝 놀라거나 빨며, 경직됨
기민한 비활동성	뜨고 있음	·	조용함, 주위를 둘러보면서 머리, 팔, 다리, 몸체를 움직임	재미있는 환경(사람이나 사물)에 대한 반응을 시작하거나 유지함
깨어 활동하며 우는 상태	뜨고 있음	·	갑작스런 놀람반사를 제외 활동성이 많음	외적 자극, 부드러운 칭얼댐, 움직임, 점차 소리가 커지거나 발로 차기를 하며 심한 몸부림이나 날카로운 소리를 계속함

출처: Woff(1996); Prechtl & Beintema(1964).

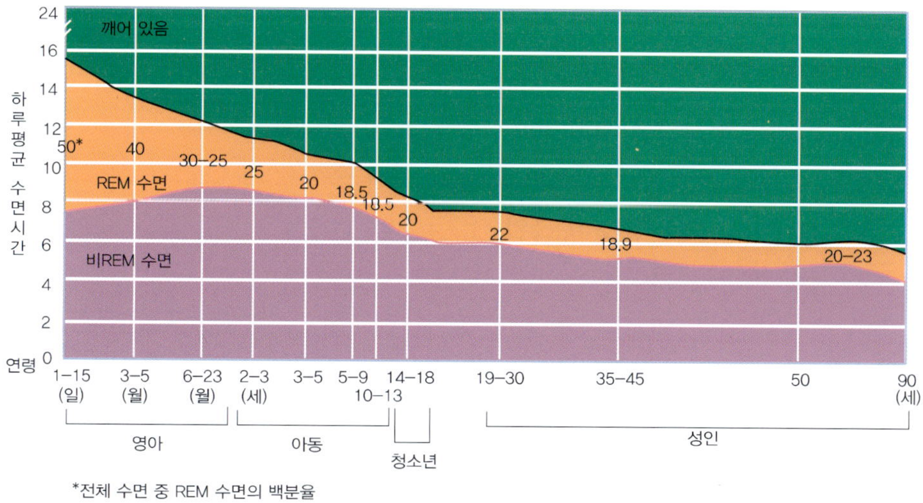

그림 6-3 ▶ 신생아기에서 성인기까지의 수면상태와 깨어있는 상태 변화

출처: Newcombe, N.(1996). Child development: Change over time(8th ed). Harper Collins College Publishers; 정옥분(2012). p. 245 재인용.

3) 영아의 상태에 영향을 미치는 요인

신체적 발달의 기본 과정에서 알 수 있는 것은 유전과 환경의 상호작용이다. 이 과정에서 적절한 영양공급이 중요하다. 영아의 건강한 성장에 영향을 미칠 수 있는 영양 공급방식을 살펴보면 다음과 같다(안영진, 2015).

(1) 모유 수유

1971년에 처음으로 어머니가 된 여성들 중 25%가 아이에게 모유를 먹였으며, 오늘날에는 60% 이상이 모유를 먹이고 있다(Eiger & Olds, 1997). 현재 적어도 5배 정도의 많은 어머니들이 최소한 5~6개월이 될 때까지 아기에게 모유를 먹인다.

모유는 어린 아기에게는 완벽한 영양소이며 우유보다 더 소화가 잘되고 알레르기 반응을 덜 일으킨다. 아기들이 우유병을 빨 때보다 더 열심히 모유를 빠는 것은 치아와 턱의 건강한 발달에 영향을 준다. 모유를 먹인 유아들은 설사, 폐렴, 기관지염과 같은 호흡기 질병에 대해 어느 정도 방어할 수 있다(Fallot, Boyd, & Oski, 1980).

모유 수유의 장점을 살펴보면 다음과 같다.

① 가장 이상적인 영양 공급원
② 질병 예방 효과
③ 영아의 적절한 성장, 발달 도모
④ 알레르기에 대한 예방 효과
⑤ 영아의 심리적 안정
⑥ 산모의 건강 회복

(2) 인공 수유

모유가 아기에게 영양을 공급하는 유일한 방법은 아니지만, 인공유를 먹고 사랑으로 키워지는 아기들 또한 건강하게 성장하며 잘 적응한다. 아기들이 먹는 인공유는 대부분 우유, 콩, 단백질로 만든 상업용 인공유이다. 인공유는 결코 꼭 같지는 않으나 모유와 거의 유사하게 제조된다. 모유가 갖고 있지 않은 비타민과 무기질을 보충해 주고 있다는 점이 다르다.

모유와 우유로 키운 유아들을 비교한 종단적 연구에 의하면 아기에게 인공유를 먹이는 부모들도 수유할 동안 아기를 꼭 껴안고 먹임으로써 모유 수유와 마찬가지로 아기와 친밀한 접촉을 할 수 있음이 확인되었다. 우유나 주스 또는 달콤한 액체를 누워서 먹는 아기들은 정서적으로 중요한 영양소를 잃게 되는 것이다. 즉, 단것은 우유병 꼭지 부분에 닿는 치아를 썩게 할 수 있다. 이러한 것을 피하기 위해 치과의사들은 우유병을 오래 빨거나 잘 때도 우유병을 빠는 아기들에게 우유 대신 물을 넣어주라고 권하고 있다. 다른 방법은 아기들이 1세가 되기 전부터 컵으로 마시도록 가르치는 것이다. 즉, 항상 컵으로 주스를 마시도록 하며 아기가 잠들도록 하는 우유병은 사용하지 않아야 한다(AAP, 1978).

2. 운동발달

1) 운동발달의 원리와 방향

영아의 운동발달은 중추신경계, 골격, 근육의 성숙 정도에 따라 영향을 받는다. 운동발달의 속도는 개인차가 있으며, 발달의 전개는 시간적으로나 계통적으로 일정한 순서가 있다. 즉, 미분화의 전체 운동에서 분화적 특수운동으로 발달하는데, 분화적 특수운동이란 분화(differentiation), 협응(coordination), 중심화(centralization)가 성립되어 상호 간에 통일된 관련 및 종속의 관계가 발생하는 것을 의미한다.

2) 이동운동발달

그림 6-4 ▶ 영아의 뒤집기와 기어다니기

출처: 안영진(2014). p. 135, 137.

영아의 운동발달은 개인차가 많으며, 신체성장, 뼈와 근육의 성장, 신경계의 성숙의 결과로 획득된다. 기기, 서기, 걷기, 휘청거리며 걷기, 앉기 또는 넘어지기, 일어서기 등의 행동을 여러번 반복하면서 아기는 자신의 행동범위를 넓힐 수 있게 된다(안영진, 2014).

영아의 이동운동은 어떤 단계로 발달하는가? 이동(iocomotion)이란 생물체가 자기 몸의 위치를 스스로 움직여 가는 현상을 의미한다. 영아의 최초의 이동운동은 배를 밑으로 대고 누워서 회전을 하는 것이다.

만 2세가 되면 영아는 끊임없이 움직인다. 이때는 걷고 뛰고 차고 던지고 구르고 균형을 잡고 춤추는 모든 것이 가능한 시기이다. 이 시기에 유아가 활동적이 될 수 있는 이유는 뼈와 근육 주의력이 급속도로 발달하기 때문이다. 유아들은 걸으면서 말할 수 있고, 새로운 운동기술도 금세 배운다. 예를 들면, 사물을 무작정 던지던 아이가 손목, 팔꿈치, 어깨 쓰는 법을 배우면서 힘과 정확성이 더해진다.

걸음마기에는 운동능력이 보다 정교화된다. 이 시기 동안 유아는 뒤로 걸을 수 있고, 손과 팔을 사용해 기어오르고, 혼자서 옷을 입을 수도 있다. 이러한 유아의 운동발달은 신체적 성숙, 동기, 학습 및 연습기회, 성인의 지도방법, 장난감에 의해 결정되는 경향이 있다. 또한 이 시기의 유아들은 음악을 즐기기도 하는데, 음악 테이프, 음악이 나오는 장난감, 피아노, 바이올린 등의 악기에 호기심을 보이고 가지고 놀기도 한다. 이때 유아들에게는 옷벗기, 단추풀기, 지퍼내리기, 신발신기 등의 기술을 가르칠 수 있다.

만 2세 무렵이면 안정적으로 걸을 수 있고 혼자서도 잘 먹기 시작하며, 계단을 오르내릴 수 있다. 만 3세에는 신체를 통제하는 능력이 발달하여 혼자 설 수 있고, 두발을 모아서 뛰기를 할 수 있으며, 세발자전거를 탈 수 있게 된다. 균형 있게 달릴 수 있고, 옷을 자신이 입으려는 시도를 하며 혼자서도 잘 먹는다.

그리고 걷고, 달리고, 손으로 만지고, 던지고, 부수는 등의 새로운 신체적 능력을 즐기면서 세상을 탐색해 나간다. 걷고 뛰어다니며 자기 스스로 하고 싶은 것을 하려고 하며 혼자 돌아다니려고 한다. 신체 각 기관의 섬세한 협응을 필요로 하는 활동을 하며, 사물의 형태를 올바로 지각하고 행동도 민첩해지는 등 전체적인 신체발달이 균형을 이룬다. 이런 능력은 유아 자신의 타고난 신체적인 성장에 의한 것이지만, 동시에 이런 유아의 새로운 능력에 대한 다른 사람들의 반응에 의해서 영향을 받는다.

2세경이 되면 근육 조절능력이 더욱 발달한다. 그리고 근육 조절능력의 발달은 뇌의 발달과 연합되어 자발적 운동이 증가된다(안영진, 2014).

표 6-3 영아기운동발달

1개월	엎드린 자세로 턱을 들어올린다.
2개월	머리를 약간 들어 올릴 수 있다.
3개월	엎드린 자세에서 가슴을 든다. 손과 발을 활발히 움직인다.
4개월	붙잡아주면 앉아 있을 수 있다. 혼자서 몸을 뒤집을 수 있다.
5개월	완전히 고개를 가눈다. 무릎에 앉아서 서툴게 물건을 잡는다.
6개월	의자에 앉아 흔들리는 물건을 잡을 수 있다. 딸랑이를 오랫동안 잡고 있다.
7개월	물건을 한 손에서 다른 쪽으로 옮겨 쥔다. 놀잇감으로 탁자를 두드리거나 숟가락을 잡는다.
8개월	몸을 이동시키고 싶어 하고 무릎과 엉덩이를 이용하여 이동한다. 손바닥으로 잘 잡는다.
9개월	손을 잡아 주면 설 수 있고 혼자 앉아 있을 수 있다. 그릇 같은 데 사물을 집어 넣은 후 다시 집어낸다. 장난감 표면의 구멍에 손가락을 집어넣는다. 바퀴나 레버 등 움직이는 부분이 있는 장난감을 좋아한다. 어느 한쪽 손을 많이 사용하기 시작한다. 숟가락을 흔든다. 컵 아래에 숨겨진 장난감을 찾을 수 있다.
10개월	기기 시작한다. 혼자 힘으로 앉을 수 있다. 작은 물체에 호기심을 갖는다.
11개월	물건을 쉽게 놓을 수 있어서 물건을 집어넣고 꺼내는 놀이를 반복한다.
12개월	가구를 잡고 옆걸음을 걸을 수 있고 양손으로 잡아주면 앞으로도 걸을 수 있다.
13개월	집게 손가락으로 잘 집는다.
14개월	혼자 자유롭게 선다. 한 손으로 2-3개의 사물을 쥔다. 그릇을 뒤집어 내용물들을 쏟아낸다.
15개월	혼자 자유롭게 걷는다. 장난감 블록을 쌓아올린 후 다시 무너뜨린다.
16개월	손으로 바닥을 손대지 않고 무릎을 굽힐 수 있다. 뛰기 시작한다. 사물들을 서로 끼워 맞추려 한다.
17개월	걷다가 멈추거나 방향을 전환하는 것이 좀 더 자연스러워진다. 유모차를 타기보다는 자신이 직접 밀고 다니는 것을 좋아한다. 공을 다른 사람에게 굴려주거나 던질 수 있다.
18개월	낮은 장애물에서 내려올 수 있다. 책장을 넘길 수 있다. 컵으로 음료수를 마실 수 있다. 장애물 위에서 두 발 모아 뛰어 내릴 수 있다. 걸음걸이가 더 자연스러워진다. 다양한 형태의 블록들을 구분하여 해당 구멍 속에 끼워 맞출 수 있다. 간단한 장난감을 분해한 후 다시 조립한다. 지퍼를 내릴 수 있다.
19개월	잠시도 가만있지 못하고 종종 걸음으로 돌아다니거나 기어오르고 달리며 모험을 즐긴다. 양말이나 신발을 벗을 수 있다. 두 손을 이용하여 문의 손잡이를 돌릴 수 있다.

20개월	넘어지지 않고 제대로 공을 찰 수 있다. 철봉에 매달리기를 좋아한다. 달리는 모습이 자연스럽지 못하고 멈추거나 모퉁이를 도는 데 서투르다. 두 발 모아 위로 점프를 시도하지만 두 발이 바닥에서 떨어지지 않는다. 도움을 받아 계단을 오를 수 있다.
21개월	걸을 때 장애물을 피하기 위해 발 앞쪽을 살펴본다. 책을 한 번에 한 쪽씩 넘길 수 있다. 손가락이나 크레용으로 끼적이기를 즐긴다. 왼손잡이인지 오른손잡이인지 구별된다.
22개월	걷기와 달리기, 앉기와 서기 동작을 자연스럽게 전환시킬 수 있다. 그네타기 등 각종 놀이기구를 즐긴다. 혼자 신발을 신을 수 있지만 짝짝이로 신을 때가 많다. 자동차 안전벨트를 매려고 시도한다.
23개월	걸어다니는 것보다는 달리기를 더 좋아한다. 혼자 식탁에 앉거나 자동차에 올라탄다. 서투르지만 원을 그릴 수 있다.
24개월	움직임이 보다 유연해진다. 혼자 계단을 오를 수 있다(한 계단에 두 발을 모았다가 다음 계단으로 올라간다). 서 있는 자세가 더욱 안정되고 넘어지는 경우가 줄어든다. 음악에 맞추어 춤추는 것을 좋아하며, 박자에 맞춰 움직이는 법을 배울 수 있다.

출처: 김혜경 외(2003); 박영아(2013); 안영진(2014) 재인용.

3) 조작기능발달

손과 팔은 물체를 쥐거나 조작하는 데 있어서 가장 중요한 부위이다. 영아의 손과 팔의 운동은 눈의 발달과 관련이 있으며 상호 협응되어야 물체를 잡을 수 있게 된다.

손과 팔의 운동은 도달(reaching), 파악(prehension), 손조정(manipulation) 및 손가락운동으로 발달한다. 팔이나 손운동으로서는 신생아기에 나타나는 파악반사(grasping reflex)가 있지만, 자신의 의도적 파악으로서는 출생 후 5개월 이후에 도달운동으로 나타난다. 즉, 5개월 이후에는 시각적 공간지각이 발달하고 엄지손가락을 쓸 수 있고, 몸과 손과 팔이 협응하여 손을 물체쪽으로 뻗어 잡으려고 한다. 그러나 정확히 파악할 수 있는 시기는 7~10개월이다.

연령별로 발달되는 조작능력은 표 6-4 와 같다.

표 6-4 연령별로 발달되는 조작능력

연령	조작능력
1개월	고리를 쥔다.
2개월	누워서 팔을 뒤로 쳐든다.
3~4개월	손을 폈다가 주먹을 쥐곤 한다. 대상을 보고 손을 뻗는다.
4~5개월	물건을 어설프게나마 쥔다.
6~7개월	물건을 쥐고 손목을 돌린다.
7~8개월	손가락의 움직임이 나타난다.
10~12개월	손가락을 사용하여 물건을 잡는다.
24~30개월	손가락을 효과적으로 사용한다. 대소변 통제가 가능하다.

출처: 김광웅 · 방은령(1992).

Halverson의 출생 후 약 16주~1세의 영아들을 대상으로 연구한 결과, 16주의 영아는 어떤 물체에 전혀 손을 대지 못하다가 약 20주가 되면 물체에 손을 대거나 스치기는 하나 잡지 못함을 밝혀냈다. 그 후 24주가 되면 물체를 잡을 수 있게 되고 약 9개월이 되면 손가락의 기능이 발달되어 정확히 잡게 된다. 영아가 약 1세가 되면 두 손가락을 사용하여 손끝으로 어떤 물체라도 잘 잡을 수 있게 된다. 그리고 모자나 양말을 혼자 벗고 쓰기고 하며, 병 속에 구슬을 집어넣었다 꺼냈다 하는 등 계속 학습을 통하여 더욱 발달해 간다(안영진, 2015).

Chapter 07

인지발달

1. 감각운동기 영아의 인지발달
2. 만 2세 영아의 사고와 학습 능력
3. 지능발달의 개인차

생명을 유지하고 자기의 주어진 환경에 보다 잘 적응하기 위해서는 환경으로부터 자극이나 정보를 선택적으로 수용하고 그것을 적절히 처리해 나가는 일이 필요하다. 인지(cognition)란 우리가 생각하고 추리하며, 문제에 대한 해결을 모색하는 과정으로서 사고와 지능의 발달을 의미한다. 그러나 영아의 사고는 사고를 촉진시키는 언어와 같은 상징체계가 없기 때문에 제한될 수밖에 없다(안영진, 2015).

표 7-1 영아기 연령별 인지능력의 발달 특징

연령	인지능력
2~3개월	어머니의 목소리와 우유병 인식
4개월	지적 능력이 더욱 발달하여 낯선 사람을 구별, 반응
6개월	어머니의 얼굴, 유방, 장난감 등에 대한 기억이 점차 분화·발달
8~9개월	언어의 기억과 손운동의 기억 사이에 상호 통일적인 역동관계 형성
10개월	간단한 문제를 해결, 문제 해결을 위한 지적 행동이 싹트기 시작

출처: 안영진(2009). p.188.

1. 감각운동기 영아의 인지발달

Piaget는 출생부터 약 2세까지의 영아들은 감각적 경험과 운동활동의 관계를 학습함으로써 사물을 이해하려 한다고 주장하였다. 출생 직후의 반사행동과 신진적 지각능력을 바탕으로 영아는 환경 탐색을 시도하며, 그 결과 개념형성을 위한 기초를 확립한다.

영아는 처음에는 선천적으로 타고난 반사행동으로 환경에 적응하나 점차적으로 자기주도적이고 목표지향적인 행동으로 발달해 간다.

Piaget 이론에 의하면 영아기는 감각운동기 단계이며, 이 단계는 다시 6단계로 세분화하여 살펴볼 수 있다(안영진, 2014).

표 7-2 Piaget의 감각운동기

감각운동기 하위단계	전형적인 행동
1. 반사도식 (출생~1개월)	신생아 반사
2. 1차 순환반응 (1~4개월)	• 영아의 신체중심으로 단순한 운동습관을 갖게 된다. • 1개월 정도가 되면 기본적인 욕구로부터 동기화된 우연한 행동들을 반복함으로써 1차 순환반응을 통해 행동을 자발적으로 통제하기 시작한다. • 아기 자신의 주먹이나 엄지손가락을 빠는 것 같이 어떤 단순한 운동습관을 반복할 수 있다. • 환경적인 요구에 대한 반응으로 자신의 행동을 변화시킬 수 있다. 즉, 환경에 대한 행동의 영향보다는 영아 자신의 신체를 중심으로 움직인다. • 젖꼭지와 숟가락일 경우 입을 다르게 벌린다.
3. 2차 순환반응 (4~8개월)	• 주변 환경에서 재미있는 결과를 가져오는 사건을 반복하는 것에 목표를 둔 행동을 한다. 이 시기의 영아는 자신의 신체가 아닌 대상에 흥미를 느끼게 된다. 예를 들어, 딸랑이를 흔들어 재미있는 소리가 나는 것을 경험한 영아는 딸랑이를 흔드는 행동을 수없이 반복한다. 의도는 있으나, 목표지향적이지는 않다. • 친숙한 행동을 모방하고자 하나 충분히 융통성이 있거나 빠르게 적응하지는 못한다.
4. 2차 순환반응의 협응 (8~12개월)	• 의도적이고 목표지향적인 행동을 할 수 있고, 단순한 문제를 해결하기 위해 도식을 협응하고자 한다. • 아기에게 예쁜 장난감을 보여 주고 나서 그것을 손이나 덮개로 숨기는 대상 숨기기 과제에서 아기들은 장애물을 옆으로 '밀기'도식과 장난감을 '잡기'도식을 협응할 수 있다. • 처음 숨긴 장소에서 찾을 수 있는 능력(대상영속성)을 획득한다. 영아들이 숨긴 물체를 찾는 것은 물체가 시야에서 없어졌을 때도 계속해서 존재한다는 것을 이해하는 것이다). • 이 시기 영아는 특정 목적을 달성하기 위해 도식들을 다양하게 조합할 수 있으며, 행동에 대한 결과를 기대하거나 예상할 수 있게 된다. 예를 들어, 엄마가 코트를 입거나 화장을 하게 되면 아기는 엄마가 밖으로 나가지 못하도록 울면서 엄마에게 매달릴 수 있다.
5. 3차 순환반응 (12~18개월)	• 영아는 원하는 결과를 달성하기 위해 자신의 행동을 목적에 따라 의도적으로 변화시켜 다양하고 창의적인 행동을 하게 되고, 적극적으로 세상을 탐색해 간다.

감각운동기 하위단계	전형적인 행동
	• 걸음마기 영아들은 새로운 결과를 만들어 내는 다양한 행동을 반복한다. 즉, 새로운 방식으로 사물에 행위를 가함으로써 사물의 속성을 탐색할 수 있다. 14개월이 된 아기는 테이블 모서리에서 다양한 물체를 떨어뜨린다. 어떤 물체는 부드럽게, 어떤 물체는 세게 밀면서 3차 순환반응이라는 실험접근을 하게 된다. 영아는 시행착오를 통해 자신이 원하는 결과에 도달하는 가장 좋은 방법을 찾아 문제를 해결하는 방식을 습득한다. • 새로운 행동의 모방, 숨겨진 사물을 찾기 위하여 여러 장소를 살피는 능력을 갖게 된다.
6. 정신적 표상 (18개월~2세)	• 문제에 대한 갑작스러운 해결을 하는 것에서 나타나듯이 사물과 사건의 내적 묘사, 보이지 않는 동안 이동되었던 사물을 찾는 능력, 지연모방, 가장놀이 등이 나타난다. • 18~24개월 사이에 시행착오를 거치지 않고 한 번에 문제를 해결하는 것은 정신적 표상의 표시이다. 이러한 것은 경험을 정신적으로 표상할 수 있는 증거가 된다. 예를 들어, Piaget의 딸이 인형을 태운 유모차가 벽에 부딪치는 것을 보면서 마치 '생각하는' 것처럼 잠깐 멈추더니 장난감을 즉시 다른 방향으로 돌리는 것이다. 벽에 부딪친 유모차를 어떻게 해야 하는지에 대하여 머릿속으로 잠깐 생각할 수 있는 것이다. • 지연모방(deferred imitation)이 가능해진다. 이것은 존재하지 않는 모델의 행동을 기억하여 모방하는 것이다. • 가장놀이(make believe play)를 가능하게 하여 아이들이 매일 연기를 하고 상상놀이를 할 수 있도록 한다. 23개월 아기는 가장놀이를 하는데, 처음에 가장은 일상생활에서 자주 경험한 단순한 도식을 포함하여 나타난다.

출처: Laura E. Berk(2006), 이종숙 외(2009), 이사라 외(2013), 안영진(2014).

Pigaet에 의하면 영아들은 감각적 경험과 운동활동의 관계를 학습함으로써 사물을 이해하려 한다고 보았다. 출생 직후의 반사행동과 선천적 지각능력을 바탕으로 영아는 환경 탐색을 시도하고, 그 결과 개념형성을 위한 기초를 확립한다. 영아는 처음에는 선천적으로 타고난 반사행동으로 환경에 적응하고, 점차 자기주도적이고 목표지향적인 행동으로 발달해 나간다. 또한 이 시기의 중요한 발달 과업 중 하나는 대상영속성이다. 대상영속성

(object permanence)이란 자아가 주변 세계와는 물리적으로 분리된 독립된 존재이며, 주변의 물체는 시야에 있지 않다 하더라도 계속적으로 존재한다는 사고를 말한다(안영진, 2014).

표 7-3 영아기 대상영속성의 발달

구분	월령	인지단계	영아의 행동 예시
대상영속성 발달이전	8개월 이전	2차 순환반응기	가지고 놀던 장난감을 영아가 보는 앞에서 상자 안에 넣으면, 영아는 장난감이 더 이상 존재하지 않는다고 생각하여 다시 찾으려는 시도를 하지 않는다.
대상영속성 발달중	8~12개월	2차 순환반응협응	가지고 놀던 장난감을 영아가 보는 앞에서 상자 안에 넣으면, 상자를 들춰 장난감을 찾으려 한다. 실험자가 상자 안에 장난감을 숨기는 행동을 반복적으로 한 후, 영아가 보는 앞에서 마지막에는 상자가 아닌 주머니에 장난감을 숨길 경우에도 영아는 상자 안에서만 찾으려 한다.
	12~18개월	3차 순환반응	장난감을 상자에 숨기는 행동을 반복하다가 마지막에 영아가 보는 앞에서 주머니에 숨기면, 영아는 자신이 마지막으로 본 행동에 근거하여 주머니에서 장난감을 찾는다.
대상영속성 획득	18~24개월	정신적 표상	영아가 보지 않는 상황에서 장난감을 숨겨도 영아는 예전에 숨겼던 장소와 그렇지 않은 장소를 모두 포함하여 다양한 곳에서 찾으려는 시도를 한다.

출처: 이사라 외(2013)

2. 만 2세 영아의 사고와 학습능력

만 2세 영아는 걸을 수 있고 말할 수 있지만, 어른과 비교하면 많은 차이가 있다. 영아의 사고는 자기중심적이고, 언어 수준은 자신의 욕구를 말하는 수준(예: 배가 고파요, 아파요)이며 타인에 대한 이해 능력도 제한적이다. 그러나 영아가 말하는 법을 배우고 말 속에 자신의 생각하는 바를 담게 되면서, 어른들은 아이들이 생각하는 세계를 알 수 있게 된다. 영아의 말에 귀 기울이면 어떤 생각을 하는지 이해하게 된다.

(1) 생각하기와 실수하기

만 2세 영아의 사고는 한순간 매우 어른스럽다가도 금세 어린아이 같이 된다. 영아들은 자신이 몰입해 있는 흥미로운 상황에서는 어려운 개념도 이해할 수 있다. 익숙한 상황에서는 개념을 이해하기 쉽지만 상황이 바뀌면 적용하기가 어렵다(예: 컴컴해지면 밤인 줄 알지만 비나 눈이 오려고 하늘이 어두워져도 밤이라고 이야기한다). 언어적 질문을 통해서 유아의 이해 정도를 알기는 쉽지 않다. 영아들은 자기가 흥미 있어 하는 상황에서만 자신의 능력을 보여 주기 때문이다.

이 시기 영아들은 자기가 알고 있는 규칙을 잘 따른다. 영아들은 할머니 집에 갔을 때, 마트에 갔을 때 어떤 일을 하는지 안다. "할머니 집에 가면 뭐하지?"라고 물어보면 '자장면을 먹어요' 등으로 대답하는 등 과거의 경험에 근거하여 나름대로의 법칙을 만들어 낸다. 그러나 아직 논리적 인과관계를 파악하지 못하기 때문에 목욕 후에 밥을 먹는 아이라면 자기가 아직 씻지 않아서 저녁 먹을 시간이 아니라는 등 자기 나름대로의 논리를 주장하기도 한다.

만 2세 영아는 보이는 것이 전부라 믿기 때문에 사물의 본질은 변화할 수 있다고 생각한다. 유아들에게 가면은 보이는 것과 실제가 동일하지 않을 수 있다는 것을 보여주는 좋은 예이다. 한 실험 상황에서 다양한 연령의 유아들이 고양이와 놀았다. 조금 지난 뒤 고양이 얼굴에 사나운 개의 가면을 씌운 뒤에 유아들의 반응을 보았다. 6세 유아는 고양이와 같이 놀았지만, 4세 유아는 당황스러워하고 무서워했다. 더 어린 유아들은 이상한 울음소리를 내는 개라고 믿었다. 만 2세 영아가 잘 속은 이유는 가면 속과 밖의 고양이를 구별하기 어렵기 때문이다.

3. 지능발달의 개인차

Piaget는 지능을 환경에 대한 적응능력이라 생각하고 이 능력의 발달은 성숙발달 계열을 통하여 이루어지는 것으로 보고 있다. 이 발달 계열에 따르면 출생에서부터 약 2세까지의 지능은 감각운동적 지능, 2세 이후의 지능은 개념적 지능으로 나누어진다. 영아의 사고는 감각과 운동과의 협응에 의해서 성립되기 때문에 동작을 적용하여 지적활동에 대치하는 것이다. 사람의 지능에는 개인차가 있는데, 이에 관해서는 학자에 따라 견해를 달리하고 있다. 그러나 일반적으로 유전성에 의하여 생기기도 하고, 환경적 조건의 영향을 받아 생기기도 한다. 지능에 있어서 개인차가 생기는 주요인으로는 건강, 신체발달, 성별, 사회적 조건, 경제적 조건 등을 생각할 수 있다. 일반적으로 가정환경은 유아들의 경험, 행동, 태도 등에 가장 많은 영향을 미치는 중요한 요인이다. 즉, 부모들의 흥미나 경제적 상태는 바로 유아들의 경험에 있어서 그 질과 양을 규정하는 요인이 되는 것이다.

Chapter 08

언어발달

1. 언어습득 이전 시기
2. 언어습득 시기
3. 만 2세 영아의 의사소통능력

언어란 이해할 수 있어야 하고 정확하게 단어를 발음해야 하며, 단어와 목적물이 관련되어야 하는 것이다. 이와 같은 사실로 비추어 볼 때 대부분의 영아는 언어 이전의 형식을 취한다. 언어 이전의 형식이란 언어가 충분히 발달되기 전에 의사전달이나 언어의 연습 형식으로 나타나는 반응을 의미하며, 울음, 쿠잉(목울음소리), 옹알이, 몸짓언어 등이 있다. 출생 후 9개월의 영아들은 유아어를 사용하게 되고, 1세 말경에 이르면 대부분의 영아들은 1개의 단어로써 의사소통을 할 수 있다.

1. 언어습득 이전 시기

언어습득 이전의 영아와 양육자의 상호작용은 영아가 만들어 내는 다양한 소리에 의해 이루어진다.

1) 울음

울음은 영아가 주변 환경과 의사소통하는 최초의 방법이며 출생 직후의 영아가 호흡을 시작했다는 신호이다. 영아의 식욕이나 편안함, 자극에 대한 욕구를 알려준다. 즉, 신생아나 영아의 울음은 복잡한 표현행동이다.

Wolf(1969)는 배고픔과 관련된 기본적인 울음, 분노의 울음, 고통의 울음과 출생 3주 후에 나타나는 주의를 요구하는 울음 등을 구별하고 있다.

2) 쿠잉

출생 후 7주경에 이르면 영아는 꾸르륵하고 목 울리는 소리를 내기 시작한다. 식사 후 영아가 좋아하는 대상물이나 미소짓는 얼굴을 바라보면서 꾸르륵 소리를 내며 좋아하는 경우가 많다. 따라서 이와 같은 영아의 발성은 기쁨이나 즐거움의 표현인 것으로 간주된다. 최초의 목 울리는 소리는 모음과 비슷하였으나 성장함에 따라 자음이 삽입된다.

3) 옹알이

울음을 제외한 발성화의 첫 번째 상태는 꾸르륵 소리내기, 즉 쿠잉으로 2개월경에 아기가 모음 같은 소리를 만들어 내는 것이다. "오~~~~", "아~~~~"와 같은 소리는 주로 아기가 먹고 난 뒤라든지, 기분 좋을 때 많이 나타난다. 4~6개월 영아들은 쿠잉에 자음소리를 덧붙여 발성하게 되는데, 이를 옹알이라고 한다(David R. Shaffer & Katherine Kipp 저, 송길연 외, 2014). 5~6개월부터는 옹알이다운 것이 나타나 제법 옹알거리며 '마마, 나나' 등의 의미 있는 옹알이를 하며, 자신의 귀로 들으면서 활동을 계속한다. 8개월이 되면 옹알이는 절정에 이른다. 9~11개월이 되면 성인들이 말하듯이 중얼거리며 '엄마, 빠빠, 다다' 등 의미 있는 말을 한다. 특히 환경에 예민해지고 성인의 억양을 모방하는 능력이 생긴다. 까꿍놀이와 빠이빠이, 짝짝꿍놀이를 즐긴다. 반면에 농아나 부모가 청각장애를 가진 경우 영아는 옹알이를 못한다(Stoel-Gammon & Otomo, 1986).

처음 6개월동안 전 세계 영아들이 발성하는 소리는 매우 유사하다.

영아의 옹알이는 단순한 소리가 아니라 주위에 대한 사회적 흥미를 표시하거나 다른 사람의 주의를 끌고 애정을 받고자 하는 일종의 사회적 신호로 작용한다. 이러한 신호에 주위 사람들이 적절히 반응해 주면 언어발달의 자극뿐만 아니라 대인관계의 형성에도 긍정적인 효과를 가져올 수 있다(남규 외, 2015/2018).

4) 몸짓언어

영아는 옹알이와 함께 자신의 감정을 몸짓으로 보충한다. 예를 들면, 손을 벌리고 웃는 것은 안아달라는 표시이며, '잉' 하면서 그릇을 밀어내는 것은 먹기 싫다는 의사표시이다. 월령이 증가함에 따라 몸짓이 다양해지며 언어로 의사소통을 하는 표현언어보다는 타인의 말을 이해하는 수용언어 발달이 먼저 이루어진다. 영아는 본인이 말로 모든 것을 표현할 수는 없지만, 타인의 얼굴표정, 음성, 몸짓을 참조로 말뜻을 짐작할 수는 있다. 만일 영아의 울음이나 몸짓말을 주위 사람들이 너무 잘 들어주는 경우에는 언어발달의 지연 요인이 될 수 있으므로, 어머니나 영아의 보호자는 매번 말로 응답을 하여 언어발달을 촉진시킬 수 있도록 해야 한다(강봉규, 1993).

2. 언어습득 시기

언어습득 시기는 한 단어 시기, 두 단어 시기, 문장 사용기로 나누어 살펴볼 수 있는데, 영아기에 살펴볼 수 있는 것은 한 단어 시기와 두 단어 시기이다.

아기어(baby talk)란 성인이 어린 유아에게 이야기할 때 사용하는 독특한 언어구사법이다(Fernald & Simon, 1984). 특히 어머니들은 아기에게 이야기할 때, 짤막하고 간단한 문장을 반복해서 이야기하며 자주 노래 부르듯이 말한다. 보통 유아어는 높은 소리로 말하나 때로는 속삭이고, 때로는 소리 지름으로써 급격한 변화를 나타내고 과장되는 경향이 있다.

1) 한 단어 시기

1세 발성에 이르면 대부분의 영아들은 한 개의 단어로써 의사소통을 시작한다. 즉, 영아는 한 단어로 전체 문장의 의미를 표현한다고 하여 일어문 시기라고도 한다. 보통 한 단어 문장은 단어 한 개로써 문장을 구성하기 때문에 듣는 사람은 말하는 사람의 억양과 제스처 및 얼굴 표정과 같은 신체언어(body language)를 참조하여 의미를 이해해야 한다. 즉, 맥락적 의사소통을 해야 한다는 것이다. '엄마', '아빠', '맘마'라는 단어들이 가장 최초로 획득되는 의사소통 수단이다. 1~2개의 단어가 획득되기만 하면 영아의 언어발달은 가속화된다. 한 단어 시기의 특징으로는 '과잉축소'와 '과잉확대' 현상이다.

- **과잉축소:** 단어를 적용하는 범위를 너무 좁게 한정해서 사용하는 것. 내 신발만 신말이란 단어를 사용할 수 있다고 하는 것
- **과잉확대:** 한 단어의 적용 범위를 넓게 잡는 것. '강아지'라는 단어를 네 발 달린 모든 동물에게 사용하는 것으로, 고양이, 돼지, 소 등 모든 동물에게 '강아지'라고 부르는 것

영아기의 언어발달 양상을 제시해 보면 표 8-1과 같다.

표 8-1 영아기의 언어발달

수행 시기	발성과 언어
3개월	• 울음이 감소되며 말을 걸거나 고개를 끄덕여 주면 미소짓고 꾸르륵 소리를 내며(cooing) 좋아한다. 꾸르륵 소리는 모음과 비슷하며 15~20초 동안 지속되는 것이 보통이다.
4개월	• 사람의 소리에 대해 보다 분명한 반응을 나타낸다. 머리를 돌리고 말하는 사람을 찾는 것처럼 보이며 때때로 기뻐하는 웃음소리를 낸다.
5개월	• 꾸르륵 소리내기 속에 보다 많은 자음이 군데군데 삽입된다. • 어린 영아의 발성은 음성학적으로 언어 소리와는 다르다.
6개월	• 꾸르륵 소리내기는 1음절 소리를 닮은 옹알이로 변한다. • 마, 마, 다, 나와 유사한 발성을 한다.
8개월	• 모음과 자음의 반복이 빈번하게 나타난다. • 억양이 명확해지고 발성은 강조를 나타낼 수 있다.
10개월	• 영아의 발성 속에 목구멍에서 나온 꼬록꼬록하는 소리나 거품을 부는 것과 같이 장난 같은 소리를 섞는다. • 소리 변별이 부분적으로 가능해짐에 따라 단어 간의 구별이 시작되고 소리를 모방하려는 시도가 나타난다.
12개월	• 맘마나 나나와 같은 소리가 반복되는 발성이 나타난다. • 영아는 몇 개의 단어와 간단한 명령을 이해한다.
18개월	• 3개 이상 50개 미만의 단어를 말할 수 있다. • 아직도 옹알이를 많이 하며 복잡한 억양패턴을 갖는 몇 개의 음절을 사용한다. 의사소통하려는 의도는 아직 없다. • 2개 단어로 된 구를 이해하나 조직하지는 못한다.

출처: Lennerberg(1967).

2) 이어문 시기

생후 18~24개월 정도 되면 두 개, 세 개의 단어들을 조합하여 하나의 문장으로 의사표현할 수 있게 되는데, 이렇게 두세 개의 단어로 이루어진 문장을 이어문 또는 삼어문이라 한다. 이 시기 언어사용의 특징으로는 단어 두 개를 연결하여 의사표현을 하는 '전보식 언어'가 있다.

시제를 나타내는 조사, 소유격, 조동사 등은 제외하고 핵심적인 낱말만 연결하여 표현하기 때문에 '전보식 언어'라고 한다. 예를 들어, "엄마, 물을 주세요"를 "엄마, 물"이라고 하는 것이다. 이외에 영아는 자신의 필요에 따라 들어보지 못한 전혀 새로운 문장을 만들어서 표현하기도 한다(이연섭 외, 1999).

일어문 시기에 비해 어휘 수는 급격히 늘어나 약 24개월 때 어휘수는 32개 정도 된다고 한다(김현주 외, 2019).

3. 만 2세 영아의 의사소통능력

만 2세 유아와 말을 하다 보면 아이가 하는 말을 이해하지 못할 때가 많다. 유아는 자기 의사가 전달이 안 되면 실망하는데, 이는 어른도 마찬가지이다.

1) 신체언어

만 2세 유아는 한참 말을 배우는 중이긴 하지만 신체언어는 아직도 의사소통의 중요한 수단이다. 화를 낼 때나 좋아서 뛸 때 보면 유아들의 감정은 신체를 통해 분명히 나타난다. 유아의 기분은 놀이하고, 춤추고, 노래 부르고, 옷을 입고, 그림 그리는 등 다양한 상황에서 나타난다. 신체언어는 사람마다 다르기 때문에 유아들의 신체언어를 주의 깊게 보고 반응하면 유아에 대해 더 잘 이해할 수 있게 된다.

만 2~3세 시기 동안 유아들은 눈으로도 이야기한다. 생후 몇 년 동안 유아들의 눈 맞추는 능력(eye contact)은 더욱 중요해지면서도 눈을 마주치는 횟수는 줄어들게 되는데, 이는 유아가 사회적인 예절을 익히면서이다. 시선을 마주치는 행동은 심리적·정서적으로 광범위하게 영향이 있다. 사람의 눈을 들여다보는 행동은 심장박동수와 뇌를 활성화시킨다고 한다. 소심한 사람은 다른 사람의 눈을 마주보고 이야기하기 어려워하는데, 이는 타인의 눈을 보는 행동이 자신의 감정을 나타내는 행동이기 때문이다.

유아의 눈을 들여다보는 것은 좋은 습관이다. 유아와 눈을 맞추는 것(eye contact)을 통해서 유아는 자기가 바라는 것을 부모에게 설득할 수 있고, 성인도 유아를 설득할 수 있게 된다. 유아가 우리의 이야기를 듣게 하려면 유아의 눈을 똑바로 쳐다보아야 한다. 아이와 눈을 마주치고 이야기하다 보면 아이가 곧 시선을 다른 쪽으로 돌리는데, 싫어서 그런 것은 아니다. 우리 모두 다른 생각을 하면 시선을 돌리게 된다. 잠시 생각을 하여 할 말이 정확히 정리되고, 대답할 준비가 되면 다시 우리를 쳐다보게 된다. 만일 우리가 어떤 문제에 대해 곰곰이 생각하며 다른 사람의 눈을 똑바로 쳐다보면 왜 시선을 돌리게 되는지 알 수 있다. 다른 사람을 똑바로 쳐다보면서 다른 생각을 하기는 어렵다.

2) 언어

급속한 언어발달은 이 시기에 일어나는 경이로운 일 중 하나이다. 유아들의 언어발달은 급작스럽게 일어나고, 어떤 경우는 다듬어진 말을 하다가도 서툴게 말을 하기도 하는데 어쨌든 유아들의 언어는 계속 성장한다. 아이가 부모의 말을 모두 알아들으면서 말이 급속도로 늘고 있음을 알게 된다. 언어적으로 빠른 아이들은 이미 500개 이상의 어휘를 알고 있다. 만 2.5세 정도면 어휘 수가 급속히 늘어나면서, 발달 속도의 차이가 나는 유아간 언어발달의 차이가 적어진다. 만 3세의 언어적으로 빠른 유아는 600개의 어휘를, 느린 유아도 350개의 어휘를 알게 된다. 아이들의 언어습득은 어디서든 일어난다. 만 2세 유아는 텔레비전에서 나오는 노래의 뜻은 이해하지 못하지만 따라 부른다.

이 시기에 유아들이 사용하는 문장은 복잡해진다. 만 2세 초에는 두 단어로 문장을 만들고, 뜻은 몸짓이나, 얼굴표정으로 나타내지만, 만 3세가 되면 복잡한 문장을 구성한다. 유아들은 질문을 명령으로 생각한다. 예를 들어, 유아에게 '냉장고 문이 닫혔니?'라고 물어보면 가서 냉장고 문을 닫고 온다. 유아들은 단어의 소리를 즐기게 된다. 어떤 유아는 스스로 자기가 들은 재미있는 말로 운, 노래, 농담을 만들고 계속해서 말한다. 이 시기에 나타나는 다른 특징은 유아들이 스스로를 지칭하기 시작하는 것이다.

언어발달이 느린 아이들은 어휘 수는 증가하지만 복잡한 문장 구성에서 차이가 벌어진다. 그리고 보통 남자아이가 여자아이보다 언어적으로 느리다. 이러한 차이는 장기적으로 점차 사라진다. 중요한 것은 양육자가 유아와 의사소통하려고 할 때 제대로 문장을 만들어 주어야 한다는 점이다. 그렇지 않으면 유아와 가까운 사람만이 유아의 몸짓과 말을 이해할 수 있다. 말을 잘 하는 사람도 때때로 하잘 것 없는 실수 때문에 오해를 받는다. 아이가 '컵'이라고 했을 때, 엄마는 아이가 말하고자 하는 것은 '내 컵'이라고 알아듣지만, 다른 사람들은 무슨 뜻인지 모른다. 서로 간의 의사전달이 가능하다는 것은 유아들의 자신감에 영향을 미친다. 유아들은 자기의 말뜻을 다른 사람이 이해하지 못할 때 당황해한다. 만 3세 유아는 자기의 말뜻을 다른 사람이 이해하지 못할 때 이해시킬 방법을 찾게 된다.

'유아들은 잘 돌보는 게 중요하지 아이의 말을 잘 들어줄 필요는 없다'는 옛말은 말이 늦은 유아들에게 도움이 되지 않는다. 언어발달이 느린 유아들은 가능한 많이 듣고, 또 많이 들어주어야 하기 때문이다. 말을 거의 하지 않는 아이들은 언어발달이 늦을 위험성이 있다. 부모도 아이가 말하지 않는 것을 우리 아이가 다른 아이보다 똑똑하지 않다라고 잘못 생각하기 쉽다 말이 늦더라도 뜻을 이해할 수 있는 많은 유아들이 이해조차 못한다고 생각하는 것은 오히려 유아의 언어능력을 방해할 뿐이다. 또한 유아가 알아듣기에 너무 어려운 말을 하는 것은 좋지 않다.

Chapter 09

정서 및 사회성발달

1. 정서발달

1) 정서의 분화

구체적으로 영아기는 미분화적이어서 자극에 대한 막연한 흥분밖에 나타낼 줄 모르던 신생아도 3주째쯤 되면 정서가 분화되기 시작한다. 영아기에는 불쾌한 상태가 나타나기 시작하면서 정서가 급속히 분화되어 간다.

영국의 아동연구학자인 Bridges의 이론에 의하면 출생 시의 정서는 흥분(excitement)뿐이며, 출생 후 3개월이 되면 불쾌(distress)와 만족(delight)으로 분화되며, 6개월부터는 불쾌정서가 분노(anger), 혐오(disgust), 공포(fear)로 발달·분화된다. 그리고 12개월이 되면 만족, 즉 쾌정서에서 분화된 애정(affection)과 의기양양(elation)이 나타난다고 한다.

표 9-1 개별 정서의 출현 연령

<table>
<tr><th>연령</th><th>정서</th><th>정서의 범주</th><th>영향요인</th></tr>
<tr><td>출생</td><td>만족
혐오
고통
흥미</td><td rowspan="2">기본</td><td>생물학적으로 프로그램</td></tr>
<tr><td>2~7개월</td><td>분노
공포
기쁨
슬픔
놀람</td><td>모든 건강한 영아들에게서 대략 같은 월령에 나타나고 모든 문화에서 유사하게 해석됨</td></tr>
<tr><td>12~24개월</td><td>당혹감
부러움
죄책감
자부심
수치심</td><td>복합
자기의식적
자기평가적</td><td>기준이나 규칙에 반하는 활동을 평가하기 위해 자기인식과 인지적 능력이 요구됨</td></tr>
</table>

출처: David R. Shaffer & Katherine Kipp 저, 송길연 외 역(2014). p. 413

① 공포

공포 반응은 놀라는 표정이나 행동으로 표출되며 대부분 운다. 공포 반응이 나타나는 경우는 다음과 같다.

- 갑자기 영아를 이동했을 경우
- 큰 소리를 질렀을 경우
- 막 잠이 들려고 하거나 깨려고 할 때에 자극을 주었을 경우

② 분노

분노는 불쾌 자극이나 압력을 극복하려는 반응이라 할 수 있다. 영아의 분노는 자기가 하고 싶은 일을 방해받거나 갖고 싶은 것을 가지지 못할 때, 자신의 요구가 거부되어 자신의 욕구가 제대로 충족되지 않았을 때 나타난다.

이러한 분노는 공포 정서보다 자주 나타나는데, 이는 영아의 주변에 분노를 일으키게 하는 자극이 많고, 분노가 영아 자신의 욕구를 어느 정도 충족시켜 준다는 사실을 그 자신이 알고 있기 때문이다.

일반적으로 영아들은 분노가 싹트는 출생 후 3개월쯤 되면 성난 듯한 소리로 울기 시작하며, 약 4~5개월경이 되면 사람이 곁에 없거나 장난감을 빼앗기면 곧 사회적 기대에 불만을 나타나게 된다. 약 6개월이 되면 큰소리로 싫은 말을 하거나 꾸짖으면 분노를 나타내는데, 즉 투덜대기, 토라지기, 발버둥질, 떼쓰기, 울기, 반항, 기분이 나빠지는 등 아주 심하게 분노를 터뜨린다.

③ 애정

영아의 정서는 외적 자극이나 신체적 특성에 의한 운동적 현상으로 표현된다. 즉, 정서적 행동의 주요한 특성은 신체적·지적·사회적 행동의 특성과 밀접한 관계를 갖는데, 이는 정서의 발달 단계를 보면 잘 나타나 있다.

신생아기는 신체적으로 갑자기 변화한 환경에 적응해야 하며 사회적 인

식이 거의 없는 상태이므로 정서적으로 조정이 안 되어 반사적 수준에서 정서 반응을 한다. 그러나 영아가 1개월이 되면 정서 반응이 어떤 특정 요구에 따라 달라지며 막연하게나마 웃을 수 있다.

3개월이 되면 사람의 얼굴을 보고 미소 짓거나 웃게 되는데, 이는 사회적인 관계에 대한 적응이라 볼 수 있다. 7~8개월에는 낯선 사람을 구별하여 자기 가족에게는 애정을 나타낸다. 그러나 점차 월령이 증가함에 따라 낯선 사람을 두려워하지 않는 정서적 태도가 형성된다.

이러한 사실로 미루어 볼 때 정서는 어떤 사태에서 파악되는 자극이나 생각이 신체적 반응과 연합되어 형성·발달한다고 할 수 있다. 영아의 바람직한 정서발달을 위해서는 안정된 환경과 자극 사태가 주어져야 한다. 분노 정서가 반복될 때 영아는 불신감을 갖게 되고 불안한 정서가 발달한다. 욕구가 충족되고 신체적 상태가 좋을 때에는 욕구충족 대상에서 애정과 신뢰감을 표시하여 안정감을 갖는다.

④ 기쁨

영아의 기쁨이란 단순한 쾌감에서 나타내는 행복한 정서의 반응이다. 영아들이 젖을 배불리 먹은 다음 알맞게 따뜻한 물에 목욕을 하거나 몸을 주물러 줄 때 생리적, 감각적, 운동적인 동작으로 표시하는 정서라고 할 수 있다. 이 기쁨의 정서는 영아의 욕구만족과 깊은 관련이 있다. 즉, 영아는 자신이 좋아하는 사람과 접촉을 할 경우, 자기의 원하는 것을 가졌을 때 웃음으로써 반응한다.

영아가 출생 후 3개월이 지나면 웃음으로 또는 미소로 기쁨을 표시하며 5~6개월이 되면 물체에 손을 대고 치면서 즐거움을 나타낸다. 그리고 1세가 되면 좋은 자극에 대해서는 기쁨의 반응이 뚜렷이 나타나고, 1.5세가 되면 음률적인 소리로 기쁨을 나타내게 된다. 즉, 기쁜 감정이 크면 클수록 그 소리는 커지고 몸도 많이 움직이게 되는 것이다(김제한 역, 1976).

⑤ 호기심

영아가 여러 가지 운동기능을 발달시키면서부터 학습한 능력을 나타내려고 할 때 주변에 있는 것에 관심을 표시한다. 자기 주위에서 일어나는 여러 가지 행동을 관찰하여 세심한 주의를 쏟는다. 그리고 이상한 소리에 귀를 기울인다든지 이상한 물건에 흥미를 느낀다든지 하여 호기심을 나타낸다.

영아가 호기심을 나타내기 시작하는 시기는 4~5개월부터인데, 사람이나 물건 같은 것을 자꾸 쳐다본다. 6~7개월이 지나면 물건을 잡아당겨 흔들면서 좋아하고, 2세가 되면 남자나 여자의 모양이나 음성에 흥미를 가지게 된다. 영아들의 여러 가지 능력이 점차 발달되어 감에 따라 흥미의 범위가 확대되는 것이다.

여기에서는 공포 반응을 일으키는 요인으로 낯선 사람에 대한 불안, 격리불안 및 어머니와 영아의 관계, 아버지와 영아의 관계를 살펴보기로 한다.

(1) 낯선 사람에 대한 불안

낯선 사람에 대한 불안(stranger anxiety)은 흔히 낯가림이라고 한다. 대략 8개월경에 생긴다. 이러한 현상은 영아가 선택적인 애착을 형성하게 되면서 그 결과 낯선 사람에 대해서 나타내는 불안 반응이다. 이 반응은 영아가 낯선 사람을 보면 10초가량 쳐다보다가 표정이 굳어지고 얼굴을 찌푸리기도 하고 울음을 터뜨린다. 일단 낯선 사람이 사라지면 다시 원래의 상태로 돌아가 놀지만 낯선 사람이 또 나타나면 다시 울기 시작한다.

기본적인 낯가림은 12개월을 전후하여 절정에 이르고 그 후에는 차차 없어진다. 이 시기에는 낯선 사람에 대한 탐색과 비슷한 반응이 나타나서 몇 번 쳐다보다가 고개를 돌렸다가 다시 쳐다보기를 반복하는데, 이때 낯선 이가 적절하고 부드럽게 대해주면 낯가림이 감소된다. 영아에게 낯선 사람일지라도 가끔씩 접촉할 기회를 갖게 되면 낯가림과 불안이 없어질 수 있다. 낯선 사람이 갑자기 나타나거나 큰 소리로 떠들거나 어머니와 다른 방식으로 안아보려고 하는 것은 영아의 불안감을 조성한다. 영아의 주위에 사람들이 많고 또 사람들과 긍정적인 사회적 접촉을 많이 갖게 되면 낯선 사람에 대한 당황함이나 공포심이 적어진다.

(2) 격리불안

영아는 애착 대상인 어머니와 함께 있다가 멀어지거나 격리되면 불안해져서 운다. 낯가림이 사라지기 시작하는 12개월부터 20개월 사이의 영아는 기어다니거나 걸을 수 있으므로 어머니에게서 떨어지면 어머니 곁으로 가려고 애를 쓴다.

Erikson이 강조하였듯이 영아기는 영아가 자기와 외부 세계에 대해서 기본 신뢰감을 형성시키는 중요한 시기이다. 이 시기에는 영아를 돌보는 어머니와 대리모가 영아의 요구와 필요를 적절하게 만족시켜 주는지의 여부가 영아의 안정성과 외계에 대한 태도를 결정한다. 즉, 어머니와 영아 간의 상호 접촉에서 경험되는 내용과 질, 양이 영아의 사회성발달에 결정적인 기초가 된다.

(3) 어머니와 영아의 관계

영아는 일반적으로 그의 생활 전부를 어머니에게 의존하고 있다. 그러나 단순한 수동적인 존재는 아니다. 어머니의 특정적인 행동을 기대하면서 적극적으로 행동해 나가는 것이다.

영아의 초기에는 울음, 미소, 몸짓 등의 신호행동이 주로 나타나지만, 이동능력이 몸에 배면서부터는 어머니에의 보다 적극적인 접근행동을 보이기 시작하며 또 이때에는 낯가리기도 나타난다.

영아와 어머니 사이에는 이러한 애착관계를 매개로 하여 '정서적인 상호 일체적 관계'가 형성되는 되는데, 이것은 영아가 최초로 경험하는 대인관계이며 사회성이 싹튼 것이라 하겠다.

인간의 발달에 있어서 이렇게 중요한 의미를 갖는 영아기의 상호 일체적 모자관계의 형성에 있어서는 엄마가 수유나 배설의 뒷바라지 등 영아의 생리적 욕구를 충족시켜 주는 일은 가장 중요한 것이며, 이러한 상호작용을 배제하고는 사회성발달을 이야기할 수 없다.

더불어 피부접촉이나 사회적 접촉(이야기, 미소 짓기, 영아의 반응에 대한 응답, 환경 자극의 풍부화)을 충분히 베푸는 일도 영아의 사회성발달에 있어서는 매우 중요한 요인으로 작용한다.

(4) 아버지와 영아의 관계

사실 발달심리학자들이 어머니의 절대적 영향력을 중시하면서 아버지의 영향력에 대해서는 가볍게 생각해 온 것이 사실이다. 그러나 아버지도 어머니만큼 양육과 육아에 중요하다라는 견해와 함께 1970년대 이래로 아버지와 영아 간의 관계에 관한 연구가 많이 이루어졌다.

아버지와 영아의 관계에 대한 발견을 통하여 영아가 여러 사람과의 관계에 의해 영향을 받으며 자란다는 사실을 인식하게 되었다.

Parke와 그의 동료들(1976)이 시행한 연구에 의하면 아버지는 새로 태어난 아이와의 상호작용에 부적절하지도 무관심하지도 않았으며, 어머니와 마찬가지로 영아와의 상호작용에 참여한다는 것을 알 수 있었다.

현재까지 보고된 연구결과를 보면 상호작용의 기회만 있다면 대부분의 아버지들은 영아에 대해 충분히 반응하므로 아버지-영아 간 애착이 형성된다고 한다. 또한 어머니와 영아의 상호작용의 질이 아버지와 영아의 애착을 촉진시키며 애착형성에 필요한 상호작용의 양에 영향을 준다고 할 수 있다.

2. 사회성발달

1) 기본습관 형성

이 시기의 영아에게는 생활의 리듬과 균형을 갖도록 하기 위해 몇 가지 자조기능 및 기본습관의 형성이 요구된다. 일찍 자고 일찍 일어나는 습관, 식사 기능은 물론 간식 먹기, 위험물 구별하기, 신발 신고 벗기 등 몇 가지 습관과 기능에서 자조적이 되도록 키워야 한다.

① 잠자기

잠자기는 대단히 중요한 기본적 습관이다. 대개 영아는 부모와 함께 늦도록 TV를 보거나 놀려고 한다. 그러나 부모는 저녁 8~9시경에 유아를 잠자리로 데려가 재우고 아침 일찍 일어나는 습관을 기르도록 한다. 생활의 균형이 형성되지 못하여 탄력성을 상실하게 되면 아기는 불안하고 어딘가 몹시 아픈 듯 의욕을 보이지 못한다.

부모는 시간을 정하여 자장가를 불러주거나, 동화 들려주기, 동화 읽어주기를 통해서 영아를 잠자리로 유도하는 것이 좋다 정감어린 어머니의 목소리를 들으며 잠에 드는 쾌감을 누리는 것도 영아에게 좋은 양식이 된다. 이때의 동화, 이야기의 내용은 공포감이나 두려운 가위눌리기와 관련될 수 있는 것은 피해야 한다. 그런 동화는 영아로 하여금 꿈을 꾸고 공포증에 놀라게 할 수도 있다. 또한 무서움에 부모와 떨어져 잠을 자려 하지 않고 깨어 있으려고 하기 때문에 잠을 방해한다. 또한 이 시기의 영아는 10~12시간 잠을 자야 하기 때문에 낮잠도 필요하다. 낮잠도 시간을 정하여 규칙적으로 재워서 신체적·심리적 피로가 회복되도록 해야 한다.

② 식사습관

영아기의 식사습관은 식사 때를 가족과 일치시키는 것과 수저의 사용 기능, 반찬투정과 편식, 한자리에 앉아서 식사를 하는 것 등과 관련된 행동이다. 식욕이 없다 하여 가족과 다른 시간에 식사할 것을 요구하거나 TV를 시청하기 위해 식사시간을 지키지 않으려 하는 것과 TV시청과 식사를 동시에 하려고 요구하는 것도 정당한 식사습관이 아니기에 가족과 한자리에서 즐겁게 식사를 함께 하고 끝내는 습관이 중요하다.

영아는 이 시기에 숟가락을 사용하는 것에 어느 정도 익숙해져 있다. 보다 세련된 운동기능을 발휘하여 흘리지 않고 식사하는 습관을 형성하는 것이 좋다. 편식이나 음식을 먹다가 중도에 그만 먹는 것, 식사 도중에 일어나서 다른 일에 관심을 보이다가 다시 돌아와서 식사하는 습관이 형성되기 쉽다. 이 시기의 영아는 어른을 모방하여 젓가락을 사용하려 한다. 이러한 소근육운동 기능의 연습도 영아에겐 중요한 학습이 된다.

③ 위험물 구별

유아는 이 시기에 칼, 바늘, 머리핀, 송곳 등에 호기심을 보인다. 이 시기에 이런 사물이 위험하다는 것을 알게 하는 것이 중요한 육아 과업이다. 성냥, 촛불, 뜨거운 음식, 웅덩이나 자동차가 이동하는 길거리, 낭떠러지, 마루 끝, 베란다, 놀이대 등 위험은 산재되어 있다. 이 시기에 유아가 적절한 위험의식을 알고 위험물을 변별할 능력을 갖게 하지 않으면 치명적인 피해를 입거나 때로는 두뇌나 신체장애아가 되기도 한다. 이에 영아가 인식할 수 있도록 일러주고, 적절히 조건화하는 방법도 있으나 지나친 공포감을 주는 것은 호기심을 제어하고 모험심을 약화시킬 수 있다. 적절한 위험물을 스스로 구별할 수 있고 위험에 대처할 능력을 갖도록 도와주어야 할 것이다.

④ 옷 입기와 신발 신기

이 시기에는 자아의식이 발아되기 때문에 무슨 일에나 “내가 할 거야!” 등 자기 주장을 하기 시작한다. 이런 특징을 지원하여 시간이 오래 걸리고, 서툴고, 어색하더라도 자기 옷을 스스로 입고, 벗기, 단추를 채우고 벗기,

지퍼를 열고 닫기 등 소근육운동 기능을 발달하도록 돕는 것이 중요하다. 이 시기의 영아는 자기 신발의 좌우를 구별하지 못한다. 스스로 신발을 신고 벗을 수는 있다.

이때 영아가 스스로 할 수 있는 일을 부모들이 도와주는 것은 인생의 주체자를 인식하지 못하고 부모가 대신 그 주인공이 되고자 하려는 것이 될 수 있다. 영아는 이런 활동에 적응해 가면서 자조적 기능을 발달해 간다. 부모는 대신해 주지 않고 인내심을 갖고 꾸준히 지켜보고 칭찬과 격려를 적절히 사용해야 한다. 기본생활습관의 형성은 이때부터 시작해 자조적인 역할과 기능을 배워가는 것이며 보다 필수적인 훈련은 유아 전기에 요구될 것이다.

2) 배변 훈련

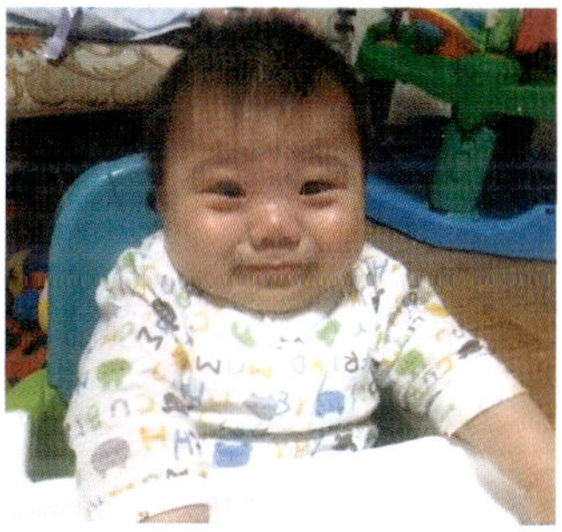

① 훈련 시기

용변 훈련의 시기는 빠르면 출생 후 7~8개월부터 시작되기도 하나 영아의 건강 상태나 정서 상태에 따라 지연될 수도 있다. 일반적으로 대변은 소변보다 일찍 가리게 된다. 이 시기의 부모는 이런 발달 과업을 수행할 수 있을 만큼 아기에게 충분한 준비가 되어 있는지를 먼저 살핀 후에 대소변 가리기 훈련을 시작하는 것이 좋다. 중요한 것은 남의 아기와 비교하여 너무 일찍 시작하지 않는 것이 좋다.

우리 전통사회에서 젊은 엄마보다 느긋한 성격의 할머니가 대소변 가리기 훈련을 담당했기 때문에 풍부한 육아 경험과 연륜이 가지는 특성으로 대소변 훈련의 시기가 비교적 늦었다. 이것은 영아가 준비를 갖출 때까지 기다리는 자세였다고 할 수 있다.

개인차가 있어서 영아의 성격형성에 지대한 영향이 되는 배변 훈련은 조급하여도 곤란하며 지나치게 늦어서 어른의 관심 밖의 일이 되어서도 안 될 것이다.

② 훈련방법과 태도

배변 훈련의 방법이나 태도는 먼저 영아에게 배변활동이 의미있고 가치있는 것임을 인식시키는 데서 시작되어야 한다. 대소변 가리기 훈련의 태도가 지나치게 엄격하고 강압적일 때 혹은 실수에 지나치게 엄격할 때 영아는 치욕감을 느끼고, 착취감, 죄악감을 발달시켜 반항적인 성격을 형성할 수 있다.

이 시기의 영아에게는 인생의 제 1반항기가 시작되기 때문에 모든 것을 자신이 직접 하려는 독립심이 생긴다. 그래서 "싫어", "아니야"라고 소리치고 잘 운다. 하루에 수십 차례 울고 반항하는 이 시기에 영아에게 싹트는 독립심과 자율의식을 지원해 주는 배변 훈련 태도가 요구된다. 이 시기에 배변 훈련이 강압적으로 이루어지면 반항적, 인색한 사람, 공격적인 사람이 될 수 있다. 반면 배변 훈련을 제대로 시키지 않으면 지나치게 오만, 지나치게 겸손한 사람이 되기 쉽다. 이런 성격은 모두 항문기적 성격을 나타낸다.

③ 변기

영아가 배변 훈련의 중요성을 인식하고 적극적으로 협조하여 쾌감을 만끽할 수 있도록 하기 위해서는 가능한 대소변 훈련은 즐거운 놀이와 결합되는 것이 효과적이다. 간단한 리듬의 노래나 놀잇감이 곁들여지면 더 좋을 것이다. 그래서 흔히 아기 변기를 사용하게 된다. 변기는 영아가 가지고 놀고, 올라타고, 놀잇감으로 사용해도 다치지 않을 정도의 것이 좋다. 배변 훈련이 시작되기 전에 변기에 영아를 올라앉도록 하여 "쉬이 쉬이", "응가 응가" 등의 청각 자극으로 조건화시키는 것도 배변 훈련에 대한 심리적인 준비를 갖게 하는 방법이다. 또한 대소변을 방출한 후 더럽다는 표정을 지어 불결의식을 갖게 하는 것도 좋다. 그러나 이런 배변 훈련이 지나칠 때 영아에게는 지나친 결벽증과 같은 청결제일주의적 성격, 불결에 대한 병적인 공포 증세가 형성되기도 한다.

3. 영아놀이

영아놀이의 일반적 특징을 살펴보도록 한다.

생후 1세까지의 영아들은 자신의 감각기관과 운동기능을 이용하여 이러한 활동으로부터 오는 감각운동적 만족에 제한된 놀이를 한다(김광웅, 2005).

표 9-2 영아기놀이 발달 특징

영아기	특 징	놀이를 통한 발달과 학습	놀이종류
1세	탐색: 모든 감각이 환용	• 어휘의 소리와 언어리듬 연습 • 간단한 대화를 통한 의사소통 • 자기 존중감 발달 • 모방력 • 인과관계 이해 시작 • 눈-손의 협응력	• 소리와 말 주고받기 • 까꿍놀이 • 노래부르기 • 단순한 리듬 즐기기, 몸 흔들기 • 색공놀이 • 무릎에 앉혀 책 읽어주기
2세	활동: 자발적 이동성	• 색, 수, 모양에 대한 이해 • 새로운 어휘 습득과 의사소통 • 모방력 • 눈-손 협응력 및 문제	• 걷기, 달리기, 기어오르기 등 신체움직임 활동 • 단순한 노래와 율동 • 넣었다 빼기, 쌓기, 끼우기 해체하기 등 반복하기

영아기	특 징	놀이를 통한 발달과 학습	놀이종류
		해결력 • 자신감 • 사회적 관계 형성 • 말이 글로 표현된다는 것에 대한 관심	• 손과 손가락 사용하기

출처: Kang(2009). 강숙현 외(2013).

Stern(1924)은 3개월까지는 자신의 사지를 움직이는 놀이에 불과하다고 보고하였다. Whitley(1929)는 영아들은 처음에는 대근육활동에 의한 놀이를 하다가 차츰 소근육활동에 의한 놀이가 증가된다고 보고하였다. Furfey(1930)는 관찰에 의하면 역할놀이활동은 2세가 되어야 그 원초적인 형태를 찾아볼 수 있다고 한다. 또한 Parten(1943)은 영유아교육기관에서 관찰된 유아들의 놀이 형태를 사회적 행동이라는 기준에서 6가지로 분류 중 영아는 혼자놀이에 해당되며, 이러한 혼자놀이는 2~3세 이전의 영아들에게서 주로 관찰된다는 것이다.

2세 이전의 유아들은 단순히 놀잇감들을 만지작거리거나, 입에 넣어보거나 던지는 등의 놀이를 즐긴다. 이러한 영아의 인지적 놀이 유형을 살펴보면 표 9-3과 같다.

표 9-3 영아의 기능적 놀이

연령	놀이 유형	정의	예	연령
영아	기능적 놀이	물건을 갖고 놀든 갖지 않고 놀든 공굴리기와 같이 단순하고 반복적인 근육운동놀이	무엇을 만들겠다는 의도 없이 찰흙을 가지고 노는 것. 방을 여기저기 뛰어다니는 것.	1~2세

● 가상놀이(pretend play)

13개월 된 영아는 가상적인 수저로 가상적인 음식을 떠서 진짜 아버지의 입에 넣는다. 또한 2세 된 영아는 진짜 사람에게 말하는 것처럼 인형에게 이야기를 하기도 한다. 이러한 가상놀이는 기능적 놀이, 감각운동적 놀이가 사라지기 시작할 때인 2세경에 나타나며 중요한 놀이의 형태이다.

1) 만 2세 영아의 놀이와 친구들

(1) 혼자놀이하기

영아가 자신의 지적인 한계를 확장시키고 상상놀이를 할 만큼 용감해지려면 집처럼 안정된 공간이 필요하다. 이는 영아가 친구집이나 보육시설에서 돌아와 조용한 곳으로 가서 자기만의 상상놀이를 하는 것을 통해 알 수 있다.

만 1세아는 대부분 구체적인 사물(예: 인형, 트럭, 전화기 등)이 있어야 놀이를 할 수 있지만, 만 2세가 되면 유아들의 상상이 분출해 어떤 것으로든 놀이가 가능해진다. 나무 블록이 전화기가 될 수 있고 종이는 모자가 되기도 한다. 이는 큰 변화(transition)를 뜻한다. 단어와 사물이 일치되기 전에 영아들은 자기의 생각을 구체적인 물리적 세계와 분리할 줄 알게 되어, 흉내 내기가 자유로워진다. 처음에는 익숙한 물건, 가족에 대해 상상놀이를 하지만 곧 영아의 흥미(예: TV나 책의 등장인물, 캐릭터, 스파이더맨 같은 가공의 영웅, 병원놀이 등)를 반영하게 된다.

혼자놀이할 때 영아는 주도적인(head taller) 역할을 하는데 자신의 힘을 능가하는 이야기를 만들고, 행동하며, 힘이 센 지배적인 역할을 한다. 혼잣말을 하며, 언어 사용을 즐기고, 이해력과 기억력을 돕기 위해 언어를 사용한다. 유아들은 이러한 소중한 경험을 통제 불가능한 실제 상황에 적용하게 된다.

(2) 친구와 놀이하기

만 2세 영아들은 친구들과 놀이하기를 좋아하지만 곁에 있을 뿐 각자 다른 놀이를 한다. 아직 자기중심적인 성향이 강해 친구를 사귀는 것이 쉽지는 않다. '너'보다는 '나'가 먼저이기 때문에 자기가 원하는 물건이나 장난감이 있다면 빼앗아 버린다. 아이들끼리만 남겨둔다면 성격이 강한(dominant) 아이가 모든 것을 갖게 될 것이고, 소심한 아이들은 빼앗기고 울게 된다. 이 시기 아이들의 문제는 서로를 이해하기가 쉽지 않다는 것이다.

영아들이 상상놀이를 할 때 어른의 도움이 중요하다. 어른이 도와주면 영아들의 상상놀이는 오래 지속되는데 영아들은 놀이를 통해 사회적 규칙과 말을 배우고 의사소통능력이 발달한다. 또래와 잘 어울리는 영아도 있지만 아직은 어른이 놀이에 번갈아 참여할 수 있도록 도와주어야 한다. 예를 들어, 한 아이가 누워서 아기가 되고 다른 아이는 부모가 된 후 역할을 바꾸어 놀이한다. 부모는 곁에서 아이들의 놀이를 지켜보며 아이들이 서로 이해할 수 있도록 도와주고, 갈등이 생기면 중재에 나선다. 또래 간의 갈등 상황은 꼭 일어나는 것이므로 크게 염려할 일은 아니다. 중요한 것은 갈등 상황 시 문제해결능력을 길러주도록 유아의 곁에서 친구의 상황을 설명해 주고 이해시켜 주고, 친구들과 원만히 지낼 수 있도록 지원해 주는 것이다.

표 9-4 Parten의 놀이 유형

놀이 유형	내용
	사회놀이의 발달 단계를 나타냄
혼자놀이	혼자 독립적으로 놀며 다른 유아에 대한 관심이 없음
병행놀이	각자 독립적으로 놀지만 가까이 또는 다른 유아 가운데서 유사한 놀잇감을 가지고 또는 유사한 활동을 옆에서 함
연합놀이	다른 유아와 함께 논다. 놀이를 하면서 대화를 하지만 집단에 자신의 흥미가 종속되지 않음

출처: Parten(1932).

Part 04

유아기발달

이 책에서 정의하는 유아기는 만 3세부터 5세(초등학교 학령전)까지이며 전체적인 발달 특징을 살펴보면 다음과 같다.

첫째, 유아기의 행동은 심리적인 영향을 많이 받기 때문에 정서의 움직임에 따라 강하게 영향을 받는다. 따라서 유아기는 정서발달에 있어서 가장 중요한 시기이며, 이 시기부터 정서의 분화가 나타난다.

둘째, 유아의 사고는 구체성을 띠고 있다. 실제의 사태나 행동을 통해서만 생각하고 활동할 수 있으므로 유아의 사고는 행동과 분리하여 생각할 수 없다. 따라서 유아의 사고를 이해하기 위해서 부모와 교사는 유아의 행동과 언어를 주의 깊게 관찰해야 한다.

셋째, 유아기에는 사회성발달이 미분화된 상태에 있고, 자아에 대한 변별력이 충분하지 못하기에 유아기 사고나 행동은 자기중심적인 특징을 지닌다.

제 4부에서는 발달 영역에 따라 유아기의 특징적인 내용들을 구체적으로 살펴보고자 한다.

Chapter 10

신체발달

1. 신체 크기와 비율의 변화
2. 신체 각 부위의 발달
3. 신체발달에 영향을 주는 요인
4. 신체건강: 유아의 음식섭취와 체중
5. 유아기 건강한 식습관 형성을 위한 지도

1. 신체 크기와 비율의 변화

유아기 아이들의 신체발달 속도는 생후 2년 동안의 급격한 성장에 비해서 점차 느려진다. 유아들의 신체는 머리가 크고 팔다리가 짧고 젖살이 올라 통통했던 아기 때와는 달리 날렵하고 마른 체형으로 변화한다. 몸에서 지방층이 줄어들면서 배가 들어가고 살이 빠지며 근육이 발달한다. 이는 전체 신장에서 차지하는 머리 크기의 비율(신체비율)이 급격히 감소하기 때문이다. 만 2세 이전 영아들은 전체 키의 1/4을 차지하던 얼굴은 점차 그 비율이 작아져 1/7까지 이른다. 또한 유아의 신체발달 순서가 중심에서 말초, 즉 머리에서 가슴, 몸통에서 팔과 다리 그리고 손과 발의 순으로 변화한다. 즉, 유아들은 대근육의 발달과 더불어 소근육의 발달이 활발해지면서 놀이가 성교해지고 일상생활에서 스스로 할 수 있는 부분이 많아지는 시기이다.

유아기 아이들의 신체 성장 속도에 개인차가 있기도 하지만, 유아의 키와 몸무게는 꾸준히 증가한다. 매년 신장은 5~7cm, 체중은 2~3kg씩 증가하며, 대체로 남아가 여아보다 키와 몸무게 증가의 수치가 높은 편이다.

▶ 3세 남아

▶ 4세 남아

표 10-1 한국 소아발육 표준치

남아				연령	여아			
체중(kg)	신장(cm)	체질량지수 (kg/m²)	머리둘레 (cm)		체중(kg)	신장(cm)	체질량지수 (kg/m²)	머리둘레 (cm)
3.41	50.12		34.70	출생시	3.29	49.35		34.05
5.68	57.70		38.30	1~2개월	5.37	56.65		37.52
6.45	60.90		39.85	2~3개월	6.08	59.76		39.02
7.04	63.47		41.05	3~4개월	6.64	62.28		40.18
7.54	65.65		42.02	4~5개월	7.10	64.42		41.12
7.97	67.56		42.83	5~6개월	7.51	66.31		41.90
8.36	69.27		43.51	6~7개월	7.88	68.01		42.57
8.71	70.83		44.11	7~8개월	8.21	69.56		43.15
9.04	72.26		44.63	8~9개월	8.52	70.99		43.66
9.34	73.60		45.09	9~10개월	8.81	72.33		44.12
9.63	74.85		45.51	10~11개월	9.09	73.58		44.53
9.90	76.03		45.88	11~12개월	9.35	74.76		44.89
10.41	78.22		46.53	12~15개월	9.84	76.96		45.54
11.10	81.15		47.32	15~18개월	10.51	79.91		46.32
11.74	83.77		47.94	18~21개월	11.13	82.55		46.95
12.33	86.15		48.45	21~24개월	11.70	84.97		47.46
13.14	89.38	16.71	49.06	2~2.5세	12.50	88.21	16.34	48.08
14.04	93.13	16.29	49.66	2.5~3세	13.42	91.93	16.01	48.71
14.92	96.70	15.97	50.10	3~3.5세	14.32	95.56	15.76	49.18
15.91	100.30	15.75	50.43	3.5~4세	15.28	99.20	15.59	49.54
16.97	103.80	15.63	50.68	4~4.5세	16.30	102.73	15.48	49.82
18.07	107.20	15.59	50.86	4.5~5세	17.35	106.14	15.43	50.04
19.22	110.47	15.63	51.00	5~5.5세	18.44	109.40	15.44	50.21
20.39	113.62	15.72	51.10	5.5~6세	19.57	112.51	15.50	50.34
21.60	116.64	15.87	51.17	6~6.5세	20.73	115.47	15.61	50.44
22.85	119.54	16.06	51.21	6.5~7세	21.95	118.31	15.75	50.51
24.84	123.71	16.41		7~8세	23.92	122.39	16.04	
27.81	129.05	16.97		8~9세	26.93	127.76	16.51	
31.32	134.21	17.58		9~10세	30.52	133.49	17.06	
35.50	139.43	18.22		10~11세	34.69	139.90	17.65	
40.30	145.26	18.86		11~12세	39.24	146.71	18.27	
45.48	151.81	19.45		12~13세	43.79	152.67	18.88	
50.66	159.03	20.00		13~14세	47.84	156.60	19.45	
55.42	165.48	20.49		14~15세	50.93	158.52	19.97	
59.40	169.69	20.90		15~16세	52.82	159.42	20.42	
62.41	171.81	21.26		16~17세	53.64	159.98	20.77	
64.46	172.80	21.55		17~18세	53.87	160.42	21.01	
65.79	173.35	21.81		18~19세	54.12	160.74	21.13	

출처: 대한소아과학회(2007)

2. 신체 각 부위의 발달

신체의 발달 비율은 각 부위마다 다를 뿐만 아니라 성장 시기도 각각 다르다. 또한 유아기의 신체발달은 영아기의 왕성한 발육과 비교해서 느려지면서 완만하나, 여전히 빠른 속도로 성장한다. 뿐만 아니라 유아기에는 외형상의 신체발육과 더불어 신체 내부기관에서도 뚜렷한 발달이 이루어진다. 이에 유아기의 신체발달 특징을 살펴보면 다음과 같다.

1) 맥박과 호흡수

이 시기는 유아의 신체적 활동이 활발해지기 시작하면서 심장이나 호흡작용이 강해지기는 하나 불안정하다. 그러나 발육과 더불어 맥박이 고르게 안정되며 호흡도 깊고 느리게 된다. 2세 때 맥박 수는 평균 1분마다 110회 정도이지만, 6세에 이르러서는 100회 정도로 감소한다.

2) 골격과 근육

초기 골격은 연골이지만 점차 경골로 변화한다. 이러한 경골화 현상은 태내부터 서서히 이루어지다가 12~13세경에 거의 완료된다. 이러한 과정은 신체 부분에 따라 각기 다르며, 개인에 있어서 조금씩 차이를 나타낸다.

유아기의 뼈는 연골이기 때문에 외부의 어떤 압력에 의해 쉽게 손상위험이 있다. 따라서 유아의 자세나 행동에 신경을 쓰는 것이 필요하다. 근육의 발달은 출생 후부터 3~4세 동안 계속적으로 증가한다. 5~6세가 되면 근육을 구성하는 근섬유의 굵기가 증가하고 근력(筋力)도 강해짐에 따라 체중의 약 75%를 근육이 차지한다. 근육도 골격과 마찬가지로 신체의 부위나 개인에 따라 차이를 나타낸다.

3) 치아

유치는 2~3세경에 거의 다 나와서 대부분의 음식물을 먹을 수 있게 된다. 유아기에는 활동이 왕성해짐에 따라 영양이 충분히 공급되어야 하나, 위와 장의 크기와 기능이 완전하지 못하므로 하루 세 번 식사 이외에 간식이 필요하다. 그리고 5~6세경이 되면 유치가 영구치로 대치된다.

3. 신체발달에 영향을 주는 요인

유아기의 신체발달은 개인에 따라 차이를 나타내고 있다. 그 주요 요인은 유전적 요인, 환경적 요인, 계절과 기후 요인, 영양섭취로 나누어 볼 수 있다.

첫째, 유아의 신체발달은 유전적 요인에 기인한다. 체격이나 용모, 모발 등의 외형적인 것과 기능적인 것에 이르기까지 신체발달이 유전인자에 의해 결정된다고 생각된다.

둘째, 유아의 신체발달은 유아의 주변 환경으로부터 많은 영향을 받는다. 즉, 유아를 둘러싼 환경조건과 시설이 신체발달과 건강을 촉진시키는 데 중요하다. 따라서 유아의 올바른 성장을 위해서는 신체발달을 저해하는 요인들을 제거하여 보다 나은 생활환경을 마련해 주어야 한다.

셋째, 유아의 신체발달은 계절과 기후 요인에도 영향을 받는 것으로 나타났다. 일반적으로 따뜻한 계절에는 신장, 앉은키, 다리 등과 같은 부분의 성장이 왕성하고, 선선한 계절에는 체중, 흉위 등의 성장이 왕성하다.

넷째, 유아기의 신체발달에 가장 크게 영향을 주는 요인은 영양섭취다. 특히 유아기에 있어서의 영양섭취는 신체의 발육과 건강에 직결될 뿐만 아니라 면역성과 활동력에도 중요한 역할을 한다. 즉, 이 시기에 영양공급이 부족하면 발육에 지장을 초래하는 것은 물론 면역력이 약해져 병균의 침입이 잦고, 병에 쉽게 걸리며 활동력도 떨어져 나약해지기 쉽다. 이와 반대로 영양공급이 충분하면 신체발달이 촉진되고 건강한 생각을 하게 된다. 유아의 건강한 신체발달을 위해서는 영양을 적절히 공급하는 것이 중요하기 때문에 가정과 유아교육기관에서는 유아들이 몸에 좋은 음식에 관심을 갖고 음식을 골고루 섭취할 수 있도록 식생활 지도가 지속적으로 요구된다.

4. 신체건강: 유아의 음식섭취와 체중

1) 유아와 음식

만 2세까지의 유아들은 충분한 지방섭취가 필요하며, 다양한 지방, 탄수화물, 단백질, 야채, 과일의 섭취가 필요하다. 유아들은 설탕과 소금의 섭취를 제한해야 하기 때문에 가공식품의 섭취는 삼가는 것이 좋다. 가정에서 부모는 집에서 만든 신선한 음식을 제공하는 것이 좋다. 또한 이 시기는 유아들이 음식에 대해 강한 기호가 생기므로 올바른 음식과 음식섭취에 대한 많은 노출이 필요하다. 이 시기부터 유아들이 좋아하는 음식은 엄마가 먹이고 싶어 하는 음식과 달라지기 시작하고, 음식을 가리거나 까다로워질 수 있는 시기이기 때문에 식사시간은 전쟁터와 같이 느껴지기도 한다.

▶ 아이스크림 먹는 유아

부모들은 자신의 음식에 대한 기호(예: 국수를 좋아한다, 단 후식을 좋아한다)를 무의식중에 아이들에게 전달한다. 유아기 음식섭취에 대한 연구를 위해 영국에서는 Child of Our Time 프로젝트(2005)에 참여한 가족들에게 음식과 식사시간에 대한 질문지를 제공하였다. 많은 엄마들이 유아의 행동을 통제하기 위해 수단으로 음식을 활용하였다. 응답자 중 40%는 아이의 행동을 통제하기 위해 음식을 준다고 했으며(예: 차에서 조용히 앉아 있으면 사탕을 준다) 나머지 40%의 부모는 아이를 달래려고 음식을 준다고 했다(예: 졸려서 떼를 쓰면 우유를 준다). 엄마가 음식을 어떤 경우에 어떻게 주는지는지와 아이의 음식에 대한 기호 등에 따라 유아의 음식에 대한 생각에 영향을 줄 수 있다.

가정통신문을 활용한 유아 식습관 지도

영양 이야기

소아 비만이란 무엇일까요?

비만이란 단순한 체중의 증가가 아니라, 체내에 시방조직이 과도하게 축적되어 나타난 과체중이나, 이로 인한 대사 장애를 동반하는 질환입니다. 소아 비만이란 의학적으로 보통 유아기에서 사춘기까지의 연령대에서 체중이 신장별 표준체중보다 20% 이상인 경우를 말합니다. 소아비만은 키 성장에 지장을 줄 뿐만 아니라 다양한 위험 질환을 유발합니다. 또한 청소년기를 지나 성인이 되어서도 비만이 계속되는 경우가 많습니다. 따라서 자녀가 어릴 때부터 비만이 되지 않도록 부모님들이 식단관리 운동 등에 각별한 신경을 쓰는 것이 좋습니다.

어린이 비만을 만드는 3가지 원인

1. 잘못된 식습관
   - 제때 챙겨먹지 못하는 경우
   - 고칼로리의 패스트푸드나 인스턴트 음식을 자주 먹는 경우
   - 밤늦게 음식을 먹는 경우
   - 한 번에 과식을 하는 경우
2. 스트레스
   - 스트레스는 소화 기능에 손상을 주어 몸속에 독소와 노폐물이 쌓이게 합니다.
3. 활동량 부족
   - 예전과 달리 앉아서 하는 놀이가 많아지면서 활동량이 늘 부족하게 되고 섭취한 만큼의 칼로리를 소비하지 못해 비만이 되기 쉽습니다.

소아 비만 부모의 자가 진단 방법

① 볶음·튀김 요리를 즐겨 먹는다.
② 일주일에 1번 이상 외식을 한다.
③ 식사 시간이 일정하지 않다.
④ 빨리 먹으라고 재촉한다.
⑤ 간식은 충분히 사다둔다.
⑥ 저녁은 푸짐하게 먹는다.

소아 비만을 유발하는 음식들

소아 비만 어떻게 치료할까?

1. 균형 잡힌 식이요법
   - 가공식품 대신 자연식품을 이용
   - 섬유소가 많이 들어있는 식품을 선택
   - 고기류는 껍질과 기름기를 제거하여 섭취
   - 설탕 대신 향료(식초, 생강, 레몬)를 사용하여 맛을 내기
   - 아침은 반드시 먹이고, 저녁 7시 이후 음식 삼가
2. 운동 요법
   - 규칙적이고 지속적인 운동이 꼭 필요!
   - 하루 1시간씩 운동하기
   - 어린이가 흥미 있어 하는 운동을 하기
   - 갑작스러운 높은 강도의 운동은 금물!!
3. 행동 수정 요법
   - 전반적인 생활습관의 수정이 필요
   - 엄마가 해주던 소소한 일들을 어린이가 해 볼 수 있도록 유도하기
   - 일찍 자고 일찍 일어나기
   - 계획적인 하루 보내기
   - 취미 활동을 통해 음식에 대한 생각 줄이기

음식의 열량을 줄여주세요!!

◀ up　　열량　　down ▶

햄버거를 좋아하는 아이는 샌드위치로!

고기를 좋아하는 아이는 삼겹살보다는 살코기로!

아이스크림보다는 저지방우유, 요구르트로!

출처: 반포자이유치원

만 3세 유아들은 유치원에 다니기 시작하며 가정이 아닌 다른 곳에서 식사를 하게 된다. 이 시기의 유아는 다량의 지방섭취를 필요로 하지 않는 대신, 걸음마기 때보다 많은 식이섬유가 필요하기 때문에 가공이 덜 된 음식(예: 잡곡밥, 통밀로 된 빵, 채소와 과일, 저지방 우유 등)을 먹이는 것이 좋다. 또한 유아들은 친구가 먹는 음식을 먹고 싶어 하므로 기관에서는 유아가 다양한 음식을 경험해서 긍정적인 식습관을 형성하도록 지도해야 한다.

유아들의 성장을 위해 하루에 1,300kcal가 필요하다고 한다. 이는 무척 많은 에너지인데 한참 자라고 있는 활동적인 만 4세 유아는 매일 어른에 해당하는 1,500kcal를 소비한다고 한다. 많이 움직이는 아이들은 음식에 대한 욕구도 강해진다. 에너지 소비가 활발한 시기에 좋은 영양을 가진 음식을 섭취해야 함에도 많은 유아들이 야채와 과일을 적게 먹으며 다양한 음식을 섭취하지 않고 있다. 또한 유아들이 하루 권장 칼로리의 40%를 지방으로부터 섭취한다고 한다. 이는 갓 태어난 아기가 섭취해야 하는 수준으로 만 5세는 최대 35% 정도의 지방을 섭취해야 한다. 이 시기에 지나친 지방섭취는 유아들의 발달을 위해 좋지 않은데, 그 이유는 아이들이 섭취하는 지방 대부분이 가공되어 있는 동물성 지방이기 때문이다. 그렇기 때문에 유아에게 DHA, GLA, EPA 같은 오메가 오일이 풍부한 지방이 많은 연어나 고등어 등의 생선이나 오일 샐러드 등을 먹게 해야 한다.

사람에게 음식을 먹는 것은 다른 사람에 의해 강제되어서는 안 되며 정서적으로도 부담 없는 편안한 일이어야 한다. 하지만 이러한 원칙은 유아에게 적용하기 어려운 경우가 많다. 만일 유아가 먹는 것을 즐기고 식사시간을 즐겁게 생각한다면, 편식없이 스스로 식사량을 조절하게 될 것이다.

2) 유아의 음식섭취와 체중

누구나 음식을 섭취하는 만큼 에너지를 써야 하며, 음식을 섭취한 만큼 에너지를 소모한다면 체중에는 큰 변화가 없다. 많은 사람들이 평생 체중 걱정을 하고 있지만, 대부분의 사람은 몇 년간 체중에 큰 변화가 없으며,

체중 증가가 있는 사람도 대개 일 년에 1.8g~2.3kg 정도 몇 년간 지속적으로 증가해서 체중이 불게 된다.

성인의 경우에는 체중을 조절하는 렙틴(leptin)이라는 호르몬이 있는데, 이 호르몬은 지방이 부족할 경우 지방 세포로부터 두뇌에 먹으라는 명령을 전달하고, 지방 수치가 올라갈 경우에는 그만 먹으라고 한다. 이 때문에 속성 다이어트는 효과가 거의 없다. 왜냐하면 렙틴에서 보내는 먹으라는 명령을 거역하는 것은 쉽지 않기 때문이다.

하지만 유아의 경우는 성인과 다른데, 그 이유는 유아는 렙틴이 다른 방식으로 활동하기 때문이다. 유아는 아직 크는 단계이므로 성장에 필요한 지방을 축적하고 소모한다. 즉, 축적하려는 기제가 유아의 몸에 지방이 쉽게 축적되도록 하기 때문에 활동을 통해 적당한 체형을 유지해야 한다. 또한 유아기에 배운 식습관과 행동습관은 평생 유지되기 때문에 주의해야 한다.

(1) 음식물 거부

잘 먹던 아이가 어느 순간 음식을 잘 먹지 않으면 우리는 걱정하게 된다. 만일 아이가 지속적으로 음식을 조금만 먹고 몸무게가 감소한다면, 의사와의 상담이 필요하다. 그러나 건강상의 아무런 문제가 없다면 유아의 나쁜 식습관을 고치도록 해야 한다. 유아가 먹지 않으려고 할 때 교사나 부모는 침착하게 대처해야 한다. 어른들이 아이가 먹을지 안 먹을지 걱정하면 아이들도 같이 걱정하기 때문이다. 우리가 화가 났을 때는 먹고 싶지 않은 것처럼 걱정하는 마음이 담긴 시선을 받으며 식탁에 앉아 있는 아이의 식욕은 떨어지기 마련이다.

유아는 모방을 통해 배우므로 가정에서 엄마, 아빠는 유아와 함께 식사하는 것이 좋다. 같이 식사를 하면 어른은 유아의 음식섭취량에 대한 조바심이 줄어들게 되고, 유아는 엄마, 아빠의 먹는 모습을 보고 따라 먹게 된다. 만약 유아에게 강압적으로 음식을 먹이려고 하거나(예: 빨리 밥 먹어야지. 왜 안 먹어?) 간섭하면(예: 김치는 왜 안 먹니?) 유아는 화를 낸다. 따라서 유아가 먹을 때에는 자주 쳐다보지 말고 스스로 먹게 내버려 두어야 한다.

음식을 가려서 먹는 유아는 새로운 음식의 섭취도 꺼리기 마련이다. 유아의 식단을 바꾸는 것은 시간이 다소 걸릴 뿐 불가능한 일은 아니다. 여기서 중요한 것은 유아의 음식에 대한 친숙함이다. 대부분의 유아들은 먹어봤던 음식을 좋아하고, 새로운 음식을 거부하기 쉽다. 영양학자들은 유아에게 한 가지의 새로운 음식을 소개할 때 5일 간격으로 적어도 15번 이상 꾸준히 식탁에 올려야 한다고 조언한다. 단, 새로운 음식을 먹으라고 지나치게 권해서는 안 된다. 우리가 기억해야 하는 것은 접시에 담을 음식 결정권은 교사나 부모에게 있고, 아이들은 단지 접시에 있는 음식을 먹을 것인지 결정한다는 사실이다. 그러므로 밥을 안 먹는 아이를 달래기 위해 과자를 준다면 아이들은 과자의 단맛에 친숙해져 과자를 더 찾게 될 것이다. 따라서 몸에 좋지 않은 음식은 자주 주지 말고, 새로운 음식을 소개할 때는 인내심을 가지고 아이가 자주 먹어보도록 해야 한다(예: 유치원에 오는 많은 아이들이 김치를 먹지 않는 이유는 어른들이 김치가 맵다고 어려서부터 김치를 주지 않아서다). 그리고 할머니나 할아버지 같은 다른 가족들과 같이 새로운 음식을 먹으면 아이들은 쉽게 좋아할 수도 있다. 유아교육기관에서는 한식 위주의 식단에 제철 식자재를 사용하여 우리나라의 식문화에 익숙해지도록 지도하는 것이 좋다.

(2) 과체중의 유아

성장기에 있는 유아의 체중은 지속적으로 증가해야 하며, 유아의 체중이 줄어드는 것은 바람직하지 못하다. 단 이 시기에 문제가 되는 것은 급격한 체중 증가이다. 유아가 체중이 증가하는 큰 이유는 아이들의 입맛이 인스턴트 음식의 강한 맛을 좋아하기 때문이다. 유아들이 햄버거나 치킨 너겟, 감자칩, 아이스크림 등을 즐기는 경우 불필요한 지방과 당의 섭취가 높을 뿐 아니라, 인스턴트 음식의 맛에 중독된다. 따라서 유아들은 인스턴트 음식을 피하고 가급적 가공이 적게 된 음식을 섭취하는 것이 바람직하다. 그렇다고 인스턴트 음식을 아예 피할 필요는 없다. 오히려 인스턴트 음식을 금하게 하면 유아는 먹지 말아야 하는 음식에만 집착하게 되고, 건강에 이로운 음식은 생각하지 못하게 된다. 우리가 사는 시대는 과거의 통통한 몸을 동경하던 시대가 아니다. 현대인에게 지방은 적이 되었다. 그러나 적당한 지방 섭취는 관절과 내장기관을 보호해 주고 에너지를 제공하며 질병을 예방한다. 그렇기 때문에 지방은 유아의 성장을 위해 꼭 필요하다. 모든 유아에게 지방 섭취는 필요하지만, 그 섭취량은 유전, 운동량, 식욕, 음식 기호 등 복합적인 요인에 따라 개인차가 심하다. 심하게 마르거나 살이 찌는 것 모두가 문제지만, 음식은 풍부하고 운동량은 부족한 현대사회에서 비만은 더 큰 문제가 되고 있다.

유아가 상위 90%의 아이들보다 몸무게가 많이 나가면서 연령에 비해 큰 키가 아니라면 과체중이라고 본다. 고도 비만 유아의 수는 지난 10년간 급속도로 늘어나는 추세이다. 만일 부모 중 한 명이라도 고도 비만이라면 식단을 살펴보아야 한다. 그러나 이 말은 당장 유아들에게 체중을 위한 엄격한 식이요법이 필요하다는 말은 아니다. 유아들은 아직 성장기에 있기 때문에 키에 적합한 몸무게를 유지하는 것이 중요하지만, 몸무게를 줄일 필요는 없다. 주의할 점은 유아의 키가 충분히 클 때까지 지속적인 몸무게 증가를 고려하여 만 3세 때 상위 90% 이하의 몸무게가 되도록 해야 한다.

지난 몇 년간 유아기 비만에 관한 연구가 진행되고 있다. 이 연구는 비만아에 대한 우리의 잘못된 두 가지 관념을 지적하고 있다. 첫째, 체중을 줄이기 위해 유아가 먹는 음식의 양을 통제하는 것이다. 우리 모두 비만을 피하는 원칙(예: 운동하기, 적게 먹기, 몸에 좋은 음식 먹기 등)은 알고는 있지만 행동으로 옮기기는 어렵다. 건강한 유아를 키우기 위해서는 유아의 행동을 통제하는 것이 아니라 부모의 식습관과 식단부터 바꿔야 한다는 것이다. 유아에게 몸에 좋은 음식을 먹이려면 주변의 누구나 맛있는 케이크와 같은 후식도 참고 먹지 말아야 한다. 따라서 교사는 가정과의 연계를 통해 부모가 유아의 식습관을 지도할 수 있는 방법을 안내해야 한다. 둘째, 뚱뚱한 유아를 비난하는 태도이다. 과체중의 유아가 많아지고 있음에도 사회적 인식은 뚱뚱함에 대해 비판적이기 때문에 과식하는 유아들은 건강뿐 아니라 친구관계에서도 문제가 생길 수 있다.

한 연구에서 유아들에게 세 장의 사진(마른 유아, 표준 체격의 유아, 뚱뚱한 유아의 사진)을 보여주며 가장 인기 있는 유아, 슬퍼 보이는 유아, 거짓말할 것 같은 유아, 왕따 당할 것 같은 유아, 바보 같은 유아 등을 고르게 했다. 많은 수의 유아들은 뚱뚱한 유아의 사진을 보고 바보 같아서 놀기 싫으며, 거짓말을 잘할 거라는 등의 부정적인 이야기를 했다. 우리를 더 슬프게 하는 것은 뚱뚱한 유아조차도 이러한 생각을 한다는 것이다. 만 5세 중 많은 유아들이 과체중인데, 특히 뚱뚱한 여자아이들은 스스로 날씬한 유아보다 자신감이 부족하고, 똑똑하지 못하고, 인기가 없다고 생각한다. 그렇기에 뚱뚱하다고 유아를 비난해서는 안 된다. 많이 먹는 것도 유전적인 영향이 크기 때문에, 스스로가 체중을 조절하기는 어려운 일이며, 부모가 유아에게 체중 조절을 위해 음식을 주지 않는다면 유아는 자신의 몸에 죄의식을 갖게 된다. 따라서 엄마, 아빠는 집에 지방이 많은 간식을 두지 말고, 유아의 운동량을 늘려서 체중 조절을 도와주어야 하고, 동시에 유아가 똑똑하고, 매력적이라는 것을 알려주어야 한다.

만 4~5세 유아들 10명 중 1명은 비만이며, 더 많은 수의 유아는 과체중이라고 한다. 이에 유아들의 식사습관을 돕는 요령에서 꼭 기억해야 할 것은 부모가 집에서 유아들이 먹는 음식의 종류와 유아가 스스로 먹는 양을 조절할 수 있도록 도와주는 것이다. 이 시기의 유아들은 부모를 설득해서 자기가 좋아하는 것을 먹고자 한다. 만 4~5세 유아들은 제공되는 음식량을 있는 그대로 먹으려고 하는데, 배가 불렀을 때 그만 먹는 게 아니라 자기가 먹어야 한다고 생각하는 양만큼을 다 먹으려고 한다는 게 문제이다.

과체중 유아를 둔 부모들이 해야 할 것들	과체중 유아를 둔 부모들이 하지 말아야 할 것들
• 식사는 가족이 함께 하며, 가족 모두 건강에 좋은 음식을 먹으면 좋겠다고 유아에게 말한다. • 음식은 적당량을 주며 유아가 먹고 싶은 만큼 먹게 하며, 포만감을 느끼게 한다. • 간식의 양은 최소화한다. 유아가 식사 중간에 배고파 할 때는 과일, 쌀과자 등 건강에 좋은 음식을 제공한다. • 유아가 친구 집에서 먹게 되는 간식은 간섭하지 않는다. • 물이 가장 좋은 음료수라는 것을 알게 한다. • 유아에게 저지방이나 무지방 우유를 준다. • 식사량을 적절히 유지한다. 유아의 접시에 많은 양을 주면 과식하기 쉽다. 다 먹고 배고프면 더 먹도록 한다. • 유아와 같이 하는 운동을 늘린다.	• 어떤 음식이든 못 먹게 한다. • 유아의 식사량을 강제적으로 조절하거나 성인이 하는 다이어트법(예: 황제다이어트 등)을 강요한다. • 아이들이 좋아하는 사탕이나 과자를 마트에서 늘 사온다. • 집에 탄산음료나 당분이 많은 음료, 주스를 냉장고에 넣어 둔다. • 패스트푸드 식당에 자주 가서 외식을 한다. • 당분이 높은 후식(예: 아이스크림이나 초콜릿 등)은 일주일에 두 번 이상 먹는다. • 유아가 먹기 싫어하는 음식을 억지로 먹인다. • 유아의 체중에 대해 잔소리를 한다. 유아의 자존감에 부정적인 영향을 줄 수 있기 때문에, 유아의 정신과 신체 상태를 이해해야 한다.

3) 음식이 행동에 미치는 영향

유아를 키우는 엄마, 아빠는 대부분 음식이 유아의 행동에 영향을 준다고 생각한다. 식사를 거르면 신경질을 내는 유아도 있지만 아무렇지 않은 유아도 있다. Child of Our Time 프로젝트에 참여한 유아들 중 1/3은 선천적으로 잘 먹는 유아들이어서 세끼를 규칙적으로 먹어야 했고, 혹시 끼니를 거르게 되면 심술을 부렸다. 또 다른 1/3의 유아들은 음식을 먹지 않고도 행복하게 잘 놀았고 나머지 유아들은 배가 부르지 않아도 놀이하는 모습에 큰 영향을 주지 않았다. 이러한 개인적 차이는 음식을 처리하는 대사능력 때문으로 평생 지속된다고 한다.

특히 설탕은 어린 유아에게 해롭다고 알려져 있다. 달콤한 음식을 다량으로 섭취하면 일시적으로 힘이 솟다가 당성분이 떨어지면 기진맥진하게 되는 Sugar Rush로 고통받는 어른도 꽤 있으며, 이 때문에 운동선수들은 식단을 엄격히 통제한다. 그러나 어린 유아들은 대사능력이 뛰어나 혈당을 잘 조절하기 때문에 Sugar Rush는 큰 문제가 되지 않는다. 다만 설탕 섭취의 문제점은 설탕은 영양분이 없고, 몸을 뚱뚱하게 하며, 습관적으로 단 음식을 찾게 만든다는 것이다. 유년기의 지나친 당 섭취는 성인 비만과 당뇨병의 원인이 되고 충치를 유발하기도 한다. 또한 과일 주스도 당과 산의 결합으로 매우 단 편이므로 간식으로 주스를 주는 것은 좋지 않다. 탄산음료는 치아의 에나멜 층을 녹이므로 탄산음료를 마신 후 우선 물로 헹구고, 조금 후에 양치질을 해야 부드러워진 에나멜 층이 칫솔질로 제거되는 것을 막을 수 있다.

많은 어른들이 아침식사를 거르며, 부모 10명 중 1명은 유아들의 아침을 챙기지 않는다고 한다. 이에 요즘에는 아침을 먹지 않은 유아들의 학습능력이 떨어지기 때문에 학교에서 아침식사를 제공하기도 한다. 남자아이의 경우 아침식사로 설탕이 듬뿍 들어간 시리얼을 좋아한다. 하지만 대사능력이 떨어진 어른이나 유아의 경우 지나친 설탕 섭취는 당수치가 떨어지면 급하게 단 음식을 찾고, 섭취 30분 후에는 급격한 피로감을 느낀다고 한다. 따라서 아침으로는 복합 탄수화물이 든 잡곡밥이나 곡물 식빵 등을 먹는 것이 좋으며, 더불어 아침식사를 건강하게 먹은 사람은 점심 때도 건강한 식사를 하게 된다.

5. 유아기 건강한 식습관 형성을 위한 지도

유아가 먹는 데 스트레스 받지 않고 그 자체를 즐기게 하려면 자신이 직접 참여하는 기쁨을 주는 것이 좋다. 이를 위해 유아교육기관에서는 요리활동을 활용하여 유아가 여러 가지 음식 재료를 탐색하고 친구들과 요리하고 먹어보면서 친근하고 긍정적인 경험을 형성하게 한다. 또한 기관의 옥상이나 마당에 텃밭을 만들어서 유아들이 직접 채소를 재배하여 먹어보는 경험을 하기도 한다.

유아교육기관에서는 유아가 일상생활 중 급·간식시간에 올바른 식사습관을 형성하도록 지도한다. 예를 들어, 교사는 급식시간에 유아의 식사 태도를 관찰하고 유아의 현재 식습관 태도를 분석하고 개선해야 할 사항을 지도한다.

함께 생각하기: 아이의 스트레스 '급식 지도'

입맛이 까다로운 아이들은 유아교육기관에서 식사를 하면서 스트레스를 받게 된다. 생각보다 많은 아이들이 기관에서의 급식 지도에 스트레스를 받는다. 교사가 급식 지도를 하는 이유는 아이들에게 올바른 식습관을 가르쳐서 건강하게 키우겠다는 것이지, 정해진 규칙을 잘 따르게 하는 아이로 키우겠다는 취지는 아니다. 만일 유아교육기관에서 급식 지도를 엄격하게 한다면 아이의 생각이나 욕구, 성장 배경 등이 많이 무시된다. 교사들은 아이들에게 '골고루 먹어야 한다'를 지도하기에 앞서 유아의 개인차를 인정하고 차츰 음식을 좋아하고 즐기게 되는지를 관찰해야 한다. 교사가 급식 지도 시 밥을 빨리 먹어서 또는 남기지 않고 다 먹는 것을 칭찬하기 위해 칭찬 스티커를 주는 지도법이 과연 교육적일지 생각해 볼 필요가 있다.

아이의 편식은 조금 긴 시각으로 봐야 한다. 교사나 부모들이 너무 단기간에 성급하게 대응하게 되면 아이에게 화를 내거나 음식을 먹으라고 강요할 수도 있다.

골고루 먹는 것은 중요하며, 아이가 먹기 싫다고 해도 조금씩 먹어보도록 노력해야 하는 것은 맞다. 하지만 억지로 강요해서는 안 된다. 어떤 아이는 굉장히 오랜 시간이 걸릴 수도 있다는 것을 이해해야 한다. 유치원이나 어린이집 교사가 지나치게 관리자의 입장에서 '급식 지도'를 한다는 점은 유아의 발달적 스트레스 관점에서 다시 생각해 볼 필요가 있다. 교사가 유아에게 골고루 5대 영양소를 잘 섭취시켜서 얻는 이득보다 정서적으로 잃는 것이 더 클 수도 있다. 급식 지도는 그 자체로는 아이에게 스트레스가 아니다. 단, 그것이 아이 개개인에 대한 배려 없이 너무 강압적으로 엄하게 진행되었을 때, 아이에게 피할 수 없는 치명적인 스트레스가 된다.

출처: 오은영(2012). p. 133-136

표 10-2 점심식사에 대한 유아평가의 예시

<table>
<tr><td>유아명</td><td colspan="2">이 채 은</td><td>관찰자</td><td>김 ○○</td></tr>
<tr><td>활동명</td><td colspan="2">점심식사</td><td>관찰일</td><td>2012. 11. 21 (2차)</td></tr>
<tr><td rowspan="2">관찰 내용</td><td colspan="4"> </td></tr>
<tr><td colspan="4">※ 왼손 사용(　) / 오른손 사용(✔) / 양손 사용(　)</td></tr>
<tr><td rowspan="14">평가</td><td colspan="4">Ⅰ 점심식사의 형식</td></tr>
<tr><td colspan="4">내 용</td></tr>
<tr><td rowspan="2">점심식사의 배분</td><td colspan="2">1. 교사</td><td>✔</td></tr>
<tr><td colspan="2">2. 유아</td><td></td></tr>
<tr><td rowspan="3">양 조절</td><td colspan="2">1. 먹는 양과 종류를 스스로 조절하게 함</td><td>✔</td></tr>
<tr><td colspan="2">2. 기본에서 조금 적게(많이) 먹을 수 있음</td><td></td></tr>
<tr><td colspan="2">3. 정해진 양만 먹음</td><td></td></tr>
<tr><td rowspan="3">편식 또는 잔반이 많은 유아</td><td colspan="2">1. 자신이 가져간 양을 남김 없이 다 먹게 함</td><td></td></tr>
<tr><td colspan="2">2. 다 먹게 격려하고 안 되면 남기게 함</td><td>✔</td></tr>
<tr><td colspan="2">3. 원하는 대로 남기게 함</td><td></td></tr>
<tr><td>식사 전 의식</td><td colspan="2">1. 있음(감사인사, 기도 등)</td><td>✔</td></tr>
<tr><td rowspan="3">식사 후 양치질</td><td colspan="2">1. 먹은 후 바로 양치질함</td><td>✔</td></tr>
<tr><td colspan="2">2. 치약 짜기</td><td>✔</td></tr>
<tr><td colspan="2">3. 양치 컵, 칫솔 정리</td><td>✔</td></tr>
</table>

Ⅱ 유아 평가

	하위내용	매우 그렇지 않다	그렇지 않다	보통이다	그렇다	매우 그렇다
바르게 식사 하기	1. 비누를 잘 헹구어 손을 씻는다.					✔
	2. 바른 자세로 먹는다.					✔
	3. 조용한 목소리로 이야기하며 먹는다.					✔
	4. 먹지 않을 때에 수저를 내려놓는다.				✔	
	5. 음식을 흘리지 않는다.					✔
	6. 음식 양을 조절하여 남기지 않는다.					✔
	7. 반찬의 종류를 가리지 않고 골고루 먹는다.					✔
	8. 감사 인사를 한다.					✔
	9. 식사 후 조용하고 바르게 정리한다.					✔
	10. 적절하고 바른 방법으로 양치질을 한다.					✔

종평

- 급식 지도 순서와 방법을 잘 알고 있다.
- 1학기에 비해 식사 태도가 좋아졌으며 식사량이 늘었다. 또한 반찬의 종류를 가리지 않고 골고루 잘 먹는 편이다.
- 무조건 1등을 하려는 태도가 수정되고 꼭꼭 씹어서 먹는 편이다.
- 친구들과 많이 이야기하는 편은 아니나 친한 친구와 이야기하는 경우가 더러 있으며 양치질하는 데 오랜 시간이 소요된다.

교사의 개입 정도

✔ 적다 | 보통 | 많다

지도 방안

- 화장실에서 양치질을 할 때 장난하지 않고 부지런히 양치질할 수 있도록 지도 필요함.

Chapter 11

운동발달

1. 신체운동의 중요성
2. 유아와 신체운동
3. 유아 운동능력의 요인
4. 대근육운동발달
5. 소근육운동발달

1. 신체운동의 중요성

건강한 신체에 건강한 정신이 깃든다는 말이 있다. 운동을 적당히 하면 잠도 잘 자고, 일의 능률이 오르고, 컨디션도 좋아질 뿐 아니라 사고력도 좋아진다. 운동이 신체에 이러한 영향을 미치는 한 가지 이유는 엔돌핀(기분을 좋아지게 하는 마취제)이 분비되기 때문이다. 또한 운동을 하면 근육과 두뇌에 제공되는 혈액량이 증가해 정신이 맑아진다. 그래서 우리는 운동 후에 더 빠르고 정확하게 생각할 수 있게 된다. 운동은 장기적으로 유아의 뇌세포를 증식시키고 세포 사이의 연결을 돕는 뉴로트로핀(neurotrophins)을 활성화시킨다. 따라서 우리가 생각하는 것보다 신체의 움직임은 유아발달에 아주 중요한 요소이다.

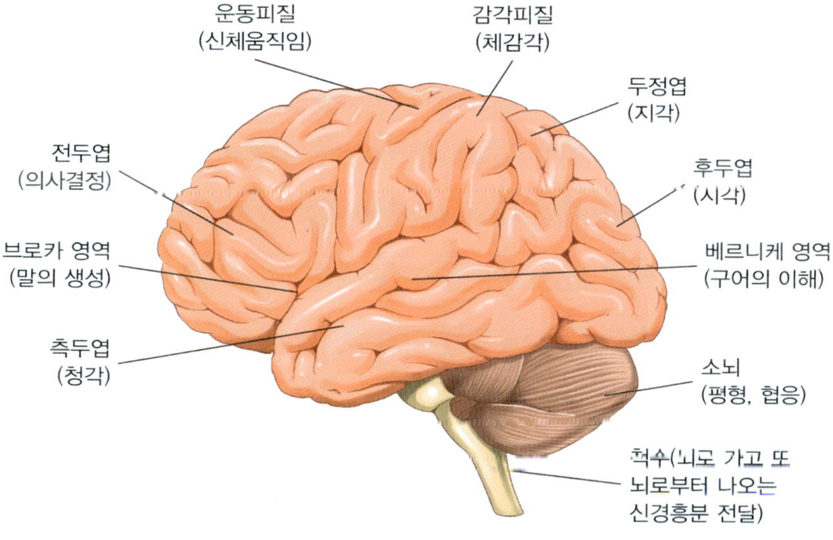

그림 11-1 ▶ 뇌의 구조

11 운동발달

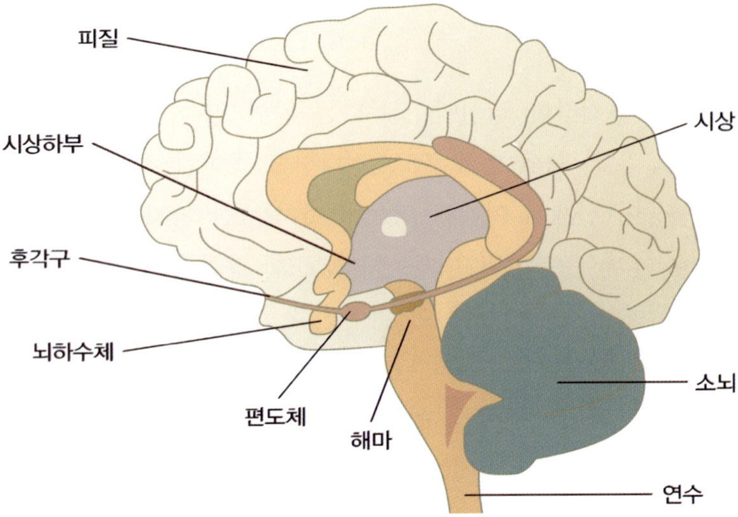

그림 11-2 ▶ 대뇌변연계의 구조

신체운동을 하기 위해서는 우선 건강한 신체를 가지고 있어야 한다. 균형 잡힌 신체를 가질 때 더 잘 움직일 수 있기 때문이다. 어릴 때부터 운동을 하면 커서도 많은 이점이 있다. 예를 들어, 대사능력이 운동능력에 맞게 향상되고, 심장병이나 당뇨병에 걸릴 확률이 낮아지며, 뼈 밀도가 높고 폐활량이 좋아진다. 움직이기 좋아하는 유아는 몸의 전반적인 근육, 관절, 뼈가 튼튼해진다. 운동은 유아가 건강하게 자라기 위한 필수적인 요소이다. 유아가 즐길 수 있는 운동은 자전거 타기, 걷기, 수영, 공놀이, 계단 오르내리기, 줄넘기, 학교까지 걸어다니기 등 다양한 방법이 있다. 30년 전만 해도 80%의 유아들이 도보로 통학을 했었지만, 지금은 도보 통학생이 10% 미만이라고 한다.

2. 유아와 신체운동

이 시기에는 유아의 활동성이 획기적으로 발달하는 시기로, 만 3세가 되면 하루에 소모하는 에너지가 만 6세와 비슷해진다. 성별의 차이 없이 남아, 여아의 활동량은 비슷해지고, 이때 힘의 차이는 성별보다는 신체발달 정도에 따라 달라진다.

유아의 신체가 발달해 감에 따라 근육활동과 움직이는 횟수의 증가, 신경계통과 골격의 성숙 등으로 전에 볼 수 없었던 여러 가지 형태의 새롭고 다양한 운동능력이 생겨난다. 유아기의 운동능력은 단순한 것에서 복잡한 것으로, 수동적이고 반사적인 것에서 능동적이고 자발적인 것으로, 미숙한 것에서 성숙한 것으로 점차 분화·발달해 간다. 이와 같은 운동능력은 유아가 끊임없이 주변 환경과 상호 접촉하는 과정에서 사물을 습득하고 조작함으로써 이루어지며 주로 반복되는 연습에 의해 향상된다.

유아에 따라 대근육운동인 달리기와 깡충 뛰기를 잘할 수도 있으며, 연필 잡기나 신발 끈 매기 같은 소근육운동을 잘할 수도 있다. 유아의 신체활동은 대근육운동이나 소근육운동에 상관없이 유아의 건전한 정신과 신체발달을 위해 꼭 필요하다.

3. 유아 운동능력의 요인

만 3세 유아들은 대부분 활동적이다. 모든 유아는 주변 환경을 탐색하기를 즐기는데, 개인차가 있어 어떤 유아들은 더 활동적이고 움직이기를 좋아한다. 아이의 운동능력은 유전인자의 영향이 큰데 폐활량, 손발 길이, 심장의 운동능력이 유전인자에 의해 결정되기 때문이다. 몸의 근육량도 유전적인 영향을 받는다. 예를 들어, 빨리 수축하는 근육이 선천적으로 많으면 단거리 육상선수로 타고난 것이고, 그 반대의 경우에는 장거리 운동선수가 적합하다.

그럼에도 유아의 신체발달에 유전적 영향은 부분적이다. 그보다는 생활방식, 즉 환경 변인에 따라 활동적이거나 비활동적인 사람이 되기 쉽다. 옛날 사람들과는 달리 현대인은 사무실에서 근무하고 집에서 텔레비전 시청을 하는 생활양식 때문에 활동량이 적어지고 게을러지고 있다. 현대인은 하루에 수렵채집인의 1/3에 해당하는 에너지만을 소모하고, 1/3 정도만 걷는다고 한다. 현대인이 보통 하루에 걷는 5km도 대부분 사무실에서 차까지, 텔레비전에서 부엌으로 가는 짧은 이동거리를 합한 거리이다. 또한 개인에 따라 하루 운동량의 평균치인 5km를 걷지 않거나 심지어 1.6km도 걷지 않는 사람도 있다.

Child Of Our Time 프로젝트에 참여한 유아의 활동성을 알아보기 위해 허리에 만보계를 채우고 하루 동안 걸은 양을 측정하였다. 가장 활동적인 2세 유아는 7시간 동안 4.8km를 걸었는데, 이는 상당한 거리로 어른으로 따지면 19.2km 정도를 하루 종일 쉬지 않고 걷는 것과 같다. 가장 움직임이 적었던 아이는 7시간동안 오직 0.8km만을 걸었다. 만일 활동적인 성인이 일 때문에 주당 40시간 책상에 앉아 있어야 하고, 좁은 공간에 갇혀 있다면 불안해할 수 있다. 활동적인 아이들은 보육시설에서 지내거나 카시트에 앉아 있을 때 불안해한다. 불안해서 안절부절못하면 칼로리 소모량이 많아 하루에 800kcal를 소모한다고 한다. 이 때문에 안절부절못하는 사람이 마른 것을 흔히 볼 수 있다.

몹시 초조하고 어쩔 줄 몰라 하는 아이인지 아닌지는 아이를 보고 있기만 하면 쉽게 알 수 있다. 하지만 안절부절 못하는 행동은 운동처럼 유아의 신체나 두뇌발달에 긍정적인 영향을 주지 못한다. 활동적인 유아라도 실제 운동을 통해서 근육과 뼈를 튼튼하게 해야 건강한 삶을 지속할 수 있다.

4. 대근육운동발달

유아기에는 신체의 크기와 비율이 변화되고 근육과 골격이 성장하면서 운동발달이 급속도로 이루어진다. 무게의 중심이 머리에서 아래로 이동하면서 균형 잡기가 가능해지고, 달리기, 공 던지고 받기, 자전거 타기, 그네 타기 등의 대근육운동이 발달한다. 아이들은 상체와 하체를 균형 있게 사용

▶ 공차기

하면서 보다 정교한 운동을 할 수 있다. 예를 들어, 5세나 6세의 아이들은 세발자전거의 페달을 돌리면서 방향 회전을 할 수 있다. 7세 이상의 유아들은 스포츠와 관련된 일반적인 동작에서 점차 세부적이고 전문적인 운동기술(예: 인라인 타기 등)을 수행할 수 있다. 초등학교에 가기 전 유아들은 신체 운동의 조작능력이 유창할 뿐 아니라 속도가 빠르고 운동시간이 길어지면서 성인과 비슷하게 동작할 정도로 대근육운동 기술이 발달한다.

표 11-1 대근육운동발달 이정표

연령	대근육운동 기술
2~3세	• 더 리드미컬하게 걷는다. 허둥대는 걸음이 달리는 것으로 변한다. • 깡충 뛰며, 한 발로 뛰고, 상체를 고정시킨 사이로 던지고 받는다. • 발로 타는 장난감을 민다.
3~4세	• 발을 교대로 사용하여 계단 위로 올라가고 한 발씩 계단을 내려간다. • 상체를 구부려서 깡충 뛰고 한 발로 뛴다. 상체를 약간 사용하여 공을 던지고 잡는다. • 여전히 공을 가슴으로 막아서 잡는다. 세발자전거의 페달을 밟고 조정한다.

연령	대근육운동 기술
4~5세	• 발을 교대로 하면서 계단을 내려간다. 더 유연하게 달린다. • 한 발로 달리거나 깡충 뛴다. • 신체 회전이 향상되고 발에 체중을 옮겨서 공을 던진다. • 한 손으로 공을 잡는다. 세발자전거를 빨리 탄다. 유연하게 조정한다.
5~6세	• 달리는 속도가 초당 3.5m로 증가한다. 더 유연하게 달린다. • 정확한 깡충 뛰기(skipping)를 하고 옆으로 걷기를 한다. • 온몸을 사용하여 던지고 잡는다. 던지는 속도가 증가한다. • 보조바퀴가 달린 자전거를 탄다.

출처: Berk(2006/2008). p.145

유아의 연령별로 대근육운동발달의 특성을 살펴보면 다음과 같다(Berk, 2006/ 2008: 144-146). 12~24개월 걸음마기의 유아는 불완전하고 넘어지기도 하지만 뛸 수 있고, 24개월에는 걸음걸이가 유연해지면서 율동감이 생기고 계단을 오르나 발을 번갈아 올라가지는 못한다. 30개월에는 제자리에서 점프할 수 있으며, 36개월에는 한 발로 서고 발끝으로 걸으며 발을 바꾸면서 계단을 오를 수 있다. 3세에는 세발자전거를 탈 수 있으나 방향을 바꾸거나 속도를 내는 것은 조심스럽게 해야 한다. 특히 이 시기에는 팔, 다리, 몸

▶ 대근육운동

통 등에 형성된 대근육이 현저하게 발달되면서 움직임에 안정감을 보이고 자신의 의도대로 속도를 조절할 수 있으며, 몸의 균형을 유지할 수 있어서 운동능력 향상을 위한 기회가 적절히 제공되는 것이 필요하다. 4세에는 능숙하게 한 발로 뛸 수 있으며 공을 잡을 수 있다. 5세에는 한 발씩 교대로 깡충 뛰기와 줄넘기를 할 수 있고 스케이트와 수영을 시작할 수 있다. 남아는 5세경에 접어들면서 운동기능 수행에 있어 협응성, 즉 운동 수행에 관여하는 신체의 부분을 하나의 운동으로 협조 및 조정하는 능력보다는 힘을 요하는 체력 요소(근력, 순발력, 지구력 등)의 관여도가 높아지는 반면, 여아는 유아기까지도 협응성이 오래 지속된다. 이같이 유아기에는 영아기에 습득한 운동능력을 기초로 점차 활동적인 대근육운동발달이 이루어진다.

대근육운동의 유형에는 걷기, 달리기, 뛰기, 던지기, 공 튀기기, 매달리기, 구르기, 굽히기나 펴기, 돌리기, 균형 잡기가 있다. 이러한 대근육운동의 출현 시기는 모든 유아에게 보편적으로 나타나는 현상이므로, 유아의 운동발달 상태를 점검해 보는 하나의 준거가 될 수 있다. 만약 출현 시기가 3~6개월 정도 늦게 나타난다면 주의 깊은 관찰이 요구된다. 이에 표 11-2는 유아의 연령별 대근육운동 유형의 발달 특성에 관한 내용이다.

표 11-2 유아의 연령별 대근육운동 유형의 발달 특성

연령	2세	3세	4세	5세	6세
걷기	• 안정된 걷기 사세를 보임	• 땅에 그려진 직선 위를 일자로 걸을 수 있음	• 곡선 위를 걸을 수 있음 • 사다리 오르기 및 정글짐 놀이 가능		
달리기	• 달리기는 하지만 불안정함	• 잘 달리지만 방향을 바꾸지 못함		• 달리면서 방향을 바꿀 수 있음	• 탄력적으로 달리면서 속도 조절이 가능
뛰기	• 두 발로 잠깐 뛸 수 있음	• 두 발로 뛸 수 있음 • 멀리뛰기 시		• 멀리뛰기 시 착지할 때 앞으로 떨어짐	

연령	2세	3세	4세	5세	6세
		착지할 때 뒤로 넘어짐			
말뛰기	• 2.5세에 출현	• 말뛰기 동작이 능숙해짐		• 말뛰기 동작이 능숙해짐	
한 발 뛰기		• 3.3세에 출현 • 2~3회 뛸 수 있음	• 어깨에 힘이 들어가고 어깨와 팔을 올리며 발바닥 전체로 뜀	• 무릎을 90도 굽혀 20회 이상 뛸 수 있음	
스키핑			• 4.5~5세에 출현 • 스키핑을 흉내 낼 수 있음 • 한쪽 발로만 동작	• 양발로 번갈아 가며 능숙하게 동작	
던지기	• 두 팔을 두고 팔꿈치만 굽혀서 던짐		• 몸통을 돌리며 한 발을 앞으로 내딛으며 어깨, 중심, 몸통을 사용하여 유연하게 던짐	• 팔과 반대쪽 다리를 앞으로 내밀고 허리와 어깨까지 사용해 던짐	
받기	• 공을 잘 받지 못함	• 팔을 벌려 제자리에서만 받음		• 공의 위치에 따라 몸과 팔을 움직여 받음	• 몸 전체를 사용해서 받을 준비를 하고 손과 손가락을 사용해서 공을 받음

출처: 조현숙 외(2013). p. 173.

5. 소근육운동발달

유아의 소근육운동은 손과 손가락을 사용하는 작은 운동을 말한다. 소근육이 발달한 유아들은 퍼즐을 맞추고 블록놀이를 하며, 가위와 풀을 사용하게 되고, 구슬을 끼울 수 있게 된다. 소근육운동의 유형에는 쓰기, 그림 그리기, 블록 쌓기, 젓가락질하기, 옷 입고 벗기, 단추 사용하기 등이 포함된다. 소근육운동 기술을 유아기의 놀이나 학습 및 생활에 필요한 기술이다. 대체로 대근육운동 기술은 남아가 여아보다 우세하지만 소근육운동 기술은 여아가 남아보다 우세하다. 부모들은 가정에서 자녀의 소근육운동의 발달을 두 가지 측면에서 보게 된다. 우선 부모의 도움 없이 유아가 스스로 자신을 돌볼 수 있게 되는 것(예: 스스로 옷 입고 벗기 등)과 종이나 벽에 긁적거린 흔적들과 그림들을 보면서이다.

유아의 연령별로 소근육운동발달의 특성을 살펴보면 다음과 같다(강인언 외, 2009; 163: 정옥분, 2002; 354-356). 3세에는 원을 그릴 수 있고 엄지와 검지로 매우 작은 물체를 집을 수 있지만 아직 서투르고, 블록 하나하나를 조심스럽게 놓지만 삐뚤삐뚤하며, 조각 그림 맞추기 시 조각을 억지로 쑤셔 넣으려 한다. 4세에는 소근육운동 기술이 상당히 발달하여 블록으로 탑을 높이 쌓을 수 있고, 구두끈을 매며 선을 따라 가위로 오릴 수 있다. 5세에는 집이나 교회 등을 블록으로 짓고자 하며, 종이를 반이나 1/4로 접을 수 있고 글자나 숫자를 베낄 수 있으며, 크레용으로 색칠할 수 있다. 특히 양손을 동시에 조작하는 능력인 양측 협응능력은 3~4세에 발달하며, 좀 더 정교한 양측성 운동 협응능력은 5~6세에 발달하고, 7세 이후에는 그 증가율이 줄어든다(Aryes, 1978: 박노의 외, 2007; p. 238에서 재인용).

▶ 소근육운동 퍼즐맞추기

표 11-3 유아기의 소근육운동발달

연령	소근육운동발달	
2~3세	• 간편한 옷의 입고 벗는다. • 커다란 지퍼를 올리고 내린다.	• 수저를 잘 사용한다.
3~4세	• 큰 단추를 채우고 푼다. • 큰 구슬을 실에 꿴다. • 도움 없이 음식을 자신의 접시에 가져온다. • 손과 손가락 협응이 잘된다. • 크레용을 손가락으로 잡는다. • 가위를 사용한다.	• 장난감을 밀고 당긴다. • 도움을 받아 옷을 입는다. • 직선과 원을 따라 그린다. 네모를 보고 그린다. • 사람에 대한 첫 번째 그림(두족인 형태)을 그린다.
4~5세	• 포크를 잘 사용한다. • 단추를 채운다. • 그려 놓은 선을 따라서 가위로 자른다. • 삼각형, 대각선, 글자들을 따라 그린다.	• 이름을 쓸 수 있다. • 가위나 간단한 도구를 사용한다. • 혼자 옷을 입는다.
5~6세	• 칼을 사용해 부드러운 음식을 자른다. • 신발 끈을 맨다. • 얼굴, 몸통, 팔다리가 있는 사람을 그린다.	• 숫자와 간단한 단어를 보고 쓴다. • 사각형과 삼각형을 묘사한다.

출처: Laura, E. B.(2010). p. 225

소근육운동의 유형별로 연령에 따른 발달 특성을 살펴보면 다음과 같다.

1) 쓰기

2세에는 수직선과 수평선 및 원 모양의 표식을 흉내 내고, 3세에는 수직선과 수평선, 원을 따라 그리며, 4세에는 십자모양, X자 모양, 네모, 대각선, 몇몇 글자와 숫자 및 자기 이름을 쓰며, 종이에 적어준 글씨를 보고 따라서 쓸 수 있다. 5~6세에는 세모, 곡선, 영어 대소문자를 쓸 수 있다.

▶ 쓰기

2) 그림 그리기

아이들에게 크레용과 종이를 주면 걸음마기 유아들도 긁적거리는 모방행동을 보인다. 유아기에 접어든 아이들은 자신이 이해하고 있는 주변 환경을

▶ 그림그리기

표현하기 위해 선을 그리고 의미를 부여한다. 유아들은 대부분 다음의 그리기 특성을 보인다.

영아기 후반에서 2세에 해당되는 1단계에는 긁적거리기를 하고 뚜렷한 형태가 없는 점이나 선을 그린다. 2~3세의 2단계에는 원이나 삼각형 혹은 사각형의 단순한 형태를 그린다. 이때 처음으로 상징적인 형태를 그리기 시작한다. 그림 그리기에서 큰 변화는 유아가 선을 사용해서 물건의 모양을 나타낼 수 있을 때이다. 이때 유아들은 처음으로 사람의 모습을 그리게 된다. 3~4세의 유아들은 기본적인 형태를 조합한 무늬를 그리고, 원 속에 직선을 그리거나 사각형 속에 원이나 삼각형을 그린다. 5~7세의 3단계에는 사람, 동물, 자동차, 나무, 집 등 실제 사물을 그리며 보다 세밀하고도 자세히 묘사할 수 있다.

3) 블록 쌓기

블록 쌓기는 2세경에 시작하여 연령이 높아질수록 블록을 쌓는 시간이 단축되고 구체적인 사물이나 이야기를 표상한다. 특히 3~4세에 소근육이 발달하면서 블록 쌓기 기술이 현저하게 발달한다. 5~6세에는 블록 쌓기가 매우 원활하고 능숙해진다(조희숙 외, 1994). 2세부터 6세까지 블록 구성의 발달과정을 체계화한 Johnson에 의하면, 2세는 한 개의 블록 옆에 또 다른 블록을 놓는 '수평적 줄 짓기'나 한 개의 블록 위로 또 다른 블록을 놓는 '수직적 탑 쌓기'의 형태로 나타난다. 3세에는 두 개의 블록을 간격을 두어 놓은 후 그 거리를 다른 한 개의 블록으로 연결하는 간단한 건물이 나타난다. 3~4세에는 블록으로 공간을 만들어서 구성하는 '울타리 구성하기'가 가능하다. 4~5세에는 실제 구조물을 상징화하여 표현하면서 유아가 자신이 만든 블록 구성물에 이름을 붙이고 이야기를 만든다. 5세 이상이 되면 블록 구성물의 형태가 매우 복잡하고 정교해지면서 유아가 자신의 실제 생활이나 경험을 재현하거나 상상하여 재구성하게 된다.

▶ 블록으로 기린자동차 만들기

4) 젓가락질하기

2세에는 혼자 숟가락으로 밥을 먹으나 많이 흘리고, 3세에는 숟가락을 효과적으로 사용하나 젓가락은 막 쥐기 식으로 사용한다. 6세 이후에는 적절한 방식으로 능숙하게 숟가락과 젓가락을 모두 사용한다. 적어도 5세 이상이 되어야 젓가락 잡는 훈련의 효과가 나타난다(Yamashita, 1944; 곽노의 외, 2007: 242에서 재인용). 젓가락 사용은 대체로 남아보다 여아에게서 이른 시기에 나타나는데(현온강 외, 2001), 이는 소근육운동 기술의 발달에 있어 성차를 볼 수 있는 하나의 증거이다.

5) 옷 입고 벗기

3세 이후가 되어야 옷을 벗을 수 있으며, 4세에는 옷 입는 것이 부분적으로 가능하고, 5~6세에는 혼자서 옷을 벗고 입는 것이 가능하다.

2세에는 단추 사용이 서투르고 잘 하지 못하며, 3~4세에는 자기 옷의 단추를 빼고 끼울 수 있다. 5~6세에는 손이 닿는 곳에 있는 단추를 자유자재로 사용할 수 있다. 2, 3세에는 양말과 장갑을 벗을 수 있고, 4세에는 세수와 양치질 및 빗질이 가능하며, 5~6세에는 혼자 신발을 신고, 신발끈도 맬 수 있다.

6) 유아의 운동발달 지도

유아의 신체발달 속도는 무척 빠르다. 이에 유아는 동적인 활동을 통해 자신의 신체를 조절하는 법을 배우면서 자신감을 길러야 하지만, 그렇다고 특별한 운동을 가르칠 필요는 없다. 공이나 장난감을 가지고 마당이나 공원에 나가거나 산책을 나가는 것도 좋다. 유아가 힘들어하지 않는다면 시장이나 공원, 우체국에 같이 가는 것도 좋으며, 날씨에 관계없이 복장만 적합하다면 언제든 밖에 나가서 걸을 수 있다. 이렇듯 산책하면서 자연과 날씨에 대해 부모와 유아가 함께 이야기하는 일은 행복한 시간이다. 유아들이 뛰기 위해 많은 공간이 필요하지 않으므로 집안에서도 충분히 뛰어다닐 수 있다. 활동적인 유아들은 엄마, 아빠가 동적으로 놀아주고 집 밖에도 자주 데리고 나간다. 또 태어나서부터 움직이는 것을 좋아하는 유아도 있다.

유아들 중에는 움직이는 것을 좋아하거나 싫어하는 유아도 있다. 만약 유아가 움직이는 것을 싫어하는 경우 부모가 도와준다면 유아와 부모 모두에게 좋은 영향을 준다. 우선 유아는 활동적인 유아가 될 수 있으며, 새로운 운동 기술의 습득을 통해 자신감을 갖게 된다. 또한 운동은 부모와 유아가 함께 시간을 보내는 좋은 방법으로 부모-자녀 간의 긍정적인 관계형성에도 좋다. 만 2세경의 유아들은 아주 빨리 움직이는 공을 잡을 수 있으며, 지속적으로 지도하면 초등학교에 들어가기 전에 많은 운동 기술을 익혀 또래들 사이에 인기 있는 아이가 될 수 있다.

교사는 유아와의 하루일과 중 동적인 활동과 정적인 활동 간의 균형, 실내와 실외활동 간의 균형을 통해 유아의 내적 에너지를 충분히 소비하도록 계획한다. 발달의 보편성을 고려할 뿐 아니라 개별 유아의 운동능력을 유아평가를 통해 파악해서 부족한 능력을 보완해 줄 수 있는 경험을 제공한다. 기관에서는 교육과정을 운영함에 있어 연령에 적절한 특색활동을 계획하여 실시한다. 3세아를 위한 연령별 특색교육으로 산책활동을 진행하기도 한다. 그 이유는 산책을 통한 걷기, 뛰기 및 움직임을 통해 유아들은 자신의 몸을 자유롭게 움직이고 통제할 수 있게 되기 때문이다. 또한 운동력, 지구력, 균형 감각 및 체력이 좋아지게 된다. 더불어 산책을 하면 유아들은 잘 먹고 살 자게 되어 신체발달에도 도움이 된다.

대근육활동 유아평가의 예시

줄 넘 기

■ 관찰일: 2012년 10월, 11월

■ 유아 이름: 이채은

■ 관찰자: 김○○

■ 활동 시간 및 집단 형태: 실외 자유선택활동(개별활동)

■ 관련된 영역:

__✔__ 건강생활 ____ 사회 생활 ____ 표현생활 ____ 언어생활 ____ 탐구생활

■ 활동의 맥락

① ______ 유아가 먼저 시도 __✔__ 교사가 먼저 시도

② __✔__ 유아에게 새로운 과제 ______ 유아에게 익숙한 과제

③ __✔__ 유아의 단독 활동 ______ 또래와 함께 한 활동

______ 교사와 함께 한 활동

④ 시간: 30초

■ 활동사진

※ 줄넘기 횟수 변화:

날 짜	10/5	10/29	11/12
횟 수	20	33	24

소근육활동 유아평가의 예시

달력 만들기

■ 관 찰 일: 2011. 6. 5

■ 유 아 명: 이채은

■ 관 찰 자: 김OO

■ 활동 시간 및 집단 형태: 실내 자유선택활동(개별활동)

■ 관련된 영역:

___ 건강생활 ___ 사회 생활 ___ 표현생활 ___ 언어생활 ✔ 탐구생활

■ 활동의 맥락

① ✔ 유아가 먼저 시도 ___ 교사가 먼저 시도

② ✔ 유아에게 새로운 과제 ___ 유아에게 익숙한 과제

③ ✔ 유아의 단독 활동 ___ 또래와 함께 한 활동

___ 교사와 함께 한 활동

④ ___ 20분 미만 소요 ✔ 20~30분 소요

___ 30분 이상 소요

■ 활동에 대한 기록 및 결과물

평 가

※ 달력의 날짜와 요일을 순서에 맞게 기록했다.
※ 6월의 시작일과 끝나는 날을 정확하게 인식하고 기록하였다.
※ 성인의 도움이 거의 없이 처음부터 끝까지 수자를 기록할 수 있다.
※ 달력에 의미 있는 날이나 특별한 날을 알고 기록하였다.
※ 급히 기록하다가 6 → 9로 기록

지도 방안

※ 달력과 1~30까지의 숫자에 대한 기본 개념이 충분히 형성되어 있으므로 다른 친구들의 생일, 현장학습일과 같은 의미 있는 날을 더 많이 적어보게 하는 것이 좋겠다.
※ 30일, 31일에 끝나는 달의 달력을 만들어 보게 하고 매달의 날수가 다름을 인지할 수 있게 지도해야겠다.
※ 침착하게 실수하지 않도록 지도가 필요하다.

Chapter 12

인지발달

1. 지각의 발달
2. 개념의 발달
3. 유아기 사고와 학습능력

1. 지각의 발달

지각은 자극에 대한 반응과정에 있어서 자극을 인정하는 작용이다. 일반적으로 외계의 사물, 성질, 상태, 운동관계 등을 직접적으로 파악하는 정신적인 작용, 즉 대상의 성질을 인지하는 심적 과정이다.

이에 지각이란 환경의 물리적 자극에서 오는 정보를 탐지하고 체계화하며 해석하는 과정을 말한다. 이러한 지각의 성립은 심적 활동의 형태, 성, 자극 반응, 과거 경험, 그 당시의 태도, 뇌 척수신경계, 주의, 감각기관의 기능구조 등에 의해서 형성된다.

Werner에 의하면 유아의 전체적 특징으로서 상호적 지각을 들 수 있는데, 이는 유아 지각의 표정으로서 직관과 정서가 복합되어 사실을 사실대로 그리고 객관적으로 파악하지 못하기 때문에 일어나는 현상이다.

유아기의 지각발달은 처음에는 부분적인 특징에 따라 단순하게 사물을 파악하기 시작하나, 점차 연령이 증가할수록 자극의 각 부분을 연결하여 전체적으로 지각할 수 있게 된다. 즉, 심상, 상징 등의 지각 단위가 늘어나고 풍부하게 되어 지각의 내용을 상호 관련적으로 이해하고 복잡하게 조직하게 된다. 또한 환경에서 오는 정보에 대해 선택적으로 주의를 기울이고, 오랫동안 주의를 집중하게 되면 자극의 특징을 보다 효과적으로 명확하게 파악하는 등의 지각발달이 진전된다. 이러한 유아기의 지각능력은 유아의 동기, 성격, 언어와도 밀접하게 상호 관련을 맺고 있다.

1) 지각이론

지각에 관한 이론은 생득론과 경험론으로 나눌 수 있다. 생득론에 의하면 지각은 태어날 때부터 인간의 신체 어느 부위에 구조화되어 있다는 견해로 지각의 기제가 경험 이전에 존재한다고 주장한다. 경험론에서의 지각이란 인간과 환경과의 상호작용을 하는 가운데 발달된다고 본다. 이 견해에 의하면 인간은 태어날 때에는 백지 상태이나 차츰 외부 세계와 끊임없는 경험을 통해 지각이 발달한다고 주장하였다.

이와 같이 지각이 생득적인 것인지, 후천적으로 습득되는 것인지에 대한 이론적 논쟁은 끊임없이 계속되고 있다. 지각하는 형태의 발달과 관련하여 두 가지 견해가 있는데, Piaget의 첨가론과 Gibson의 분화론이다.

(1) 첨가론적 입장

유아는 사물을 접할 때마다 그 사물에 대해 조금씩 더 학습하게 된다고 한다. 처음에는 사물을 그저 피상적으로 단순하게 보지만 몇 번씩 되풀이해서 보고 나면 그 사물에 대해서 좀 더 상세히 많은 것을 알게 되고 새로운 사실도 발견하게 된다. 또한 다른 사물과 비교·대조하며 상호 관련성을 이해할 수 있게 된다.

(2) 분화론적 입장

유아는 외부 세계와의 경험을 통해서 사물이나 사상의 특징을 파악하게 되며, 점차적으로 이들 간의 차이를 분명하게 지각할 수 있게 된다. 유아가 성장해 감에 따라 처음에는 탐지하지 못하였던 정보에 대해 선택적으로 주의를 기울이며, 이전에는 구별하지 못했던 유사한 사상이나 사물을 변별할 수 있게 되고, 다른 사물로부터 구분되는 특징들을 학습하는 등의 지각적 민감성이 발달하게 된다는 것이다.

이러한 두 입장은 서로 대립되는 것처럼 보이지만, 사실은 서로 보완적인 작용을 하면서 관련을 맺고 있다.

2) 지각의 유형

(1) 공간지각

공간지각은 방향과 거리를 판단하는 지각으로 유아에게는 매우 어려운 일이다. 유아가 공간을 정확히 파악하려면 공간의 크기나 자기에게서 떨어져 있는 거리, 경험을 통해서 알고 있는 사물이나 사상 및 장소와 비교, 대조하는 능력이 있어야 한다. 또한 손을 뻗어서 사물이나 사상을 접할 수 있는 훈련과 그것이 놓여 있는 거리와 방향감각을 익혀야 한다. 이 시기의 유아는 여러 종류의 장난감을 가지고 놀이를 함으로써 가까운 거리와 방향을 비교적 정확하게 지각할 수 있게 된다. 유아는 접목이나 블록, 장난감 자동차, 세발자전거 등과 같은 놀이기구를 통해서 공간지각의 능력을 획득하게 된다는 것이다.

일반적으로 4세 유아는 가까운 거리에 대한 지각을 갖게 되며, 성인과 거의 유사하다. 이때 유아는 사물이 좌측에 있는지 또는 우측에 있는지, 위를 보고 있는지 아래를 향하고 있는지 등의 사물이 놓인 방향을 인식하지 못한다. 이러한 방향에 관한 지각은 5세가 되어도 완전히 발달되지 않아 유사한 사람 간의 차이를 발견하는 데 어려움이 있다.

(2) 형태지각

유아가 2~3세가 되면 사물에 대한 형태의 차이를 지각할 수 있게 되고, 물체의 길이나 크기의 차이를 구별하는 능력은 이 시기에 많은 진전을 보인다. 유아는 2세경에는 여러 가지 형태의 크기를 잘 구별하지 못하나 3세 경부터는 사물의 크고 작은 것에 관한 지각이 가능해지고 사물의 장단에 관한 지각은 직선보다는 원, 원보다는 구에 대하여 더 잘 이루어진다. 즉, 차원이 높은 것일수록 판단이 정확하다는 것이다. 또한 5세 정도가 되면 각기 다른 크기의 물체를 보다 정확하게 구별할 수 있으며, 숫자나 알파벳 같은 복잡한 형태도 판별하는 능력이 생긴다.

(3) 전체·부분지각

유아의 연령이 증가함에 따라 지각은 미분화된 전체적인 지각에서 점차 세세한 부분들을 추출하고 파악하는 능력으로 발달된다.

(4) 시간지각

유아기의 시간에 관한 지각은 미발달 상태에 있으며, 대체로 낮과 밤, 아침과 저녁, 사계절과 같은 뚜렷한 시간의 경과에 대해서는 정확하게 지각하는데, 이는 유아의 활동과 시간을 결부시키기 때문이다. 시간지각이 발달되려면 무엇보다도 먼저 시간의 기초부터 매일 매일의 생활을 통해서 반복되는 내용의 계열별 체험이 중요하다.

일반적으로 2세가 지나면서 말 가운데 과거와 미래에 관련된 말이 가끔씩 나오지만, 어제나 내일과 같은 말을 사용하는 때는 3~4세경이다. 이 경우에도 양쪽 말을 혼용하게 되며 과거, 현재, 미래에 관한 지각이 확립되는 것은 6세부터이다. 뿐만 아니라 주, 월, 일 등의 개념을 알게 되는 것도 역시 6세 이후이며 시계를 읽을 수 있는 것도 6세 이후라고 추정하고 있다.

(5) 무게지각

유아가 각종 물체들이 지니고 있는 무게가 서로 다르다는 것을 판단하기란 쉬운 일이 아니다. 유아는 조직이나 밀도보다는 크기에 의하여 섬유로 된 공이 쇠로 만든 공보다 무겁다고 생각하려고 한다. 유아가 여러 가지 종류의 물체를 경험하게 됨에 따라 물체의 무게는 크기 이외에도 그것의 재료나 구조와도 관련되어 있다는 사실을 배우게 된다. 또한 3세에서 6세 사이의 유아는 크기가 같고 무게도 같아 보이는 두 물체를 분명하게 식별해 내며 그 차이를 설명하기도 한다.

(6) 색채지각

유아는 색에 대해서 성인처럼 지각하고 반응하나, 성인보다는 특정 색을 더 좋아한다. 이에 색의 이름을 정확하게 말하는 것보다는 색을 구별하는 능력이 먼저 발달하게 되며, 색의 밝기나 농도의 차이보다도 색조의 차이를 더 명확히 구별하게 된다. 그런데 색에 대한 지각능력은 남아보다 여아가 더 발달하는 경향을 나타냈는데, 이는 여아에게 색맹이 없다는 의학적 사실과도 관련이 있으며, 일상생활에서도 여아가 남아보다 색에 대해 많은 관심을 가지고 참여한다는 것으로도 알 수 있다.

(7) 지각발달에 영향을 주는 요인

유아의 지각발달에는 여러 가지 요인이 영향을 준다. 지각에 영향을 주는 요인은 주의의 선택성 및 대상에 대한 조직화 능력, 언어능력, 동기나 보상, 성격 등이 있다.

우선 유아는 연령이 증가함에 따라 선택적인 주의집중 현상이 나타나는데, 이것은 지각한 것을 서로 관련짓고 종합적으로 체계화하려는 능력이 발달하기 때문이다. 유아의 주의력에 관한 연구를 살펴보면 1세 때 약 21분, 2세 때 27분, 3세 때 50분, 4세 때 83분, 5세 때 97분 정도 놀이에 몰입할 수 있다고 한다. 또한 유아의 지각능력은 언어능력의 발달과도 관련이 있다. 언어능력은 자극에 대해 선택적인 주의를 유도하며 주어진 자극을 이해하는 데 도움을 준다. 칭찬과 보상과 같은 사회적인 인정을 언어로 표시할 때 유아의 지각능력은 훨씬 진전되며, 유아가 동기를 가지느냐 가지지 않느냐는 지각의 향상과 밀접한 관련이 있다. 한편 유아의 지각능력은 보상과도 관련이 있는데, 이는 물질적이든 비물질적이든 간에 보상은 동기를 강화시키며 효과적으로 의미 있게 지각하는 데 도움을 주기 때문이다. 뿐만 아니라 유아의 개인적 성격도 지각발달에 영향을 준다. 유아는 자기가 가진 기질을 가지고 사상을 독특하게 지각하며, 의미를 부여하는 등의 지각활동을 함으로써 각기 나름대로의 독특한 지각발달을 하게 된다.

2. 개념의 발달

1) 유아기의 개념

유아기에 있어서 개념 형성은 매우 빨리 진전된다. 유아는 과거의 경험과 현재의 새로운 경험을 의미 있게 결부시켜 인식하려고 하며, 이러한 능력은 점차적으로 발달한다. 유아의 개념은 처음에는 거의 모호하고 미분화되어 있으나 차츰 명료해지고 분화된다. 따라서 유아의 개념발달과 정도가 일반적으로 단순한 상태에서 복잡한 상태로, 구체적인 것에서 추상적인 것으로, 식별되지 않은 상태에서 식별되는 것은, 분산된 상태에서 조직적인 상태로, 자아중심에서 사회중심적인 상태로 발전한다.

2) 개념의 발달과정

유아의 연령이 증가함에 따라 개념은 현저하게 발달해 나가는데 그 내용을 살펴보면 다음과 같다.

첫째, 개념에 대한 의미와 이해도가 증가한다. 유아의 개념은 처음에는 자의적이며 주관적이나 점차 성인들이 지니고 있는 개념과 유사해지고 보다 타당성을 지니게 된다.

둘째, 유아의 개념은 성장과 함께 명료해지고 명확해지며 안정되어 간다. 처음에는 개념에 대한 의미가 막연하고 불분명하여 정리가 되어 있지 않으나 성장함에 따라 분명해지고 안정성이 높아진다.

셋째, 유아는 차츰 개념을 활용할 수 있게 되며 다른 사람들에게 개념을 전달하게 된다.

만 5세아의 그림을 통해 엿본 유아가 생각하는 영어를 잘 하는 사람과 잘 하지 못하는 사람을 구분하였다. 그 기준은 내재적 특성(감정 및 정서, 성향, 성취)과 외현적 특성(예: 표정, 외모, 성별, 행동, 연령)으로 나뉘었다. 예를 들어, 한 유아는 "이 사람은 영어를 잘 해서 항상 기뻐하고 있어요", "이 사람은 영어를 못해서 우물쭈물 속상한 마음이 들어요"라고 내면적 정서를 기준으로 말했다. 한편 외현적 특성을 기준으로 말한 경우도 있었다. 영어를 잘 하는 사람은 옷을 예쁘게 입은 공주로 그렸고, 영어를 못하는 사람은 얼굴에 점이 있고 누더기 옷을 입은 사람으로 표현하였다.

출처: 그림표상활동을 통해 나타난 영어능력에 대한 만 5세 유아의 인식 분석에 대한 연구 (2011).

3) 개념의 종류와 발달

(1) 생명의 개념

유아기에는 생명이 있는 물체와 생명이 없는 물체 간의 구별을 잘 하지 못한다. 유아는 생명이 없는 비생물체에도 인간처럼 생명이 있다고 생각하는데, 이를 물활론이라 한다.

Piaget는 물활론의 발달과정을 연령의 증가에 따라 4단계로 나누어 설명하고 있다.

- **1단계**: 사람에게 영향을 주는 모든 사상(事象)들은 생명을 가진 것이라고 보는 단계
  - 자동차, 인형, 자전거와 같은 여러 가지 완구도 살아 있다고 믿는다.
- **2단계**: 활동하고 이동할 수 있는 모든 사상들을 생명체라고 생각하는 단계
  - 움직이는 장난감과 해, 달과 같은 것은 살아 있다고 본다
- **3단계**: 스스로 움직이는 사상들은 모두가 살아 있다고 여기는 단계
  - 움직이지 않는 물체나 대상은 생명을 갖고 있지 않는 것으로 본다.

- **4단계**: 유아가 과학적, 생물학적 생명관에 근거하여 식물과 동물이 살아 있다고 보는 단계
  - 유아기의 생명에 대한 개념은 일반적으로 유아가 움직이고 활동하는 모든 사상이나 물체를 살아 있는 것처럼 가상하여 생명을 가졌다고 본다.

(2) 자아개념

유아기에는 자기에 대한 흥미와 관심이 일어나는 시기이다. 대체로 3세 정도가 되면 유아는 남녀는 구별할 수 있게 되고 어느 정도 남녀의 차를 인식하게 된다. 그러나 정확하고 정밀하게 성의 차이를 아는 것은 아니다. 그리고 4~5세경이 되면 유아는 자기 자신을 타인과 구별하며 남의 물건과 자신이 소유한 물건을 구별할 수 있게 된다. 특히 이때의 유아는 자신에 관한 모든 것을 나타내 보이려고 하며, 많은 것을 자랑하고 싶어 한다. 또한 남녀 차이를 더욱 정확하게 인식한다. 즉, 자신이 남자인지 여자인지를 확실히 알게 되고, 하는 일도 무엇인지도 알기 시작한다.

(3) 사회관계의 개념

유아기의 경험과 지식은 매우 한정되어 있으므로 사회적인 관계의 개념은 아직 발달되지 않은 상태이다. 이 시기에는 가족 이외의 다른 사람들과의 접촉은 거의 없다. 그러나 점차 활동이 왕성해지기 시작하면서 또래의 친구들과 어울려 놀이를 하며 서로 관계를 맺기도 한다. 유아의 사회적 관계에 대한 개념은 바깥출입의 횟수가 증가하고 경험과 지식이 풍부해질수록 빠른 속도로 광범위하게 확대·발달한다.

(4) 보존성의 개념

보존성이란 대상이나 물체의 형태가 변하여도 그 양은 변하지 않는 것을

의미한다. 유아는 보존성의 개념이 아직 형성되지 못했는데, 유아가 한 측면에만 의존하여 대상이나 사물을 판단하기 때문이다. 차츰 연령이 증가함에 따라 유아는 한 측면에만 의존하지 않고 두 가지 측면을 동시에 판단하는 능력이 생겨나 어느 정도 보존성의 개념을 획득하게 되나, 때로는 혼란된 상태를 보이기도 한다.

Piaget에 의하면 보존성의 개념은 대략 7~8세경에 완전히 발달되므로 유아기에는 아직 형성되지 않았다고 보았다. Piaget는 유아의 보존개념을 측정하기 위해 다음과 같은 여러 가지 실험을 하였다. 그 결과 모든 과제가 구체적 조작기에 성공적으로 수행됨을 보여 주었다.

다음은 Piaget의 분류 문제이다. 유아에게 파란 사과 3개와 빨간 사과 5개를 보여준 후 "빨간 사과가 더 많으니? 사과가 더 많으니?"라고 질문하면 전조작기 유아는 "빨간 사과가 더 많아요"라고 대답한다. 이러한 사실은 전조작기 유아가 '사과'의 범주에 '빨간 사과'의 하위 범주가 속해 있다는 것을 깨닫지 못하고 있음을 보여 준다. 반면 구체적 조작기 유아는 위계적인 분류를 할 수 있다.

(5) 수 개념

유아가 수 개념을 바르게 사용하기 위해서는 두 집합의 요소를 일대일로 대응시킬 수 있는 능력이 필요하다. 즉, 수를 셀 수 있다는 것은 수와 집합의 한 요소를 대응시킬 수 있다는 것이다. 유아가 사물과 수를 대응시킬 수 있는 것은 4~5세경부터도 이와 같은 수와 집합의 요소를 올바르게 대응시키는 과정이 수 개념 발달의 첫 단계이다. 수 개념의 발달은 수의 대응관계를 이해하는 것으로 충분한 것이 아니라 범주로서의 수를 이해하는 능력이 있어야 한다. 즉, 단순히 5와 6이라는 수를 아는 것만이 아니라 5와 6의 관계, 즉 두 수의 관계를 많다, 적다는 개념으로 파악할 수 있어야 한다. 구체적 조작기에 들어서면 수를 더하거나 뺄 수 있다.

(6) 시간 개념

시간에 대한 개념은 공간 개념과 밀접하게 관련된다. Piaget는 물리적 시간은 공간 속에서 움직이는 물체들의 상호작용에 의해 생긴다고 생각하였다. 즉, 다른 속도로 움직이는 두 물체가 상호작용할 때 비로소 공간적 개념으로는 파악될 수 없는 시간적 개념이 제시된다는 것이다.

- **1단계** : 4~5세경에 나타난다.
  - 시간은 물체에 따라 변한다고 보며 공간적 순서와도 혼동되어 나타난다. 따라서 A, B 두 물체를 동시에 움직이게 하되 B를 A보다 더 멀리가게 하면 유아는 B가 더 오랫동안 움직였다고 생각한다.

- **2단계** : 6~7세경에 나타난다.
  - 직관적 시간의 단계로 1단계의 자아중심적 사고와 비가역적 사고에서 벗어나지만 조작적, 가역적 사고를 시간 개념에 적용하지 못한다. 따라서 유아는 앞의 A, B와 같은 두 물체의 움직임에 대해서 어떤 때는 같게, 어떤 때는 다르게 판단한다.

- **3단계** : 8~9세경에 획득한다.
  - 조작적 시간의 단계로 유아는 논리적 조작에 근거하여 시간을 이해한다.

3. 유아기 사고와 학습능력

만 2세가 지난 후 지금까지 보이지 않았던 새로운 능력이 유아에게 나타나게 되는데, 첫째는 실제로 행동하는 대신에 마음속으로 생각하고 그려보는 능력이다. 이 작용을 표상기능이라 한다.

유아에게 있어서 자기가 보고 듣고 느끼고 상상하는 것은 모두가 외부에

실재하고 있다고 생각하고 있다. 즉, 심리 현상과 물리 현상을 혼동하고 있는 것이다. 이 같은 유아의 특유한 사고방법을 '실재론적 사고'라고 한다. 예를 들면, 생각은 소리이기 때문에 입을 다물면 그것이 없어진다고 생각하는 유아들이 많다. 물론 유아는 생각하는 것의 중추가 머릿속에 있다는 것을 알고 있다. 그러니 소리를 내지 않는 한 생각할 수 없다고 보는 것이다. 유아에게 있어서 말이란 사물의 한 부분인 것이다. 예를 들면, 유아가 그린 그림에 붙여진 제목은 그 그림 속의 사물의 이름을 나타내기 위해서 붙여진 것이지만, 그렇게 해야 비로소 그림으로 그려진 것의 본질을 나타낼 수 있다고 생각하는 것이다.

1) 만 3세 유아의 사고와 학습능력

만 3세가 되는 해는 언어에 의한 사고와 학습이 가능해지는 시기로 유아들을 지도할 때 언어적 상호작용이 중요해진다. 어른에 비해 2배나 활동적인 유아의 두뇌는 주변에 대해 아는 것이 많아지면서 새로이 알게 되는 것들을 보다 효과적으로 분류하고 정리한다. 그와 동시에 기억력도 좋아진다. 유아들은 전에 이야기한 것을 어른보다 더 정확히 기억한다. 유아들의 두뇌가 정교해짐에 따라 지난 일을 떠올리고 앞으로의 일에 기대하는 등의 시간 여행도 가능해진다. 기억력이 좋아지면서 어떤 일은 평생 기억에 남기도 한다. 이상하게도 왼손을 쓰는 사람이 기억을 더 잘 한다. 우뇌와 좌뇌 어느 한쪽이 기억을 담당하지는 않는데, 왼손을 쓰는 경우 우뇌와 좌뇌 사이에 연결 부분이 많아져 기억을 돕기 때문이라고 한다.

이 시기의 유아들은 앞서서 생각해서 계획을 세울 수 있게 된다. 즉, 유아들의 생각이 전략적이 된다는 것이다. 연구에 따르면 전략적 사고법을 빨리 배울수록, 사회적으로 그리고 학업적으로 성공한다고 한다. 물론 성공한 사람 중에는 나이가 들어서 전략적 사고법을 배운 사람도 많이 있다.

(1) 논리적인 결과

만 3세를 지나 예측하는 능력이 생기면서 유아들은 학습의 중요한 방법인 인과관계를 알게 된다. 유아들은 스스로의 잘못된 선택을 통해서 깨닫고 배우게 된다. 예를 들어, 아주 추운 겨울날을 생각해 보자. 코트를 꺼내 주었는데 유아는 입기 싫다고 한다. 이때 유아가 코트를 입고 나갈지, 아니면 추운 것을 각오하고 입지 않을지 선택하게 한다. 입지 않겠다고 하면 강요하지 않는다. 이때 교육목표는 유아들이 추운 경험을 하고 다음부터는 그러지 않게 하는 것이다. 이런 방법이 효과적이려면 유아들의 의견을 존중해 주어야 한다. 그리고 유아의 어리석음에 화내거나, '그것 봐, 엄마가 추울 거라고 했잖아'라고 기뻐하며 말하지 않는다. 이러한 경우 유아들은 어른들이 날씨를 춥게 만들었다고 생각하고 화를 낸다. 그러므로 유아들의 선택에 대해 스스로 평가하도록 하는 것이 바람직하다. 비슷한 방법으로 유아들은 다른 사람을 돕는 것도 배운다. 예를 들어, 저녁 준비를 하려는데 장난감이 식탁 위에 있다면 장난감을 다른 곳으로 옮겨달라고 말한다. 유아가 싫다고 하면 선택권을 준다. 스스로 옮기든지 아니면 엄마가 치우겠다고 한다. 그리고는 스스로 정리하지 않은 장난감을 한동안 치워준다. 이러한 선택권을 논리적인 결과(logical consequences)라 하는데, 처벌 같이 보이지만 성격이 다르다. 첫째, 유아에게 선택권을 주었다. 둘째, 선택사항과 결과가 합리적이고 둘 사이에 연관이 있다. 셋째, 유아를 꾸짖거나 화내려는 게 아니라 유아가 배우도록 하는 게 목적이다.

양육자가 현명하게 행동해야 유아들이 논리적 결과에 대해 받아들이게 된다. 만 3세가 하기에 어려운 일을 시키는 것은 좋지 않다. 유아에게 자신의 행동이 다른 사람을 불편하게 한다는 것을 분명히 말해줄 때 효과적이다. 유아들이 선택할 수 있는 상황을 현명하게 만들어 주면, 유아들은 조절력, 감정이입 기술, 책임감 등을 키울 수 있고, 부모는 무의미하게 잔소리하는 많은 상황을 피하게 된다.

만 3세 유아는 전략적인 사고를 할 수 있는가? 보다 나은 어떤 것을 위해 눈앞의 즐거움을 포기할 수 있는가? 이에 실험자는 유아가 많이 좋아하는 두 가지(예: 초콜릿, 젤리, 사탕 등)를 준비한다.

- 사탕 한 개를 접시 위에 놓아준다. 다른 접시에서 사탕 4개를 꺼낸다.
- 유아에게 선택권이 있음을 알려준다. 사탕 한 개를 지금 먹거나, 안 먹고 5분을 기다리면 사탕 두 개를 가질 수 있다고 한다.
- 유아 앞에 사탕이 담긴 두 접시를 두고 잠시 자리를 떠난다.
- 5분 후에 유아에게 간다. 사탕 한 개를 먹었을까? 아니면 두 개를 먹기 위해 5분을 기다렸을까?

만 3.5세의 Child of Our Time 프로젝트에 참가한 유아에게 실험을 해보았다. 25%는 사탕 한 개를 먹었다. 나머지 75%는 두 번째 사탕을 갖기 위해 사탕을 먹지 않고 기다리고 있었다. 유아에게 있어 먹고 싶은 충동을 논리적인 이유로 극복하는 것은 어려운 일이다. 실험에 참가한 모든 유아는 심하게 갈등하는 모습을 보였다. 노래를 부르거나 발을 구르며 사탕에 대한 관심을 돌리려는 유아도 있었지만, 대부분은 사탕 접시에 눈길을 주지 않으며 참았다. 한 유아는 아주 효과적인 전략을 썼다. 실험 중 잠이 들어버렸다.

(2) 다른 사람에 대해 생각하기

상대방의 생각을 헤아리는 것을 배우는 데는 몇 년이 걸린다. 만 3세 유아가 다른 사람의 입장에서 이해하기는 아직 어리다. 자신은 의도하지 않았지만 친구나 어른들이 화가 나거나 놀랄 수 있다는 점을 유아에게 알려주어야 한다. 이를 통해 유아가 다른 사람의 생각과 감정이 자기와 다르다는 것을 이해하게 된다. 유아들은 만 2세부터 부끄러움과 죄책감을 보이기 시작하는 데 만 3세가 되면서 분명해진다. 특히 이런 감정은 여자아이에게서 빨리 나타나고 성공을 중요시하는 부모를 둔 유아에게서도 그렇다. 만일 유아가 친구를 때렸다면 부끄럼을 알고 죄책감을 느끼는 것이 적절하다. 하지만 이런 감정을 느낀다고 유아가 잘못의 책임이 누구에게 있는지 판단할 수 있는 것은 아니다. 때때로 유아들은 자신의 능력 밖인 일도 자신의 책임으로 받아들인다. 이럴 때 부모는 유아의 잘못이 아니라고 잘 설명해 주어야 한다. 그러나 유아들이 자기가 어떤 일에 부끄러워했는지 말하지 않으면 부모가 도움을 주는 일이 쉽지 않을 수도 있다.

(3) 용기를 잃은 유아

어린 유아들은 새로운 기술을 습득하려는 욕구가 있고, 스스로 할 수 있을 때 기뻐한다. 다른 사람을 위해서가 아니라 혼자 하고 싶어서 배운다. 그러나 만 3세가 되면 스스로를 평가하기 시작한다. 실패를 자주 경험하면 자신을 패배자로 생각하고 자아비판적인 사람이 되며, 더 이상 새로운 시도를 하지 않는다.

소극적이고, 두려움이 많고, 까다로운 유아는 순한 유아들보다 자신의 실수나 패배를 받아들이기 힘들다. 누구나 용기를 잃는 경우가 생기는데 이때 부모는 유아들을 도와주어야 한다. 잠재의식 속에 있는 낙심한 유아의 생각을 바꾸는 것은 쉬운 일은 아니다. 우선 유아를 하루 정도 관찰하고 유아가 자신을 실패자라고 보는 순간에 행동을 취한다. 유아에게 도움을 줄 수 있는 가장 좋은 방법은 부모의 말투를 바꾸고, 유아의 노력을 칭찬하고 격려하고, 자신의 실수를 웃고 넘어갈 수 있게 하는 것이다. 다행인 것은 용기를 회복하면 다시 자신감을 갖게 된다는 것이다. 자신감을 되찾고 자기 노력에 대한 대가를 확인한 유아는 활기차다. 이렇게 몇 번 반복하면 다시 어려운 상황에 처해도 용기 있게 헤쳐 나갈 수 있다.

(4) 아이 가르치기

대부분의 엄마, 아빠는 만 3세 유아에게 뭔가를 가르치기 시작한다. 식탁에 있는 포크, 마트에 있는 사과의 개수, 거리의 자동차 수 등 어떤 것이든 유아와 세기 시작한다. 숫자놀이를 하고 숫자노래를 부른다고 수 개념을 습득하지는 않지만 수 단어는 익힐 수 있다. 그러나 꼭 기억해야 하는 것은 유아들의 관심이 다른 데에 있을 때 부모가 물어보는 말에 대답하기 어렵다는 점이다. 추상적이거나 지난 과거 일에 대한 질문은 유아들에게 어렵다. 이때 유아들은 아무 대답이나 하고 이에 부모는 실망한다. 많은 경우 유아들은 부모가 원하는 답을 말하려고 노력하기 때문에 유아가 거짓말한다고 생각하지는 말아야 한다.

이 시기에는 읽기의 기초인 책을 좋아하는 마음이 형성된다. 아이들에게 전래동요나 동시(nursery rhyme)를 소개하는 것은 수천 년간 지속된 전통문화를 알게 하는 데 좋다. 유아들은 다양한 소리와 음절을 가지고 놀이하면서 철자에 대해서 알게 되는데, 이것이 글자 읽기의 기초가 된다. 유아들은 형이나 언니가 만든 재미있는 말을 따라하면서 농담을 알게 된다. 동시(nursery rhyme)나 동요에 유아 이름을 넣어 부르거나 음을 바꾸어 부르는 것도 유아의 언어 습득에 도움이 된다.

2) 만 4~5세 유아의 사고와 학습능력

유아들의 학습방식은 발달 단계에 따라 달라진다. 지금까지 유아들은 관계를 지어 학습했다(예: 우유 냄새가 날 때는 곧 밥 먹을 시간이 되었음을 뜻하고, 울음은 엄마를 부르기 위한 것이다), 그리고는 모방학습이 가능해져서 엄마가 웃으면 같이 웃고, 엄마가 보는 곳을 같이 보았다. 지루하지 않으려고 늘 새로운 것을 찾았고, 새로운 기술 습득(예: 엄지손가락 빨기, 뒤집기 등) 후 끊임없이 또 다른 시도를 했다. 계단에서 넘어져 보고, 서랍을 열어보는 등 실험을 하기 시작했다. 그리고는 언어능력이 발달하면서 듣고, 질문하며 배울 수 있게 되었다.

만 4세의 유아는 스스로 학습할 수 있게 된다. 축구나 공룡 등 자기가 좋아하는 것에 집중하고 외울 때까지 연습한다. 주변 환경에 흥미를 보이면서 자신감에 차 있어 많은 것을 배우게 된다. 이 시기 교사나, 부모, 양육자는 유아들의 흥미를 이끌어 내고 스스로 학습하는 자세를 키워주어야 한다.

엄마와 아빠는 유아에게 적절한 장난감, 산책, 인터넷 사이트 등을 제시해 흥미를 지속할 수 있게 도와준다. 그러나 유아에게 지나친 간섭을 하거나 억지로 시켜서는 안 된다. 어려운 책이나 비싼 장난감을 사 주는 것은 좋지 않다. 앞서 말했던 놀이에 대한 규칙을 다시 참고하고 유아가 놀이의 주체가 되어 스스로 하게 한다. 이 일은 만 3세 때보다 4세일 때가 더 어렵다. 그 이유는 유아는 자신이 하기 어려운 사실을 알 뿐만 아니라 부모님의 말을 거역해서 화나게 하고 싶지 않기 때문이다. 따라서 유아들의 말에 귀 기울이고 유아가 좋아할 만한 활동을 찾아 같이 하는 것이 좋다. 하지만 유아의 마음은 쉽게 변하기 때문에 꼭 한 가지 활동만 고집하지는 않는다.

부모는 자신감이 부족한 유아에게 조심스럽게 반응해야 한다. 용기를 잃은 유아는 능동적으로 학습하지 못하고 자기의 판단을 믿지 못한다. 이때 부모는 유아의 노력에 따뜻한 칭찬과 배려를 보내 자발적인 흥미를 갖도록 도와준다. 일단 흥미가 생기면 놀이를 하면서 자존감을 키워갈 수 있다.

(1) 배우기와 잊어버리기

유아는 전체적인 기억을 한다. 3세경의 유아는 노래나 이야기를 처음부터 끝까지 외우고 기억한다. 그러나 외었던 것을 중간부터 기억하지 못하며 부분적으로 추출하여 기억하지도 못한다.

만 4세 유아의 두뇌는 어른의 두뇌와 비슷해진다. 지난 몇 년간 뇌의 다른 영역들이 연결되어 유아들은 서술(narratives), 기억, 언어를 사용해 사고를 체계화해서 연관된 사고를 할 수 있다. 유아들의 사고능력이 발달함에 따라, 스스로 기억하고 잊어버리는 것이 있음을 알게 된다. 기억력이 좋은 것은 중요하다. 기억력을 좋게 하기 위해서는 반복해서 말하고, 유아들이 잊어버린 것들을 함께 떠올리고 이야기하는 것도 좋다.

기억력이 좋아짐에 따라 유아에게 책임감을 부여할 수 있다. 유아들은 스스로 하지 않더라도 자기가 겉옷을 걸어 놓아야 한다는 사실을 알고 있다. 유아들이 해야 하는 것을 기억하도록 할 수 있는 방법은 유아가 상황을 머릿속으로 그려보게 하는 것이다. 유아가 엄마의 쪽지를 선생님에게 전달하기를 바란다면, 유아가 쪽지를 들고 교실에 들어가는 것을 떠올려 보게 하고 선생님이 어떤 말을 할지 상상해 보라고 한다. 시각화하는 것은 효과적인 학습 수단으로 글자를 머릿속에 떠올려 읽는 법을 배울 수 있고, 축구공을 골대 안에 넣는 법을 머릿속으로 그리며 축구를 할 수도 있다.

만 4세 때 상상력이 풍부해짐에도 불구하고, 항상 다른 사람의 입장에서 생각할 수는 없다. 가끔은 자기가 가지고 놀던 장난감을 양보하는 등 이타주의적인 행동을 하기도 하지만, 유아가 갈등 상황에서 최선의 방법으로 해결하기 위해서는 흥미 있으며 감정적으로 몰입해 있어야 한다(예: 공놀이를 할 때 좋아하는 친구와 하고 있고, 공놀이가 재미있다면 그 친구에게 공을 양보한다. 하지만 놀이터에서 처음 만난 친구에게는 공을 선뜻 양보하지는 않는다).

선택의 상황에서 유아들은 이상한 논리를 사용한다. 유치원에 가는 길에 다리가 아파서 길에 누워 있는 유아를 보았다면 어떻게 할 것이냐고 물어보자. 의견은 다양하지만 만 5세 이하의 유아들의 경우 대부분 아픈 아이를 내버려 두고 간다고 한다. 그 이유는 유치원에 갈 때 늦지 않게 가야 하는 원칙이 있기 때문이다. 유아들이 다른 사람을 돕는 일이 다른 원칙보다 중요하다는 것을 이해하는 데 1년 남짓 걸리게 된다. 그리고 만 4세 유아는 자기가 하고 싶은 일에 이유가 있어야 함을 알지만 객관성은 떨어진다. 만일 부모가 유아에게 상을 주려고 한다면 유아는 자기가 좋은 일을 해서 상을 받는다고 생각하기보다는 자기는 유아라서 상을 받는 것이라고 이야기할 것이다.

(2) 글자와 숫자

학교에 오기 전부터 유아들이 글자를 알고 숫자를 배울 필요는 없다. 많은 나라에서 만 7세 이전에는 글자와 숫자를 공식적으로 가르치지 않고 있다. 그러나 책을 좋아하고 수에 대한 감각을 익히는 것은 학교생활에 도움이 된다. 이 시기 유아들은 책에 있는 선들이 뜻이 있는 글자인 것을 모른다. 그리고 눈앞에 보이지 않는 것들에 대해 생각하는 것의 의미도 모를 수 있다. 그러면 부모로서 아이가 학교에 가기 전에 무엇을 도와줄 수 있을까?

아이를 키우는 대부분의 엄마, 아빠는 어려서부터 책을 읽어준다. 아직

▶ 가족과 책 읽기

책을 읽어주지 않는 부모는 지금이라도 시작해야 한다. 유아들이 좋아하는 이야기나 정보, 재미있는 내용이 있는 책들을 소개해 책과 친숙하게 한다. 책을 통해 유아들의 상상력을 키우고 언어능력을 향상시킬 수 있다.

유아들의 책은 반복적인 단어와 간단한 주제를 다루고 있다. 만 4세 유아는 전에 있었던 책을 엄마와 보며 그 내용을 말할 수 있다. 책을 읽을 때 그림에 나오는 여러 모양이나 색깔, 사물을 지적하며 이름을 말하면 단어의 뜻을 이해하게 된다. 이 시기에 유아들에게 글자는 모양으로만 인식(동그라미, 가로, 세로 선들이 모여 있는 것)되지만, 뜻이 있다는 것을 서서히 알게 된다. 소리 언어는 알파벳 철자(기역, 니은, 디귿 등)가 아니라 단어의 조합(엄마, 아빠, 안녕히 다녀오세요)으로 되어 있어서 단어를 읽는 일은 알파벳 철자를 배우는 것보다 쉬운 일이다. 취학 준비로 유아와 책을 같이 읽는 것 외에도 표지판 읽기, 집에서 눈에 띄는 숫자 읽기, 광고나 전단을 같이 읽는 것도 좋다. 이러한 작은 활동이 유아들의 사고와 흥미 개발을 위해서 좋다.

지역 도서관은 다양한 책을 접할 수 있는 기회를 제공해 준다. 많은 도서관에 구연동화 시간이 있는데, 친구를 사귈 수도 있고, 학교에서 하는 그룹

활동도 미리 경험할 수 있어 활용하면 좋다.

어떤 부모들은 유아에게 숫자를 직접 가르치기를 꺼리지만, 사실 수 세기는 손가락, 양말, 계단 등을 이용해 쉽게 가르칠 수 있다. 유아들은 꽤 높은 숫자까지 중얼거리지만 각 숫자가 지니는 의미를 아는 것은 어려운 일이다. 연속적인 수 세기가 가능해지려면 시간이 걸린다. 학교에 가기 전에 사물의 수를 셀 수 있다는 것만으로도 충분하다. 학교에서의 수학은 수 세기 외에 기하학도 다룬다. 유아들은 블록을 가지고 성을 만들거나 기찻길을 만들면서 공간능력과 3차원에서 구성능력을 키운다. 이러한 능력을 키우기 위해서 부모는 유아가 다양한 크기, 모양 있는 블록과 기차 트랙을 가지고 무엇을 만들지 표현하도록 도와준다.

Chapter 13

언어발달

1. 언어발달이론
2. 언어발달
3. 언어능력발달
4. 언어발달에 영향을 미치는 요인

언어는 인간만이 소유할 수 있는 가장 가치 있는 적응기제 중 하나이다. 인간은 언어라는 수단을 통해서 다른 사람에게 자신의 욕구나 불만을 표시할 수 있으며, 언어를 통해 다음 세대에 기록과 문화의 전달이 가능해진다. 이러한 언어의 발달에 있어 그 기본이 되는 것이 바로 상징기능이다. 그 이유는 언어가 하나의 상징이기 때문이다. 언어발달은 유아기발달의 가장 큰 특징 중의 하나라고 할 수 있으며, 출생 후 10개월까지는 의미 있는 단어의 출현이 나타나지 않다가 5~6세경에는 성인의 언어를 습득할 정도까지 급속히 발달한다.

1. 언어발달이론

1) 생득주의적 관점에서의 언어발달

1960년대와 1970년대 초기 언어학자인 Chomsky(1965)와 언어심리학자인 Brown 등(1986)은 유아는 단어를 모아 구절과 문장을 형성하는 문법능력을 타고났다고 주장하였다. Chomsky는 언어발달이 생득적 기제에 의존한다고 보았다. Chomsky(1965)에 의하면 인간은 언어획득장치(LAD: Language Acquision Device)라고 하는 타고난 구조를 가지고 있는데, 이것은 영유아가 언어를 듣는 것을 가능하게 하고 어떤 규칙을 구조화하고 문법적인 것을 이해하고 발달시키는 것을 가능하게 한다. Lenneberg(1964) 역시 언어획득은 생득적인 것이며 언어산출능력과 언어습득에 관련된 부분들은 생물학적 과정에 기초를 둔다고 보았다(김둘아, 2008). 언어획득의 기본 순서는 어떤 분화권에서든지 고정된 순서로 이루어지는데, 문화적 환경의 차이에도 불구하고 같은 비율로 이루어진다는 것이다. 옹알이에서 시작해서 돌 전후에 첫 단어, 두 단어를 말하게 되고, 2세 전후에 이어문을 표현하는 사실 등이 어느 문화권에서나 공통적이고 언어획득장치가 존재한다는 사실을 입증해 주고 있다.

13 언어발달

2) 행동주의적 관점에서의 언어발달

행동주의는 1960년대의 지배적인 이론으로 언어발달이 개체에 작용하는 환경의 결과라고 보는 입장이다. 행동주의 입장에서 언어발달을 설명하는 것으로 강화이론이 있다. 강화이론은 언어의 발달이 강화(reinforcement)에 의해 이루어진다는 것이다. 이 주장에 따르면 유아는 우선 어른의 말을 모방해 보는데, 모방한 말에 대해 성인으로부터 인정을 받거나 인정을 받지 못하는 등으로 즉각적인 강화를 받게 되고, 이러한 과정의 반복으로 언어를 습득하게 된다는 것이다. 언어획득에 대해 강화이론을 적용시킨 가장 대표적인 학자는 Skinner(1957)이다. 그는 언어를 인간행동의 한 형태로 간주하고 언어도 다른 행동과 마찬가지로 도구적 조건화에 의해서 학습된다고 보았다. 그러나 이러한 강화이론은 유아가 언어를 정확하게 수행하도록 하는 내면적 규칙에 도달하는 과정에 대해서 아무런 설명을 못한다는 비판을 받았다(김둘아, 2008).

3) 상호작용적 관점에서의 언어발달

상호작용주의적 관점에서는 사회적, 언어학적, 성숙적, 인지적 제 요인들이 언어발달에 영향을 주며, 이러한 요인들이 상호의존적으로 서로 상호작용하고 서로 수정하면서 언어가 발달한다고 본다. 상호작용주의 이론은 언어습득에 영향을 주는 주된 요인에 따라 크게 인지적 상호작용주의 이론과 사회적 상호작용주의 이론으로 나눌 수 있다(이영자, 1994).

(1) 인지적 상호작용주의

인지적 상호작용주의자들은 언어발달이 주로 비언어적 인지발달에 의존한다는 견해를 갖는다. 언어는 생득적 특성이라기보다는 인지적 성숙 결과 획득되는 여러 능력 중 하나라고 본다. 따라서 언어발달의 순서를 결정짓는 것은 인지발달에서의 순서이다. 대표적인 학자로는 Piaget(1974)를 들 수 있으며, 그는 언어발달은 감각운동기, 전조작기, 구체적 조작기, 형식적 조작기의 4단계로 이루어진다고 주장하였다. 이는 사용하는 언어가 다를지라도 언어발달은 일정한 단계를 통해서 진전되며 이러한 단계는 고정된 순서를 갖는 보편성이 있다는 것이다. 또한 Piaget(1974)는 언어와 인지가 상승작용을 일으킨다고 보았다. 인지적 상호작용주의에서는 경험을 중요하게 생각하는데 경험을 통해서 생물학적으로 타고난 지적 과정이 지식을 구성할 수 있다고 보기 때문이다. 즉, 유아가 경험을 통해 능동적으로 지식을 구성한다고 보는 것이다. 이 이론에 따르면 언어의 복잡한 구조는 유아의 현재 인지적 수준과 언어적, 비언어적 환경 간의 계속적 상호작용의 결과라고 주장하였다(김둘아, 2008).

(2) 사회적 상호작용주의

사회적 상호작용주의는 전통적 생득주의이론과 행동주의이론의 여러 측면을 복합적으로 받아들인다. 이 이론에서는 유아의 언어습득상황에서 여러 생득적 소질이 작용하는 반면에 언어발달에 필요한 언어적 경험 유형을 제공하는 환경도 중요한 작용을 한다고 보았다. 하지만 행동주의이론이나 생득주의이론에서 제시하는 부모나 다른 사람에 의해 일방적인 성격을 띠는 언어적 환경과는 다르다.

대표적인 학자로는 Vygotsky가 있으며, 언어발달은 사회적 경험이 내면화되는 것이며 사회적 언어는 개인의 언어를 형성해 준다고 보았다.

Vygotsky는 언어의 형식을 외적 언어(external speech)와 내적 언어(inner speech)로 분류하고 내적 언어의 중요성을 강조하였다. 즉, 내적 언어는 외적 언어로 이행되는 과도기에 있는 단계로서 Piaget가 내적 언어를 무의미한 자기중심적 언어라고 무시한 것에 반해, Vygotsky는 내적 언어가 사회적 언어, 즉 외적 언어로 발달하는 중간 단계로서 사라지는 것이 아니라 내면화(internalization)된다고 보았다. Vygotsky는 자신과의 의사소통인 독백(혼잣말)이 어떠한 상황, 특히 난관에 부딪혔을 때 중요한 실마리 역할을 한다고 보았다. 즉, 독백(혼잣말)은 유아들로 하여금 자신의 행동에 대해 숙고하고 행동의 대안적 과정을 계획하게 하여 자기 각성, 개념 형성, 문제 해결 등을 포함하는 더 높은 인지 과정에 대한 기초로서 작용한다는 것이다. 이것은 성인들도 어려운 상황이나 갈등 상황에 직면했을 때 스스로에게 하는 내적 언어에서 쉽게 그 증거를 찾을 수 있다.

Vygotsky는 언어발달과정이 상징의 사용 등 다른 정신적 체계의 발달과 동일한 법칙을 따른다고 생각하고, 다음과 같이 4단계로 분류하였다(서봉연 외, 1998).

- **1단계** : 초기의 자연적 단계로 지능 이전의 언어와 언어 이전의 사고가 존재한다.
- **2단계** : 유아 자신의 신체와 주위 대상들을 경험하면서 이러한 경험을 바탕으로 도구를 사용하게 되는 소박한 심리적 단계(naive psychology)로서, 유아는 논리적 관계를 이해하기 어려우면서도 정확한 문법적 형태와 구조를 사용한다.
- **3단계** : 2단계에서 더욱 발전하여 내적 문제를 해결하기 위해 외적 조작을 사용하게 된다. 즉, 손가락을 사용하여 숫자를 헤아릴 수 있다. 이 단계에서 바로 자아중심적 언어가 나타난다.
- **4단계** : 내적 성장 단계로 외적 조작이 내면화되고 내적 언어가 출현한다.

또한 유아가 이미 완성한 언어형태와 사회적 지원을 받아 사용할 수 있는 능력이 형성될 언어형태의 차이를 근접발달영역(ZPD)이라 하고, 부모나 다른 사람이 유아와 언어적 상호작용을 할 때 근접발달영역에 접근하여 상호작용하는 것이 언어발달을 촉진시킬 수 있는 방법이라고 하였다.

2. 언어발달

1) 발음의 발달

유아의 연령과 명확한 발음과의 관계에 대하여 Wellman, Case, Mengert 등이 공동 연구한 보고에 의하면, 평균적으로 2세 유아들은 발음한 소리 중 약 32%만 정확하게 발음할 수 있다. 3세 때는 상당히 증가하여 63%까지 되며, 4세 때에는 77%, 5세 때에는 88%이며, 6세가 되면 약 89%를 정확하게 발음할 수 있다고 한다.

유아가 제일 처음 말을 배워 사용하는 말이 "엄마"라는 단음절의 말이고, 유아들이 처음 사용하는 발음의 형태는 동서양을 막론하고 발음의 형태는 역시 모음이 자음보다 먼저임을 알 수 있다. 유아들은 출생 후 약 6개월간은 자음과 모음을 거의 반반씩 섞어 발음하는 경향이 있기는 하나, 출생 후 1년간은 대개 모음이 많이 발음되고, 특히 출생 후 1년에서 2년간은 자음의 사용이 크게 증가된다. 2세가 지나면서도 자음의 사용은 계속되지만 역시 전체 발음의 2/3는 넘지 않는다.

2) 문법의 발달

(1) 품사

유아기에 있어 언어발달의 특이한 점은 품사의 발달 순서이다. 유아기에 습득하는 어휘는 각 품사가 동일하게 증가하는 것이 아니라 명사와 감탄사가 제일 먼저 발달하고, 동사, 형용사, 부사, 대명사, 조사의 순서로 발달한다.

McCarthy의 학령 전 유아의 언어발달에 관한 연구 보고에 의하면 1세 반의 유아가 사용하는 단어 중 약 50%가 명사이고, 4세 반인 유아는 19%가 명사였고 동사의 사용은 14%에서 25%로 9%의 증가를 나타내고 있다.

즉, 유아들은 처음에 단음절의 명사나 감탄사 등을 주로 사용하다가 성장할수록 동사, 형용사의 사용이 많아지게 되는 것이다.

(2) 문장

유아들이 언어습득의 기초 단계, 즉 품사의 습득과 사용이 거의 완성되고, 그에 따라 품사와 사용 어휘 수가 증가하게 되면 그들은 더욱 복잡한 단어의 배합과 문자 구조를 습득하게 된다. 이것은 바로 문법체계의 습득을 뜻하는데, 문법체계의 습득은 어휘와 품사의 사용이 그 기초가 되어야 가능하다. 다시 말해 문법체계의 습득과 어휘, 품사의 풍부한 사용은 상보적 관계에 있다고 하겠다.

유아들은 3세 말경까지 문장의 기본적 구조를 어느 정도 습득한다고 본다. 이에 언어기능의 발달과 관련해서 문장형성 단계를 구분한 Nice의 연구를 살펴보면 다음과 같다.

① 단일어 사용 단계

1세경에 시작되어 4~12개월 간 계속된다.

② 기본문장 사용 단계

이 단계는 약 2세 반까지 계속되는데 이때 유아는 적절한 억양과 함께 단일어를 사용하여 다른 사람들에게 여러 의미를 인식시킬 수 있다.

③ 단문 사용 단계

2세 반에서 4세까지 계속되며 이때에도 역시 명사나 동사를 주로 많이 사용하여 문장을 구사하며, 한 문장에 사용되는 단어의 수는 대체로 3~5개 정도이다.

④ 완전한 문장 사용 단계

4세 이후가 되어야 비로소 나타나게 되는데, 6~8개의 단어로 결합된 완전한 문장을 사용할 수 있으며, 어형 변화를 아주 정확하게 사용할 수 있다.

3. 언어능력발달

1) 만 3세 유아의 의사소통능력

만 3세 유아의 언어능력과 의사소통 방법은 다양하나. 어떤 유아는 매우 복잡한 문장을 구성할 수 있고 재잘 거리기를 좋아하는 반면, 어떤 유아는 조용하고 말보다는 손, 발 등의 몸짓으로 이야기하려 한다.

대화를 하는 법을 배우는 데는 시간이 걸린다. 유아의 관심은 이것저것으로 쉽게 바뀌어 대화를 지속하기 어렵다. 유아는 놀이에 몰입하기 때문에 놀이를 하다가 잠시 대화를 나누고, 다시 하던 놀이를 지속하는 일이 쉽지 않다. 성인에게는 쉬운 일이지만, 소수의 유아만이 자기가 하던 일을 잠시 멈추고 상대방이 말에 대꾸하고 다시 하던 놀이를 지속할 수 있다.

(1) 언어

만 3세가 되는 시기는 언어가 폭발하는 시기이다. 몇 개 안 되는 짧은 단어 나열형 문장에서 점차 복잡한 긴 문장을 만들게 되면서 동사와 명사, 형용사를 적절히게 사용하세 된다. 이 시기의 유아는 자신의 의사를 전달하려고 노력한다. 상대방이 이해하지 못하는 것 같으면 다시 설명한다. 많은 유아가 과거 시제가 불규칙한 동사에 'ed'를 붙이거나 모든 명사의 복수형에 's'를 붙여 쓰기도 하지민, 어떤 유아는 영어의 불규칙성을 빨리 이해하고 실수하는 모습을 보이지 않는 경우도 있다.

우리나라 아이들의 경우를 살펴보자면 다음과 같다.

- 첫째, 모든 말에 '요'로 끝나게 말을 한다(예: 가자요, 뛰어가자요).
- 둘째, 명사 뒤에 '개'를 붙인다(예: 원숭이 한 개, 해바라기 세 개).
- 셋째, 부정의 뜻을 나타내려고 '안'을 붙인다(예: 우유가 있어요? 안 있어요?).

유아가 언어를 습득함에 따라 유아의 두뇌도 변화하고 언어 처리 속도도 증가한다. 만 1세 영아는 단어를 인식하는 데 1초가 걸리지만, 만 3세가 되면 언어를 순간적으로 인식하고 새로운 언어도 빨리 배우고 기억한다.

또한 만 3세 유아는 스스로에게 이야기하는 경우도 있다. 어떤 유아는 혼자 말하기를 즐기는데 이는 자신의 생각을 소리내어 이야기하는 것으로 양육자는 유아가 혼자 말하는 것을 격려해 주어야 한다. 혼자 말하기 단계를 지나면 유아는 소리내지 않고 입속으로 중얼거리는 시기를 거쳐, 머릿속으로 생각할 수 있는 내적 언어를 구사하게 된다.

(2) 신체언어

표정이나 손동작을 통해 언어구사 방법을 배우는 것은 중요한데, 특히 구어능력이 부족한 유아에게는 더욱 그렇다. 만 3세가 되면 많은 부모는 소리언어에만 관심을 갖게 된다. 신체언어도 언어습득에 도움을 주지만, 유아의 감정은 언어보다는 몸짓을 통해 더 잘 나타난다.

많은 전문가들은 신체언어는 속마음을 이야기한다고 한다. 즉, 유아가 말로 하지 않더라도 자신의 감정을 신체로 나타내며, 다른 사람의 신체언어도 잘 이해한다고 한다. 예를 들어, 유아에게 칭찬할 때 말보다는 얼굴표정이 더 효과적이라고 한다. 따라서 말하려는 바를 표정으로 보여 주는 것은 매우 효과적이다.

유아는 부모를 통해 신체언어를 사용하는 것을 배운다. 표정이 생생한 얼굴은 매력적으로 보인다. 표정으로 말하고 신체언어와 말이 조화된 사람은 인기가 있을 뿐 아니라 자신감에 차 보인다. 표현이 부족한 유아는 교사나 다른 사람으로부터 시선을 받기 어렵다. 인생의 어떤 단계에서든지 표현력은 키울 수 있다. 왜냐하면 일단 우리가 표현하기 시작하면 다른 사람들이 우리에게 더 많은 관심을 보이기 때문이다. 모든 부모들은 자녀가 호감을 주는 사람이기를 바라지만 어떻게 가르쳐야 할지는 모르고 있다. 어떤 유아는 선천적으로 호감이 있어 보이지만 어떤 유아는 호감을 주는 법을 배워야 한다. 표정이 있는 얼굴도 중요하지만 사교적인 태도, 긍정적으로 말하기, 상대방을 인식하기 등도 호감을 주는 사람이 되는 데 중요한 요소이다. 어떤 유아는 지나치게 다른 사람의 관심을 끌고 싶어 한다.

호감의 표현은 주로 신체언어에 달려 있다. 카리스마가 있거나 호감이 가는 유아들은 이야기하고 있는 상대방의 태도나 의사를 읽고, 미소 짓고, 눈을 마주치며, 상냥하게 대한다. 표정과 몸가짐에 여러 가지가 필요한 것 같아 보이지만, 만 3세 유아는 이 모든 것을 조절할 수 있으며, 수줍어하는 유아도 이런 대화에 필요한 기본 요소들을 이해한다.

감정을 받아들이는 것도 타인과의 의사 교류에 중요하다. 감정은 몸짓이나 말이 아니라 목소리 톤으로 전달된다. 엄마가 마지못해 '잘했어'라고 하면 유아는 그 말을 믿지 않는다. 엄마가 '사랑해. 하지만…'이라고 하면 유아는 '하지만'이라는 말 앞의 소리는 듣지 않는다. 왜냐하면 어른의 말투가 칭찬하는 것처럼 들리지 않기 때문이다. 대부분의 유아는 감정적인 톤을 읽는 데 능숙하므로 부모가 자주 말과 말의 의미를 다르게 이야기하면 아이는 무슨 소리인지 혼란스러워한다(예: 유아가 물을 엎질렀을 때 '잘했다. 잘했어. 또 하지 그래?'라고 비아냥거릴 때 유아는 엄마가 자신이 물을 다시 엎지르기를 바라는 건지 의아해한다).

Child of Our Time 프로젝트에 참여한 유아에게 이탈리아어로 아이스크림 만드는 법을 들려주었더니 유아들은 목소리 톤에서 감정을 알아채는 데 있어 다양한 능력을 보여 주었다. 특히 언어능력이 부족한 유아일수록 뛰어난 능력을 보여 주었다. 재미있게도 성인이나 유아 모두 몸짓이나 감정 톤을 자신의 감정대로 해석하는 경향을 보였다. 따라서 슬프거나 화가 난 사람은 다른 사람도 짜증이 났거나 공격적이라고 생각하였다. 반면에 행복한 사람은 다른 사람의 행동도 낙관적으로 해석하는 경향이 있었다.

2) 만 4~5세 유아의 의사소통능력

의사소통을 잘 하는 사람이 되기 위해서는 여섯 가지 요소가 필요하다. 여섯 가지 요소는 분명한 의사표현하기, 감정표현하기, 다른 사람의 신체언어 알아듣기, 상대방에 대한 호의 나타내기, 잘 듣기 그리고 충분한 시간 갖기이다.

(1) 언어

유아들은 말하는 법을 배우고 있다. 여자아이들이 남자아이들보다 2개월 정도 말이 빠르다고 하는데, 남아든 여아든 언어발달에 있어 개인차는 많다. 언어의 질적인 발달은 상상놀이를 통해 이루어지는데, 상상놀이를 할 때 유아들은 부끄러움을 느끼지 않고 아무 방해도 받지 않고 자기 생각을 연결하며 문장을 만든다. 유아는 스스로 문장을 만들기보다는 엄마나 다른 사람의 말을 빌려서 쓴다. 자기가 좋아하는 말이 있으면 반복해서 한다. 하지만 말을 풀어서 설명하는 것은 아직 어렵다.

다른 사람의 말 중 일부분을 가져와서 쓰다 보니 아이들의 입에서 재미있는 말이 나오곤 한다(예: 어른들이 윷을 던지면서 "계, 이번에는 계"라는 말을 "개"로 알아들은 아이가 윷을 던지며 "이번에는 원숭이, 이번에는 기린"이라고 한다).

만 4세가 되면 한두 번 들은 말은 그대로 배우게 되는 빠른 의미 연결(fastmapping)이 절정에 달하는 시기이다. 알고 있는 어휘 수가 많을수록 새로이 배운 말을 자기가 알고 있는 말과 접목시켜 빨리 배우게 된다. 말을 배우는 것이 더뎠던 유아도 이 시기의 어휘 수는 놀랄 만큼 늘어나게 된다.

쌍둥이나 세쌍둥이는 보통 난독증에 걸린 아이처럼 말 배우는 것이 느리다. 그러나 말이 늦는 것은 10명 중 1명에게서 나타날 정도로 흔한 일이고, 만 4세가 되면 언어습득이 빨라져서 언어지체의 문제가 거의 없어진다.

우리가 말을 하는 이유 중 한 가지는 다른 사람에게 우리가 원하는 것을 알리기 위해서이다. 이를 통해 우리가 원하는 것을 얻음으로써 사회성이 생긴다고 볼 수 있다. 유아에 따라서 자기표현의 정도가 다르다. 이를 알아보기 위해 Child of Our Time 프로젝트에 참여한 유아들이 처음 본 아저씨와 책상에 앉게 했다. 책상에는 종이와 색연필, 사탕이 든 병이 있었다. 아저씨는 유아와 그림 그리기에 관해서 이야기를 하면서, 유아가 사탕에 관한 언급을 할 때까지 기다렸다. 모든 유아가 사탕을 먹고 싶어 했지만, 사탕을 달라고 하는 데는 여러 가지 방법이 있었다. 바로 달라고 말하는 유아부터 사탕이 든 병을 만지거나 쳐다보는 유아, 아저씨를 빤히 쳐다보는 유아, 엄마에게 달라고 하는 유아도 있었다. 어떤 유아는 사탕을 갖고 싶다는 표현은 안하지만 먹고 싶어 하는 것이 보이는 경우도 있었다. 실험 결과 모든 유아는 자기 나름대로의 의사표현을 했고 사탕을 먹었다. 어른들 사이에서도 그렇듯이 명랑하고, 예의 바르고, 직접적으로 말한 아이들이 빨리 사탕을 먹을 수 있었다. 유아들의 의사소통 기술은 엄마, 아빠를 많이 닮는데, 유아가 의사표현을 하도록 격려해 주는 게 필요하다. 유아에게 어떻게 말하는지 보여 주고(modeling) 어떤 점이 나쁜지 좋은지 그리고 고치도록 이야기해 주면 유아의 의사표현 방식은 나아진다.

4. 언어발달에 영향을 미치는 요인

언어의 발달은 주로 경험과 모방에 의해서 이루어지며, 이러한 언어의 발달에 영향을 주는 요인은 여러 가지가 있으나, 그중 중요한 몇 가지만 살펴보면 다음과 같다.

1) 가정환경의 영향

유아의 언어발달 수준은 가정환경의 영향이 크다. 예를 들어, 어머니는 유아의 언어습득과 발달에 있어 민감하게 반응을 해주고 잘못된 곳을 지적, 수정해 줌으로써 유아의 언어발달을 위한 촉진자로서의 역할을 수행한다.

▶ 아빠와 놀이하기

▶ 형과 대화하기

따라서 부모의 양육방식은 남아와 여아의 언어발달에 있어 차이를 가져온다.

일반적으로 어머니들은 남아보다는 여아와 더 많은 언어적 의사소통을 하는 경향이 있기 때문에 여아의 언어발달이 촉진된다는 것이다(장휘숙, 1990).

(1) 듣기와 말하기 격려하기

대화가 많은 가정에서 자란 유아는 3세경 5,000만 개의 단어를 듣게 되는 반면, 대화가 적은 조용한 가정에서 자란 유아는 오직 1,200만 개의 단어를 접하게 되고, 이에 따라 상대적으로 적은 어휘 수를 알게 된다. 유아의 언어를 이해하고 확장시켜 주는 것, 즉 언어의 '비계설정'은 대부분의 부모가 하고 있는데 이는 유아의 언어발달을 돕는 좋은 방법이다. 부모가 유아가 한 말을 따라 하면 유아는 우리가 자신의 말을 이해했다고 생각한다. 단지 반복에 그치지 말고 유아의 말을 확장시켜 주는 것이 중요하다.

유아에 따라서는 소리를 내지 않고 조용히 놀기를 선호하는 경우도 있다. 이런 유아는 소리내어 말하도록 격려해 주는 것이 중요하다. 왜냐하면 지나친 침묵은 유아의 언어습득을 지체시키거나, 언어장애의 증상일 수도 있기 때문이다.

5세 이전에 10명 중 1명의 유아는 언어구사에 문제가 있다고 한다. 이런 언어구사에 문제가 있는 유아는 어휘수가 매우 적고, 단어를 구성하기가 어렵고, 문장을 연결하기가 어렵다든지, 같은 말을 반복한다. 그 원인은 다양한데 대부분 이런 문제는 적절한 때에 도움을 주면 사라진다. 문제는 의사소통을 원활히 하지 못하는 유아의 경우, 부모가 도움을 주려 해도 부모가 어떻게 도와주어야 할지 모르는 경우이다. 유창한 언어구사능력은 중요하기 때문에 부모의 적극적인 개입이 중요하다. 즉, 유아와 이야기할 시간을 구체적으로 정해 놓고 지속적으로 대화하는 것도 좋은 방법이다.

(2) 유아의 말에 귀 기울이기

유아가 생각하고 느끼는 것을 진정으로 이해하려고 노력하면 부모는 유아에 대해 더 많은 것을 알게 되고 유아를 도와줄 수 있다. 유아의 말을 잘 들어주는 것에는 여러 장점이 있는데, 우선 말을 잘 들어주는 부모를 둔 유아가 자신감이 높다. 만 4세쯤이면 말하는 능력과 생각하는 능력이 비슷해지기 때문에 말을 많이 하는 유아가 생각도 더 잘한다. 유아의 말에 귀를 기울이는 것은 쉬운 일이 아닌데, 이미 알고 있는 답을 아이가 말할 때까지 기다려야 하는 더딘 과정이기 때문이다.

유치원에 다녀온 유아가 우울해 보인다고 가정해 보자. 유아를 안고 '우리 ○○가 슬퍼 보이네'라고 이야기한다. 유아가 어떤 일인지 이야기하지 않더라도 자신의 감정에 관심을 보여 준 엄마를 반기며 곧 말하게 될 것이다. 유아가 어떤 것을 무서워하고 있다면 부모는 유아를 도와준다고 이렇게 말해버린다. '걱정 안 해도 돼. 내일이면 잘 할 수 있을 거야.' 이런 말은 유아에게 별 도움이 되지 않는다. 이보다는 '음, 그렇구나' 등으로 아이의 마음을 알겠다는 말로 시작을 하거나, '무서워하는 건 좋지 않아' 정도의 말이면 충분하다. 부모가 소중히 기다리면 유아는 뭔가를 더 말하려 한다. 또 유아의 의견에 동조하고, 부모의 생각을 이야기해 주면(예: 그 친구가 ○○의 마음을 속상하게 했구나) 유아들은 스스로 고민하는 문제에 대한 답을 찾을 수 있다(예: 그 친구 싫어, 내일은 같이 안 놀거야). 이때 유아들은 스스로 만족해한다.

(3) 유아에게 말하기

유아들은 부모의 사랑과 관심을 지속적으로 필요로 한다. 따라서 엄마는 유아가 유치원에서 다녀오면 유치원에 간 사이 보고 싶었으며, 집에 돌아와서 기쁘다고 말해준다. 유아가 고른 옷이 엄마 마음에 들지 않을 때 간섭하지 않으며, 필요한 경우가 아니라면 유아의 행동을 고치려고 하지 않는 것이 좋다. 유아가 하는 것을 받아들일 때 유아들은 자기가 어떤 사람이라는 것을 알게 된다.

부모가 유아에 대해 느끼는 점을 솔직하게 말하는 것이 좋은데, 예를 들어 화가 나 있다면 '엄마 화났어'라고 이야기하는 것이 좋다. '너는 나쁜 아이야' 등의 유아에 대한 공격적인 말투는 좋지 않다. '화났어'라는 엄마의 감정을 이해할 만한 나이는 되었지만, 엄마의 공격적인 말투는 무서워할 수 있고, 오히려 엄마에게 화를 낼 수도 있다. 엄마의 감정을 얼굴표정으로 나타내는 것도 좋다.

이 시기의 유아들은 가끔씩 무척 고집스럽다. 자기가 하고 있는 생각을 꺾기가 힘들고 하던 놀이를 그만두려 하지 않는다. 이런 상황(예: 할머니 집에서 신나게 놀고 있는 아이에게 집에 가자고 할 때)에서 엄마, 아빠는 유아를 말로 설득(예: 이제 코 잘 시간이야. 집에 가야지) 해보려 하지만 쉽지 않은 일이다. 가끔은 엄마 말대로 따라줄 때도 있지만 그렇지 않은 때가 더 많다.

이런 상황에서 유아와의 의견 충돌을 피하는 방법이 있다. 유아가 엄마 말을 듣고 화를 낸다면 유아의 기분을 알아주면서 엄마가 원하는 바를 일관성 있게 이야기한다. 예를 들어, '너 혼자라면 하루 종일 여기서 놀아도 되지만, 엄마는 시장에 가서 저녁 반찬거리를 사야 돼. 그렇지 않으면 우리는 저녁에 먹을 게 없단다'라고 말하거나, 유아에게 다음과 같이 선택권을 줄 수도 있다. '엄마와 지금 시장에 가자. 늦게 가면 ○○가 좋아하는 TV

프로그램을 볼 수가 없단다.'

또 한 가지 방법은 유아의 관심을 돌리기 위한 말을 하는 것이다. 즉, '세발자전거를 그만 탈 시간이야'라고 유아가 하고 싶어 하는 것에 대해 말하지 말고, '우리, 점심 먹자. ○○가 좋아하는 김밥이다'라고 말해 관심을 돌린다.

부모의 듣기능력 체크리스트

- 유아의 의견을 존중하고, 유아는 성실하고 책임감 있는 존재라고 생각한다.
- 타인을 위로하는 것은 그 사람과 공감한다는 뜻이다. 유아가 자기의 감정을 이야기할 때는 '음'이나 공감의 뜻을 나타내는 말로 유아를 이해한다.
- '왜 우니?', '곧 괜찮아질 거야' 등으로 감정을 무시하면 유아는 더 이상 말하지 않는다. 대신, 부모가 관찰한 대로 말한다. '슬퍼 보이네' 또는 '니가 엎지른 우유를 아직 치우지 않고 있네.'
- 유아가 잘못한 행동과 그 이유를 말한다. 그 행동을 비난해서는 안 된다.
- 반성적인 듣기(reflective listening). 엄마가 유아의 말을 이해하고 있는지 확인할 수 있는 기회를 제공한다(예: 엄마 생각에는).
- 서두르지 않고 유아가 생각을 구성할 시간을 준다.
- 부모에게 질문하면 대답하기 전에 유아의 생각은 어떤지 물어본다.
- 유아의 이야기를 모두 이해할 때까지 기다린다.
- 유아의 해결책에 귀 기울인다. 유아의 말이 끝날 때까지. 또한 유아가 도움을 필요할 때까지 부모가 말하지 않는다.

2) 주위 환경의 영향

유아는 언어습득이나 발달에 있어 유아를 둘러싼 외부 환경에서도 많은 영향을 받고 있는 것으로 알려져 있다. 대체로 사회·경제적 조건이 좋은 가정의 유아가 언어발달과정에서 앞서는 경향을 보여 주는데, 부모의 사회·경제적 지위가 낮다고 하더라도 부모와 자녀의 관계가 바람직한 상태라면 언어는 정상적으로 발달할 수가 있다.

외동아이(獨子)들은 대가족 하의 유아들보다 언어능력이 빨리 발달하는데,

이는 유아가 항상 혼자이기 때문에 필연적으로 부모 또는 다른 사람과의 언어적 교섭의 기회가 많기 때문이다. 형제간에 연년생으로 태어난 경우나 쌍둥이의 경우에는 보통의 유아들보다는 언어능력이 늦게 발달되는데, 이는 그들끼리만 어울림으로써 서로의 완전하지 못한 언어를 모방하기 때문이다.

유아교육기관에서 유아기의 언어교육은 유아가 일상생활에서 언어 사용을 즐기며, 의사소통능력을 기르고, 바른 언어사용능력과 태도를 기르는 데 목표를 두고 있다. 다양한 언어활동을 통해 유아들은 다른 사람의 말을 주의 깊게 듣는 태도와 이해하는 능력을 기를 수 있으며, 자신의 생각과 느낌을 바르게 말하는 태도와 능력을 기르며 글자 모양을 인식하고 자연스럽게 읽기와 쓰기에 흥미를 가지게 된다.

① 말하기

말하기활동을 통해 일상생활 속에서 유아가 알고 있는 정보, 생각, 감정, 의도 등을 다른 사람들이 이해할 수 있도록 소리나 단어를 체계적으로 조직하여 정확하고 적절하게 표현할 수 있는 능력을 기른다.

- **활동의 예** : 주말에 지낸 이야기 발표하기, 같은 점과 다른 점 찾아 이야기하기, 동화 속 주인공에게 하고 싶은 이야기 발표하기 등

② 듣기

듣기활동을 통해 유아들이 다른 사람의 이야기에 귀를 기울여 말소리에 집중하고, 동시에 말하는 사람의 눈길이나 표정, 손짓 그 밖에 주위 분위기를 종합하여 듣고 있는 내용과 의미가 무엇인지 판단하는 능력을 기른다.

- **활동의 예** : 말 전하기 게임, 이름 소리 박수치기, 틀린 문장 듣고 틀린 말 찾아보기(ex: 배를 타고 감을 건너갑니다), 가라사대 게임 등

③ 읽기

읽기활동을 통해 문해 및 낱글자에 대한 지식을 기초로 쓰인 글자를 읽

고 글의 내용을 이해할 수 있는 능력을 기른다.

- **활동의 예 :** 친구 이름에 들어 있는 비슷한 점 찾기(글자 수, 비슷한 모양의 글자), 말 바꾸어 써본 문장 읽어보기, 동화나 기사내용 듣고 중심 내용 찾아보기 등

④ 쓰기

쓰기활동을 통해 글자가 다양한 목적을 위해서 사용되는 것을 경험함으로써 글자의 기능을 인식하도록 하며 자신의 생각과 느낌을 자유롭게 나타내는 것에 적극적인 관심을 갖고 표현해 볼 수 있는 능력을 기른다.

- **활동의 예 :** 첫말로 낱말 만들기, 말 바꾸어 써보기, 신문이나 동화 속에서 나오는 단어들을 찾아내 단어책 만들기 등

함께 생각하기: 아이의 스트레스 '한글'

[에피소드]

아이: 이걸 꼭 배워야 하나요? 그냥 내 마음대로 그리거나 읽으면 안돼요? 한글은 그리기도 어렵고 외우기도 헷갈려요. 그냥 재밌는 이야기를 하거나 신나는 놀이를 하면 좋겠어요.

엄마: 초등학교 입학 전에 독서교육, 피아노, 수학, 과학을 배우려면 우선 한글을 배워야지. 대부분 네 살이면 한글을 배운다니까 우리도 해야지. 우리 아이는 똑똑하니까 다른 아이보다 훨씬 잘 할거야.

한 엄마가 울면서 진료실로 들어왔다. 아이가 초등학교 1학년인데, 한글을 전혀 쓰려고 하지 않는다는 것이었다. 아이는 한글을 읽지도 쓰지도 않으려 했을 뿐 아니라 연필조차 잡으려 하지 않았다. 내가 그림을 그려보자고 했더니 그림 그리기도 거부했다. 엄마는 아이가 한글을 일찍 뗀 편이라 다섯 살 때부터 읽고 쓸 줄 알았다고 말했다. 그런데 아이가 학교 들어가기 1년 전부터 이런 행동을 보였고, 엄마는 무슨 문제가 있나 싶어 찾아온 것이었다.
여러 가지 검사를 했고, 아이와 꽤 긴 시간 동안 상담도 했다. 검사 결과 아이는 무척 똑똑한 편이었다. 요즘에는 이런 아이들이 참 많이 찾아온다. 반항인 경우도 있지만 반항보다는 평가에 예민한 아이들이 더 많다. 평가에 예민한 아이들은 자기가 어떻게 평가 받을지에 예민해 아무것도 안하려고 든다. 이런 아이들은 너무 일찍 한글을 배운 것으로 불행이 시작된다. 한 마디로 여덟 살에 인생이 꼬여버린 것이다. 너무 이른 나이에 가르치다 보니 아이가 잘 따라오지 않았을 테고 엄마는 '우리 아이만 바본가?' 하는 불안감에 아이를 더 채근한 것이다. 그러다 보니 아이와 엄마의 관계가 나빠질 대로 나빠져, 엄마가 시키는 것은 아무것도 하기 싫은 아이가 되어버렸다. 그래도 이 엄마는 아이 손을 붙잡고 병원을 찾아왔으니 다행이다. 보통은 이런 경우 학습지를 하나 더 시키거나 학원을 찾아 헤맨다. 그렇게 되면 상황은 더 꼬이게 된다.

출처: 오은영(2012). p. 112-113.

Chapter 14

정서 및 사회성발달

1. 자아발달
2. 성역할발달
3. 공격성발달
4. 친사회적 행동발달
5. 사회성발달을 위한 발달의 맥락

1. 자아발달

1) 자아개념

자아(ego) 또는 자기(self)는 '나'에 대한 심리학적 용어로, 자아개념(self-concept)은 성격 형성의 핵심적인 요소라고 할 수 있다.

자아개념이란 우리가 우리 자신을 바라보는 방법으로 한 개인이 자기 자신의 신체, 행동, 능력 등 인간이 지니고 있는 가치에 대한 태도, 신념, 견해이며 상황에 대한 그리고 상호작용을 통해 생성되는 자기 자신에 대한 지각이다. 자아개념은 경험의 총체로서 형성되는 '자기 개념' 또는 '자기 정체감'이라고 볼 수 있는데, 자기가 자기를 이해하고 받아들이는 자신의 견해에 대한 개념이자 감정이라 할 수 있다(김인자, 1984).

자아개념은 오랜 시간에 걸쳐 형성되는데 출생 직후부터 자아개념의 발달은 시작된다고 볼 수 있다. 1세경부터 본격적으로 발달되는 자아개념은 청소년기까지 지속적으로 발달하며, 유아기는 자아개념 형성의 가장 기초적이며 결정적인 시기이다. 유아 자신이 다른 사람과 분리되어 있다는 것을 이해하기 시작하는 때는 약 9~12개월이고, 분리되는 때는 21~24개월경이다. 유아가 자신이 다른 사람과 분리되어 있으며 다르다는 것을 분명히 이해하면 자신을 정의하는 과정이 시작된다. 자아개념에 대한 연령별 발달 내용을 살펴보면 표 14-1 과 같다.

표 14-1 연령별 자아개념 발달

분류/연령	0-1세	2-4세	5-7세
자아에 대한 기술	• 양육자와 분리된 존재로서 자신에 대한 인식 • 존재적 자아 인식이 형성됨: 자아를 외적 환경으로부터 구분 • 타인과 자신의 얼굴	• 구체적이고 관찰 가능한 속성으로 자아를 정의 • (1~2세) 자신의 이름을 말할 수 있음 • 한 번에 한 가지 속성에만 집중	• 구체적이고 관찰 가능한 속성으로 자아 정의 • 구체적인 속성들을 연결하여 종합적으로 자신을 기술 • 현재의 자아, 과거의

분류/연령	0-1세	2-4세	5-7세
	을 구분	• '지금 여기'에 기초하여 자아를 기술 • (3~5세) 범주적 자아(성, 나이, 키, 몸집 등)가 발달 • 소유개념 형성에 따라 자아개념 확장 • 자아개념은 신체적 특성, 행동, 성취의 평가에 기초한 자아개념이 나타남	자아, 미래의 자아가 포함
비교사용	비교하지 않음	비교하지 않음	현재의 자아와 이전 자아를 비교함
자기평가	인식하기 시작	• 전반적으로 긍정적으로 자신을 평가 • 자신을 부정적으로 보지 않음 • 자신의 능력을 과대평가	• 전반적으로 긍정적으로 자신을 평가 • 자신 안에 있는 부정적인 속성을 보지 못함 • 자신의 능력을 과대평가 • 진정한 자아와 이상적인 자아를 동일하다고 생각

출처: Kostelnik et al.(2015). 영유아의 사회정서발달과 교육. p. 145; 황희숙 외(2018/2019). 아동발달의 이해와 교육. 학지사. p. 222 재인용; Shaffer(2000); 이현경(2004).

자아개념은 발달 단계에 따라 그 상황에서 좀 더 밀접하게 관련을 맺고 있는 사람들과의 상호작용을 통해 결정되는 것으로, 인생 초기에 어떤 사회적 경험을 하느냐가 자아개념 형성에 영향을 준다고 할 수 있다(김둘아, 2008). 유아의 자아개념에 영향을 미치는 요인은 환경적인 요인과 유전적인 요인으로 나눌 수 있다. 환경적 요인으로는 유아를 포함한 가정과 유아교육기관 그리고 또래 집단구성원이 있으며, 유전적 요인으로는 유아의 성별과 종족 그리고 사회적, 정서적, 지적 잠재성을 들 수 있다. 유전적 요인은 변화시킬 수 없지만, 환경적 요인은 또래, 교사, 부모와의 관계 속에서 변화될 수

▶ 긍정적 자아개념 갖기

있다(원선자, 2015; 채순미, 2016).

자아개념은 의미 있는 타인들과의 상호작용이나 경험에 의해서 영향을 받지만, 개인이 어떻게 행동할 것인가를 결정하기 때문에 중요하다. 자아개념을 명확히 파악하고 이해하는 것은 한 사람의 인성과 행동에 대한 이해를 할 수 있게 해주며, 인생의 기초가 되는 유아 시기에 유아가 건강한 자아개념을 형성할 수 있도록 부모와 유아교육현장에서의 교사가 어떻게 행동해야 할지를 생각할 수 있게 해주는 중요한 자료가 된다(채순미, 2016). 그렇기 때문에 자아개념이 형성되기 시작하는 시기부터 자신에 대한 긍정적인 자아개념이 발달하도록 돕는 노력이 필요한 것이다(김둘아, 2008).

2) 자아존중감

자아존중감은 태어나면서 형성되어 있는 것이 아니라, 대부분 타인에 의해 만들어진다. 다른 사람에 대해 생각할 수 있는 능력이 생기면서, 3세 유아는 자신을 객관적으로 보게 되고 스스로를 평가하게 된다. 또한 자아존중감이 높은 사람은 자신의 능력을 믿는다. 이들은 대부분 행복한 사람들이며, 외향적인 성격이 많고, 자신의 시간을 조절해서 사용할 수 있다. 자신을 있는 그대로 좋아하고 받아들이는데, 즉 자기가 패배자라고 느끼지 않는다는 것이다. 자아존중감이 높은 사람은 자신에 대해 관대하고, 스스로가 똑똑하고 재미있다고 생각하며, 건강도 좋은 편이다. 또한 우리가 생각하는 것과 달리 여성도 남성과 동등한 자아존중감을 보이는데 그 영역에 따라 다소 차이를 보인다. 예를 들어, 여성은 친구와의 관계에 있어서는 남성보다 높은 자아존중감을 보이는데 반해, 자신의 체형에 대해서는 남성에 비해 자아존중감이 약하다.

자아존중감은 유아의 행위와 그에 따른 다른 사람의 반응에 대한 상호작용에 의해 형성된다. 어릴 때는 주로 부모와의 상호작용으로 형성된다. 하지만 부모의 역할이 유아의 자아존중감 형성에 중요함에도 불구하고, 우리는 쉽게 유아에게 짜증을 내고, 일관성 없이 벌을 준다. 또한 엄마, 아빠에게 유아가 얼마나 소중한지 이야기하는 것을 잊어버리고, 많은 것을 복종하도록 요구하며, 때로는 아이들을 귀찮게 여기기도 한다. 이에 오랫동안 꾸지람을 받고 사랑받지 못한 가정에서 자란 유아는 자신에 대해 부정적인 시각을 갖게 된다. 그러나 자아존중감은 변할 수 있기 때문에 사려 깊은 부모, 교사, 친구는 유아의 환경을 변화시켜 새롭게 자아존중감을 길러주는 것도 가능하다.

우리가 무심코 하는 것 중에 자아존중감 형성에 방해가 되는 세 가지 잘못된 생각이 있다.

첫 번째, 이성적으로는 그렇게 생각하지 않지만 스스로 나쁜 일만 계속 일어날 것이라고 믿는 것이다. 예를 들어, 유아는 '엄마는 내가 접시를 떨어뜨려서 화가 나셨어'라고 생각하지 않고, '엄마는 나를 미워해. 앞으로도 나를 미워하실거야'라고 단정짓는다.

두 번째, 부정적인 방향으로 일반화시키는 사고이다. 예를 들어, '엄마는 지금 내가 엄마 무릎에 앉는 걸 싫어하셔'가 아니라 '아무도 나를 좋아하지 않아'라고 생각하는 것이다.

마지막으로 나쁜 일이 생기면 그 책임을 자신에게 돌리는 것이다. 예를 들어, 퍼즐 맞추기가 잘 안되면 그건 자신이 할 줄 몰라서라고 생각한다. 사실은 퍼즐에 문제가 있는데도 말이다. 부모는 유아가 잘못한 점을 차근히 조목조목 지적해 주면서 유아의 자아존중감 형성을 도와줄 수 있다. 꼭 기억해야 하는 것으로는 '너는'이라는 말을 안 하는 게 좋다. 왜냐하면 '너는'으로 말을 시작하면 주로 '말을 안 들어', '멍청해' 같은 말이 따라오기 쉽기 때문이다. 이런 말은 유아 자신을 그런 사람이라고 느끼게 해 바람직하지 못하다. 그보다는 '일부러 접시를 깨뜨리는 건 나쁜 행동이야'라고 하거나 짧게 '일부러 떨어뜨렸니?'라고 한다. 더 정확하게 '엄마한테 화가 나서 엄마가 좋아하는 접시를 깨뜨린 거니?'라고 말할 수도 있다. 또한 긍정적인 표현이라도 유아가 어떤 아이라고 단정시어 이야기하는 것은 자아존중감 형성에 좋지 않다. 예를 들어, '너는 똑똑해 / 예뻐 / 활동적인 아이야'라고 말하는 것은 유아 자신이 항상 똑똑하고 예쁘고 활동적이어야 하는 부담감을 가질 수 있기 때문에 좋지 않다. 사람이 항상 똑똑하고 예쁠 수는 없기 때문이다.

표 14-2 연령별 자아존중감발달

1-2세	3-5세	6-10세
• 과제를 완성했을 때 기쁨 • 성인의 평가에 민감함	• 자아존중감이 높으며 여러 측면의 자기 평가로 구성 • 성취와 관련된 귀인이 나타나지만 분화되지는 않음(예를 들어, 공부를 잘하는 사람은 똑똑하고 성공할 것이라고 생각함)	• 자아존중감이 위계적으로 조직됨: 학문적, 사회적, 신체적 능력, 신체적 외모 등 분리된 자아 평가가 전체 자아상으로 통합 • 사회적 비교를 함에 따라 자아존중감이 낮아졌다가 다시 높아짐

출처: 김경혜 외(2009). 아동발달; 김현주 외(2019). 영유아발달. 동문사. p. 288 재인용.

2. 성역할발달

성역할(gender roles)이란 개인이 속한 문화권 내에서 남성과 여성으로 특정

지워지는 일련의 특성을 의미한다. 다시 말해 특정한 문화권 내에서 여성은 여성의 역할에 적합한 사고, 태도, 행동양식을 가지고, 남성은 남성의 역할에 적합한 사고, 태도, 행동양식을 가질 것으로 기대되는 것이다. 이러한 성역할은 어려서부터 자신이 속해 있는 사회에서 규정하고 있는 성별에 적합한 행동, 태도 및 가치를 학습함으로써 얻어질 수 있다. 성역할을 학습하는 과정을 '성유형화(sex typing)'라고 하는데 성유형화하는 과정에서 남자와 여자가 어떻게 해야 하는가에 대한 고정관념이 나타난다. 이를 '성역할 고정관념'이라 한다. '성역할 고정관념'은 2세 무렵에 나타나기 시작하여 유아기에 이루어진다. 즉, 어떠한 것이 남자답고 여자다운가에 대한 생각이다 (김현주 외, 2019).

표 14-3 성역할 지식에 대한 변화

연령	성정체성	성고정관념	성유형화된 행동
0~2	• 남자와 여자를 구분하는 능력이 생기고 향상 • 영아는 정확하게 자신을 남자와 여자로 명명	• 몇몇 성고정관념이 등장	• 성유형화된 장난감이나 활동의 선호가 나타남 • 동성 놀이친구에 대한 선호가 등장함 • 성의 분리가 나타남
3~6	• 성보존 개념(성은 변하지 않는다는 것을 아는 것)이 등장	• 흥미, 활동, 직업에서의 성고정관념이 등장하고 매우 고정됨	• 성유형화된 놀이와 장난감 선호가 나타나는데 특히 남자아이에게서 더 강해짐 • 성 분리가 강화됨
7~11	• 성정체성의 확장은 성전형성에 대한 지각과 성에 대한 만족감을 포함	• 성격 특징과 성취영역에서의 성고정관념화가 등장 • 성고정관념이 덜 경직됨	• 성 분리가 계속해서 강화됨 • 남아의 장난감 선정과 활동 선호에서 성유형화 강화 • 여아는 몇몇 남성적 활동에 대한 흥미가 발달되거나 유지

출처: David R. Shaffer & Katherine Kipp 저, 송길연 외 역(2014). p. 520 재인용.

표 14-4 성유형화의 발달

성유형화	연령	발달내용
성정체감	0~2세 반 무렵	외모나 옷으로 성별을 구별하고 자신과 타인의 성을 정확히 구분
성안정성	2~4세 무렵	성은 시간이 흘러도 변하지 않고 일생 동안 같은 성을 갖게 됨을 이해
성항상성	5~7세 무렵	한 개인의 성은 머리, 옷이 바뀌어도 일정함을 유지

출처: 김현주 외(2018/2019). 영유아발달. 동문사. p. 295.

1) 성역할에 영향을 미치는 요인

성역할에 영향을 미치는 요인으로는 생물학적 요인과 사회적 요인으로 나누어 볼 수 있다.

생물학적 요인으로는 성염색체, 성호르몬 분비의 차이로 인해 각기 다른 성역할 발달이 일어나게 된다는 것이다.

사회적 요인으로는 아이가 출생하면서부터 부모는 남자아이와 여자아이를 구분하여 양육하는데 이러한 부모의 양육태도는 물론, 영유아의 형제 자매의 수 그리고 그들간의 관계, 기관이나 주변 환경에서의 또래나 교사, 책, TV 등의 다양한 매체, 영유아가 속해 있는 사회·문화적 분위기 역시 영유아가 성역할을 학습하는 데 영향을 미친다(황희숙 외, 2018/2019).

2) 성역할에 있어서 '양성성'

현대사회가 변화함에 따라 전통적인 고정적 성역할에 대한 개념에서 벗어나 남성과 여성의 좋은 특성을 자유롭게 표현할 수 있도록 해야 하며, 남성과 여성 모두를 위한 심리학적으로 건강한 새로운 기준이 확립되어야 한다는 의견이 많아졌다.

'양성성'이란 현대사회를 살아가기 위해서는 고정적인 성역할을 고집하는 것보다 한 사람이 남성성과 여성성을 동시에 가질 수 있다는 것을 인정하는 것이다. 상황에 따라 여성의 역할, 남성의 역할을 구분하지 않고 한 사람이 성역할의 특성이었던 도구적 역할과 표현적 역할을 수행할 수 있다는 보다 효율적인 성역할 개념이라고 할 수 있다. 성을 유형화하고 그에 따른 성역할 지향 내용을 살펴보면 표 14-5 와 같다.

표 14-5 남성성과 여성성, 양성성 차원에 따른 성역할 지향성

남성적 유형	여성적 유형	양성성 유형
• 남성적 특징이 강하다 • 도구적이다 • 신념이 강하다 • 독립적이다 • 리더십이 있다 • 모험심이 많다 • 야망이 있고 경쟁적이다	• 여성적 특징이 강하다 • 표현적이다 • 양보를 잘 한다 • 명랑하다 • 수줍어 한다 • 애정이 있다 • 이해심이 많다 • 온정적이며 동정심이 많다 • 얌전하다	• 남성, 여성적 특성이 통합되어 남성적이면서 동시에 여성적일 수 있다 • 도구적이면서 표현적일 수 있는 남성 성향과 여성 성향이 모두 강한 경우이다

출처: 김현주 외(2018/2019). 영유아발달. 동문사. p. 296-297.

양성적인 사람은 다차원적인 행동을 할 수 있고 상황에 따라 남성적인 특성과 여성적인 특성의 역할을 적절하게 수행할 수 있기 때문에 사회적 적응력이 높고, 성역할에 한정되지 않으며 다양한 상황에 효과적으로 대처하는 데 자유로울 수 있다. 이제는 성역할 발달과 관련하여 성유형화에 적합한 영유아보다 성에 상관없이 남성적 특성과 여성적 특성의 적절한 균형을 이루어 상황에 따른 성역할 특성을 활용할 수 있는 교육을 할 수 있도록 해야 한다(김현주 외, 2019).

3. 공격성발달

1) 공격성의 의미

공격성(aggression)이란 타인에게 상처를 주거나 위협하여 해를 주려는 목적으로 하는 행동을 의미한다(Parke & Slaby, 1983). 공격적 행동에서 자신의 이익을 위해 타인에게 해를 가했다면 도구적 공격성(instrumental aggression)이라 하고, 타인에게 고통이나 해를 주는 것 자체가 목적이라면 적대적 공격성(hostile aggression)이라 한다(강인언 외, 2008). 적대적 공격성에는 다른 사람을 물거나 때리는 신체적 공격, 언어적 공격, 물건 뺏기 등이 포함된다. 유아교육기관에서 흔히 나타나는 공격성의 형태를 살펴보면 또래 관계에서 오는 공격성이 가장 빈번하다. 또래 관계에서 자신의 요구나 의견이 받아들여지지 않을 때, 또래와 놀고 싶은데 끼지 못할 경우에 신체나 언어, 물건을 사용하여 공격성을 드러낸다. 또한 언어를 사용하여 또래에게 감정 상하는 말을 한다거나 욕설을 하는 경우가 자주 나타나며, 스티커나 카드 등을 이용하여 다른 또래를 자기편으로 만들어 의도적으로 또래 관계를 형성하거나, 친구가 자기 마음대로 하지 않으면 그 주변 친구 관계를 형성하지 못하게 하여 집단에서 외톨이를 만들어 버리기도 한다(김선우, 2014; 서경순, 2018. p. 11-12).

표 14-6 유아의 공격성 유형

유형	구체적인 행동 및 내용
대물 공격성	• 색종이, 도화지, 책 등을 찢는다. • 교구를 던진다. • 문, 의자, 책상, 피아노 등을 손이나 물건을 사용하여 두드린다. • 교재, 교구를 부러뜨린다.
대인 공격성	• 손 혹은 물건을 사용하여 친구를 때린다. • 친구에게서 교구를 빼앗는다. • 친구에게 싸움을 건다. • 친구를 위협하거나 때리는 행동을 한다. • 친구와 싸움을 한다. • 친구의 머리, 팔, 옷 등을 잡아 당긴다. • 친구를 손이나 물건을 찌르거나 툭툭 친다. • 친구의 자리를 빼앗는다. • 친구에게 물건을 던진다. • 친구의 발을 걸어 넘어 뜨린다.

유형	구체적인 행동 및 내용
	• 의도적으로 친구의 발 등 신체 부위를 밟고 지나간다. • 친구를 민다. • 친구를 발로 찬다. • 친구를 꼬집는다. • 친구를 입으로 문다.
언어 공격성	• 친구에게 욕을 한다. • 화가 나서 큰 소리를 지른다. • 친구를 놀린다. • 친구를 말로써 위협한다. • 친구와 말다툼을 한다. • 고자질을 한다.

출처: 양현정 · 윤창영(2007); 고현숙(2009). p. 8.

유아기는 공격성이 나타나는 시기이지만, 공격성의 강도가 크고, 그것을 방치한다면 또래 관계에 문제가 생기고 나아가 청소년기 이후의 공격성이나 비행, 범죄 등을 예측하는 단서(김민효, 2009; Coie & Dodge, 1998)가 될 수 있다. 그러므로 유아기 공격성의 개입과 긍정적이고 바람직한 경험을 통한 공격성 감소를 위한 구체적인 방안을 마련하기 위해 노력해야 한다(민혜영, 2017).

2) 공격성발달

공격성은 18개월을 전후해서 나타난다. 영유아는 성장하면서 도구적 공격성과 적대적 공격성의 두 가지 형태로 공격성이 나타난다. 18개월 이전의 영아들은 주위의 성인들을 밀치거나 장난감을 차지하기 위해 또래와의 다툼이 일어나는 등의 행동을 보이나, 이것은 물건을 차지하는 데에만 관심이 있을 뿐 상대방에 대한 관심이 없이 일어나는 행동으로 공격적 의도가 없기 때문에 공격적 행동이라고 보기는 어렵다. 하지만 18개월에서 3세 사이의 유아는 장난감을 서로 차지하려는 행동 속에 의도적으로 상대방을 밀치는 등의 힘겨루기가 나타난다. Dunn(1988)의 연구에 의하면 생후 2세째에 접어들면서 형제자매에 대한 도구적 공격성이 급속도로 증가함을 볼 수 있었는데, 그 원인 중 하나는 새롭고 분명한 자아의식이 발생하기 시작하는 만 2세가 되면서 유아가 '소유권'에 대해 관심을 가지기 시작한다는 것이다. 2~3세는 물리적 공격성을 주로 보이지만 3~4세 사이에는 언어적 공격성으로 바뀌게 된다. 그 이유로 부모의 제재와 난폭한 행동이 자신의 목적을 달성하는데 적합한 도구적 수단이 되지 못한다는 것을 유아들이 알게 되기 때문이다. 3~6세 사이에 유아의 공격성은 대체로 도구적이나 6세를 전후해서 급격하게 적대적 공격성으로 그 성격이 변하는데, 이러한 변화는 대체로 상대방의 의도에 대한 잘못된 귀인판단 때문이다.

공격성은 지속적으로 나타난다. 2세경에 공격성이 있는 영아는 5세 유아일 때에도 공격적이며, 6~10세 사이의 신체적, 언어적 공격행동의 양은 청년기 공격성 정도를 예인해 주는 지표가 될 정도로 지속적으로 나타날 수 있다. 또한 유아기의 공격적 행동은 성인들의 조기 개입 여부에 따라 행동수정이 충분히 가능하기 때문에 유아기의 공격적 행동에 대한 이해를 바탕으로 교육해 나가야 할 것이다(김둘아, 2008).

3) 유아의 공격성과 훈육

(1) 만 3세 유아의 공격성과 훈육

만 3세가 지나면 유아들은 무엇이 좋고 나쁜 행동인지 알고, 나쁜 행동을 했을 때 스스로 불안해한다. 그러나 모든 유아가 다 그런 것은 아니고 자기 멋대로 행동하고 위험한 놀이를 즐기는 유아도 있다. 많은 연구들이 공격적이고 순종하지 않는 만 3세 유아는 반사회적인 어른으로 성장할 수 있어 빠른 중재가 요구된다고 주장한다.

유아의 성격은 유전과 환경의 영향으로 부모를 닮는 경우가 많다. 유전적인 요소와 양육환경이 유아에게 미치는 영향을 상대적으로 분석하는 것은 어려운 일이다. 말을 잘 듣지 않는 유아의 부모가 순한 유아를 둔 부모보다 벌을 주는 경향이 있다. 여기서 훈육이 필요한 유아인지 아니면 벌주기 좋아하는 부모인지를 구분하기는 어렵다. 유아가 까다로운 편이라고 타고난 기질을 바꿀 수는 없다. 유아의 부적합한 행동을 지도하기에 앞서 부모가 스스로를 돌아보고 고칠 것은 먼저 고쳐야 한다. 전문가들은 양육방식을 세 가지로 설명한다. 첫째, 권위 있는(authoritative) 부모는 유아의 입장에서 판단하고 유아의 권리는 존중한다. 유아에게 규율 안에서 자유를 준다. 둘째, 독재적인(authoritarian) 부모는 유아에게 무조건적인 복종을 요구하고 옳고 그름을 강조하는 보수적인 사고를 한다. 셋째, 허용적인(permissive) 부모는 유아가 원하는 대로 하게 놔두고 스스로의 경험에서 배우게 한다(안영진 외, 2014).

나쁜 아이는 없다: 잘 가르치기

- 상황이 통제하기 힘들어지기 전에 훈육한다.
- 사전에 대처한다. 위험 사인을 알아채고 유아의 관심을 돌린다.
- 훈육을 할 때 유아의 감정을 이해한다.
- 유아가 하는 행동이 나쁜 이유를 설명하고 그만하라고 한다.
- 유아가 아니라 유아의 잘못된 행동을 비난한다.
- '나쁜 아이'라는 식으로 부르지 않는다. 유아는 오히려 그러한 아이가 되고자 한다.
- 화를 내지 않는다.
- 소리 지르지 않는다. 소리 지르면 유아는 듣지 않는다.
- 때리지 않는다.
- 유아의 입장에서 생각한다. 엄마를 화나게 하려는 것은 아니다.
- 유아가 노력할 때 엄마를 기쁘게 한다고 말한다.
- 부적절한 행동에 관심을 보이지 않는다. 가능한 무시한다.
- 엄마를 화나게 하는 일에 대해 미리 말한다.
- 다른 사람이 원하는 일을 하는 것을 어려운 일이라고 알려준다.

① 칭찬 차트와 격리

칭찬 차트를 이용하기 전에 유아에게 어떤 행동이 좋은 행동이고 나쁜 행동인지 알려주고, 유아의 행동을 별 스티커, 슬픈 얼굴, 검정 마크를 받는 행동으로 구분한다. 예를 들어, 하루 종일 떼를 쓰지 않았거나 엄마가 시킨 행동을 바로 했을 때마다 칭찬으로 별 스티커를 준다. 하루 종일 한 번만 떼를 썼다면 슬픈 얼굴 모양의 스티커를 주고, 두 번 이상 떼를 썼다면 검정 마크를 준다. 원한다면 다른 경우에도 스티커를 활용할 수 있다. 예를 들어, 유아의 행동을 특별히 칭찬해 줄 만할 때 별 스티커를 두 개 줄 수 있는데, 이때는 유아가 두 개의 스티커를 받을 수 있는 경우를 분명히 알려준다. 마지막으로 유아가 잘 했을 때는 아낌없이 칭찬하고 많은 애정을 주어야 한다. 잘못 했을 때는 소리 지르거나 벌을 주는 대신 유아의 행동에 무관심해지는 것이 바람직하다. 별 차트는 다양한 용도로 쓰일 수 있을 뿐 아니라 모든 유아들에게 효과적인 방법이다. 예를 들어, 소극적인 아이라면 적극적이고 용감한 행동을 했을 때 스티커를 주어 칭찬한다.

② 주의력 결핍장애

주의력 결핍장애(ADD) 유아들에게서는 충동성, 집중력 결여, 자제력 결여, 안돼라는 말에 순종하지 못한, 위험 상황에 대한 인지 부족, 낮은 사회적 기술 등의 행동을 보이는데, 이런 유아들을 훈육하는 일은 어렵다. 생각하는 것보다 많은 유아들이 가벼운 증상을 보이는데, 당장 처치를 요하지는 않더라도 부모의 도움이 필요하다. 영국에서는 약 5%의 유아에게서 이러한 증상이 나타나고 지역에 따라서는 20%의 유아에게서 보인다고도 한다. 미국의 경우 ADD 유전인자가 있는 유럽의 이민자들 때문에 더 많은 유아가 주의력 결핍장애 증상을 보인다고 한다.

주의력 결핍장애는 세 가지 요인, 즉 생물학, 사회의 기대, 양육방식에 의해 생길 수 있다. 중증의 ADD 유아는 유전적 요인이 큰데 임신 중이나 출생 시 처했던 어려움으로 인해 악화된다. 이러한 유아는 중요한 두뇌 호르몬에 이상이 있는데, 특히 충동을 조절하는 두뇌 부분이 적을 뿐 아니라, 평상시 심장 박동 수가 느리다 보니 스스로 흥밋거리를 찾아 나선다. 여아보다 9배나 많은 남아가 ADD에 걸릴 위험이 있다. ADD로 인한 과다행동 양상은 유아마다 다양해서 개인차에 따라 필요한 운동량, 집중시간, 화를 내는 강도가 다르다. 어떤 유아는 ADD뿐 아니라 주의력 결핍 과다행동장애(ADHD)를 동반하기도 하고, 어떤 경우에는 주의력 결핍 없이 과다행동을 보이는 경우도 있다.

주의력 결핍과 과다행동은 언어 장애가 동반되는 경우 평생 동안 지속될 수 있다. 그러나 성인이 되면 자신의 행동에 대한 통제가 가능해지면서 점차 눈에 띄지 않는다. 지루함, 집중력 부족, 자극 통제가 문제가 되지 않는 직업을 가질 수 있다. 아주 적은 경우이긴 하지만 뭔가 새로운 것을 계속 찾다가 마약이나 알코올중독이 되는 경우도 있다. ADHD는 빠른 진단 및 의사 개입이 중요하다. 문제가 심각하다면 약물치료를 해야 하는데, 놀랍게도 진정제가 아닌 흥분제를 처방한다. 그 이유는 ADD 유아는 재미를 계속 추구하므로 흥분제가 도움을 주기 때문이다. 그 외에 부모가 할 수 있는 방법도 있다. 예를 들어, 한 부모는 설탕과 색료 등의 인공감미료를 줄이면서 파스타 같은 탄수화물, 아연과 경유의 섭취를 늘리는 식단이 도움이 된다고 하였다. 그러나 이런 기본적인 민간요법이 얼마나 효과적인지는 아직 논쟁 중이며 유아에 따라 결과도 다르다. 현재 증상이 약한 유아의 경우 어떤 행동치료가 도움이 되는지에 대한 연구가 진행 중이다. 이러한 방법은 아직 두뇌발달이 진행 중이고 행동습관이 형성되기 전인 취학 전 단계에서 효과적일 것이다. 그러나 이는 병을 치료하는 것이 아니라 ADD에 걸린 유아가 생활하기 수월하게 도와주는 것이다.

ADD 유아는 지속적인 흥미를 유발하는 컴퓨터 게임을 잘 한다. 컴퓨터 게임이 ADD 유아에게 얼마나 도움이 될지는 모르지만 유아의 자존감 형성에 좋을 뿐 아니라, 실력이 뛰어나 주변의 친구들을 놀라게 한다. 충동을 조절하는 데 도움이 되는 컴퓨터 게임에 관한 연구가 진행 중이다. 연령에 적합한 컴퓨터 게임은 어른이나 유아 모두의 휴식활동으로 좋다.

(2) 만 4~5세 유아의 공격성과 훈육

일이 잘 안 풀리는 날, 부모는 쉽게 화를 내고 짜증을 부린다. 자기의 마음을 조절하는 방법을 배우는 것은 쉬운 일이 아니기에, 우리 모두 자신의 감정을 누그러뜨리는 법을 배워야 한다. 감정을 다스리는 여러 방법 중 유아들은 손가락을 빨거나 푹신한 담요를 안는데 반해 어른에게는 다양한 방법이 있다. 25%의 사람들은 말을 안 하거나, 책을 읽거나, 비디오를 보거나, 뜨거운 물에 목욕을 한다. 20% 정도는 쇼핑, 도박, 음주 등 나쁜 습관을 가지고 있다. 술이나 마약에 빠지기보다는 봉사활동을 하는 등의 건설적인 방법이 훨씬 효과적이다.

그렇다면 만 4세 유아는 어떨까? 유아들은 아기 때와는 다른 방법들을 모색하기 시작한다. 어떤 유아는 아직 손을 빨기도 하고 헌 담요를 숨겨놓고 필요할 때 쓰기도 한다. 많은 유아들은 엄마, 아빠에게 다가서서 기대고 손을 잡으려 한다. 그러나 만 4세 유아들은 스스로 서기 위해 적극적인 대처방법이 필요하다. 따라서 자기의 감정을 숨기거나 아빠, 엄마에게 안기기보다는 주변 사람들에게 자기의 속마음을 털어놓고 도움을 받는 것이 좋다.

화를 잘 내는 유아들은 자기의 감정을 다스리는 법을 배워야 한다. 만 4세 정도 되면 대부분 유아들의 공격성은 줄어들기 시작해서 공격적인 행동을 보이는 유아들은 친구로부터 고립되는 모습을 보인다. 이런 유아들을 돕는 방법은 아이들의 공격적인 행동이 나타나는 이유를 찾아 그 원인을 제거하는 것이다. 또 필요하다면 엄한 목소리(crowss voice)로 말하거나, 앞에서 언급한 격리(time out) 방법을 사용한다. 하지만 이러한 방법이 효과적이기 위해서는 유아의 공격적 행동의 원인(예: 동생이 생겨, 엄마, 아빠의 사랑을 뺏겼다고 생가할 때)을 알고 있어야 한다.

만 4세 유아들을 제어하기 어려워지는 데는 여러 이유가 있다. 환경을 탐색하고 싶은 유아는 부모가 과보호하려 할 때 공격적 행동을 보인다. 부모는 유아가 스스로 무언가를 해보려 한다면 유아가 성장하는 과정으로 이해하고 간섭하기보다는 부모의 도움이 필요할 때까지 지켜보는 것이 낫다. 공격적 행동을 하는 유아들은 학교에서 조용히 앉아 있거나 바른 행동을 할 수 없어 자신을 낙제생으로 여기게 되고 심한 좌절감을 느끼게 된다. 의심이 많고 불행하다고 느끼는 유아들은 반항하려는 기질을 가진 경우가 많다. 이러한 유아들의 경우 아주 어릴 때부터 부모와의 애착에 문제가 있었고, 만 4세가 되어도 부모를 신뢰하지 않는 모습을 보인다. 이때 엄마, 아빠는 유아에게 한결같은 사랑을 주면서 적당한 훈육을 해야 한다.

이러한 공격적 충동은 낮은 자존심과 연관될 수도 있지만, 공격적 성향을 가진 많은 유아들이 지나친 자존심과 자기 중심적인 생각을 가지고 있다. 이러한 유아들은 자신에 대하여 지나친 자신감을 가진 나머지 다른 사람들의 입장에 대하여 무심하고 자신이 하고 싶은 것만 끝까지 하고자 한다. 특히 남자아이들은 공격성을 긍정적인 성향으로 보는 어른들로부터 폭력성을 배운다. 유아가 폭력성을 가지게 되는데는 이 밖에도 여러 가지 이유가 있다. 유전적인 기질이거나 폭력을 행사하면서 즐거움을 느낄 수 있기 때문이다. 부모는 그러한 공격성의 원인을 파악하고 유아의 공격성을 조절해 주어야 한다.

공격적 행동을 하는 유아라면 어떠한 폭력적인 장면도 보지 못하게 해야 한다(예: 동생이 잘못했을 때 엉덩이를 때리지 않기). 또한 유아가 공격적 행동을 했을 때 아무런 시선이나 관심도 주지 말아야 한다(예: 동생을 때려도 모른 척하기). 어떤 교사는 때린 유아는 무시하고 맞은 유아만 보살펴주며 폭력에 어떻게 대처해야 하는지 알려준다. 또 다른 방법은 문제가 생기려 할 때 유아를 데리고 나와서 이야기하는 것이다. 훌륭한 전문가는 '다른 친구를 때리면 그 친구가 너를 좋아할까?' 등의 질문을 던지며 유아 스스로가 공격적 행동의 나쁜 점을 알 수 있게 한다. 여아보다는 남아에게서 공격적 행동이 많이 나타나지만 여아의 경우에도 같은 방법으로 효과적인 대처를 할 수 있다.

공격적인 유아들을 컴퓨터나 놀이터에서 폭력적인 놀이로 감정을 표출하게 유도하는 것은 나쁜 방법이다. 전문가들에 의하면 오히려 상황을 나쁘게 한다고 한다. 차라리 화가 난 유아를 뛰는 등의 운동을 시키는 게 낫다. 운동은 유아들의 자존감을 높이고 엔돌핀의 분비로 기분을 좋게 한다. 유아를 꼭 안아주거나 가볍게 마사지를 해주는 것도 공격적 행동의 횟수를 적게 하고 유아들의 기분을 좋아지게 한다.

4. 친사회적 행동발달

1) 친사회적 행동의 의미

친사회적 행동(prosocial behavior)이란 보상을 기대하지 않고 긍정적인 관계 형성을 위해 자발적으로 타인을 배려하고 돕는 행동을 의미하며 기부, 관용, 나눠주기, 도와주기, 이타성, 협동 또는 협력, 친절과 같은 대부분의 행동을 의미한다. 많은 연구에 따르면 친사회적 행동은 10세 정도까지는 연령과 더불어 증가하며 어린 아동들의 경우에도 친사회적 행동이 나타난다고 한다(Green & Schneider, 1974). 단지 연령이 낮은 유아의 경우 외적 통제나 보상에 대한 기대로 친사회적 행동을 하는 경우가 많고, 연령이 높은 유아의 경우 외적인 통제나 보상보다는 타인을 생각하는 진정한 동기에서 친사회적 행동을 하는 경우가 많았다고 한다(Bar-Tal, 1976; 황희숙 외, 2018/2019).

2) 친사회적 행동의 발달

유아 친사회성 행동의 유형은 학자마다 다르게 나누어 분류하고 있지만, 유아 친사회성 행동은 대표적으로 돕기행동과 나누기행동을 들 수 있다. Bar-Tal과 Raviv(1982)는 '돕기행동'이란 자신의 시간과 노력을 타인의 이익을 위해 기여하는 것이고, 돕기행동이 가장 빈번히 나타나는 친사회성 행동의 하나라고 하였다. 초기 친사회적 행동의 발달은 표 14-7과 같다.

표 14-7 초기 친사회적 행동발달

구분	특징
6개월	• 다른 사람에게 긍정적으로 반응하기(다른 사람에게 미소 짓고 웃기) • 사회적 게임에 참여하기(까꿍놀이 등) • 다른 사람의 고통(울음 등)에 정서적으로 반응하기
6~12개월	• 사회적 게임에 능동적 역할을 함 • 나누는 행동을 보여 줌 • 친숙한 사람에게 애정을 표현함
2세	• 집게손가락으로 가리키는 능력이 세련됨 • 간단한 요구에 순응함 • 협력적인 게임의 규칙에 대한 지식을 나타냄 • 돌봐주는 행동을 보여 줌 • 고통스러워하는 다른 사람을 위로함 • 성인의 일에 참여함
3세	• 몸짓뿐 아니라 단어로 말을 하여 다른 사람의 주의를 끔 • 더 다양하고 풍부하게 돌봐주며 도와주는 장면을 보여 줌 • 도와주려는 자신의 의도를 표현함

출처: 민혜영 외(2017). 유아사회교육. 공동체. p. 132.

친사회성 행동의 발달 단계에 대해 Bar-Tal과 Raviv(1982)는 Piaget의 인지발달 단계와 Kohlberg의 도덕발달 단계, Selman의 조망수용발달 단계를 토대로 돕기행동발달의 여섯 단계를 형성하였다. 돕기행동의 여섯 단계는 표 14-8 과 같다(채순미, 2016).

표 14-8 돕기행동의 발달 단계

단계	정의
1단계	• 유아는 요청받았거나 그렇게 하도록 명령 받았기 때문에 돕기행동을 보임 • 유아는 자기중심적이며 다른 사람들이 자신과 다르게 느낀다는 것을 알지 못하며 돕기행동은 구체적인 보상과 벌에서 가장 잘 이루어짐
2단계	• 돕기행동의 수행 동기는 권위가 담긴 복종이므로 유아들이 돕기행동을 주도 하지 않음 • 유아들은 다른 사람들이 스스로와 다르게 생각하고 느낄 것이라고 인식함
3단계	• 유아들은 돕기행동을 자발적으로 지원하여 주도함 • 유아들이 다른 사람의 필요를 인식하지 못하며 이기적이기 때문에 강화를 바람으로써 동기화됨

단계	정의
4단계	• 돕기행동의 동기는 사회적인 요구에 순응하는 것으로 유아들은 이에 따르도록 기대되는 행동규범을 알고 있음 • 유아가 기대하는 대가는 다른 사람에 의해 승인되는 것과 같이 잘 정의되는 것이기는 하지만 구체적이지는 않음 • 유아들은 도움이 필요한 사람의 역할을 경험해 보거나 다른 사람의 슬픔을 동정하는 자체로 동기유발 요인이 될 수 없음
5단계	• 돕기행동은 교환이라는 보편적 원리에 지배됨 • 유아는 돕기행동을 조절하고 있는 통제 체계를 알고 있음 • 유아 스스로 도움이 필요한 시기에 다른 사람들이 도움을 줄 것이라는 믿음을 가지고 다른 사람을 도움
6단계	• 돕기행동은 다른 사람에게 이익을 주기 위한 동기에 의해 이루어지므로 자발적임 • 유아는 어떠한 보상과 대가를 기대하지 않고 도덕적인 확신에 의해서 정의적 행동이 나타남

출처: 손현정(2013). p. 10-12; 채순미(2016). p. 20.

Damon(1983)은 공정성에 대한 연구에서 나누기를 스스로의 욕구가 중심이 되는 0단계와 외적 가치에 의해 판단되는 1단계 그리고 도덕적 상대성이 적용되는 2단계로 분류하였다. 각 단계마다 하위 수준을 분류하여 총 6단계의 수준으로 정의하였다(채순미, 2016). 영유아발달을 고려하여 1-A, B단계까지 살펴보면 표 14-9 와 같다.

표 14-9 나누기행동의 발달 단계

단계	연령	발달내용
0-A단계	4세 이하	• 자신이 바라는 행동에서부터 전당성의 선택이 시작됨. 즉, 정당화 자체보다는 희망사항에서 비롯됨
0-B단계	4~5세	• 선택할 때 자신의 요구를 반영시키거나 성이나 체격 그리고 다른 외적으로 관찰되는 물리적 특성의 실제 기준에 따라 판단함. 정당화가 아직 불안전하고 자기 보상적임
1-A단계	5~7세	• 엄격한 평등의식에서 행동함
1-B단계	6~9세	• 상보성 의식에서 행동하며 인간은 좋고 나쁜 일의 종류에 따라 이익을 받아야 한다고 생각함 • 장점과 가치에 대한 인식이 나타남

출처: 손현정(2013). p. 12-13; 채순미(2016). p.21.

3) 친사회적 행동발달을 돕기

친사회적 행동발달을 돕기 위한 교사의 역할을 정리해 보면 다음과 같다 (민혜영 외, 2017).

첫째, 교사는 친사회적 행동의 긍정적인 모델이 되어야 한다.
둘째, 친사회적 행동에 대한 기대를 언어로 표현한다.
셋째, 연령에 맞는 책임감을 부여한다.
넷째, 긍정적인 훈육을 사용한다.
다섯째, 언어적으로 표현하고 친사회적 행동에 대한 이야기 나누기를 한다.

5. 사회성발달을 위한 발달의 맥락

유아가 사회적 행동을 습득해 나가는 사회화 과정에서 가장 중요하고 결정적인 영향을 주는 사람은 부모, 그 다음이 교사라고 할 수 있다. 이때 교사는 유아기 전체를 통해선 물론 유아가 성장한 후에라도 부모 못지않게 많은 영향을 줄 수 있는 사람으로 평가된다.

그 밖에 사회적 영향도 무시할 수는 없지만 가정이나 학교의 영향에 비하면 근본적으로 그렇게 결정적인 것은 되지 않는다. 즉, 유아기 초기에는 사회화가 일반적으로 부모의 행동을 모방하는 데서 시작하며, 이는 동일시 또는 동일화를 의미하는 것이다. 따라서 이때 부모들은 항상 유아들에게 모범된 행동만을 보이도록 노력해야 할 것이다. 일반적으로 유아들이 부모의 행동을 모방하는 것은 주로 동성 부모의 사회적 행동을 모방하는 동일화의 과정을 통해서 이루어지지만, 모든 사회 현상이 다 그렇듯이 반드시 동성 부모를 통해서만 동일화 과정이 일어나는 것은 아니라는 주장이 있다.

1) 유치원(어린이집)

유아가 유아교육기관에 가는 일은 유아나 부모에게 큰 변화이다. 유아들은 엄마, 아빠 외에 다른 사람의 말을 들어야 하고, 또래로부터 많은 영향을 받기 시작한다. 그동안 아빠, 엄마가 아이에게는 전부였던 것이 변화하면서 부모는 서운한 마음이 들면서도 아이들이 유아교육기관에서 다른 또래들과 잘 지내기를 바란다.

유아들이 유아교육기관에서 배우는 것은 글자와 숫자보다는 정해진 약속을 지키고, 몸가짐을 단정히 하며, 성실하고, 배운 것을 행동으로 옮기는 것이다. 배우는 속도에는 차이가 있겠지만 유아들 모두 새로운 환경에서 어떻게 지내야 하는지를 배우게 된다. 집에서는 자기가 내키는 대로 천천히 할 수 있지만, 유아교육기관에서는 옷장에 코트를 걸고 줄을 서야 하는 등 신속한 동작이 요구된다. 또한 기관에서는 조용히 있는 법을 배우며 재미없는 이야기와 선생님이 다른 유아에게 이야기하는 것도 들어야 한다. 하지만 재미있는 것은 유아들이 선생님의 말을 잘 듣는다는 것이다.

가장 큰 변화는 대화방식이다. 유아교육기관에서는 선생님이 질문을 하고 이야기를 주도하는 반면, 집에서는 유아가 질문을 하고, 유아가 궁금해하는 것을 알아가는 식의 대화(예: 장수풍뎅이는 날 수 있어요? 날개를 어떻게 만들어요?)를 통해 유아의 지식을 넓혀 나간다.

하지만 유아들은 유아교육기관 생활이 집에서 지내는 것보다 자유로울 수 있다. 교실은 유아들을 위해 구성되어 있어 안전하면서 모래, 물감, 풀 등 다양한 놀잇감이 있는 자유선택 영역에서 마음대로 놀 수 있다. 그렇지만 집에서만 지낸 유아는 이러한 놀이 공간이 낯설 수 있으며, 교실에는 모래, 장난감, 책 등의 놀잇감은 많이 있지만, 빨랫감, 설거지, 쇼핑리스트 같은 것은 없기 때문이다.

집에서 지내는 것이 익숙한 유아들은 유아교육기관에서의 규칙이 낯설고 짐눅하게 된다. 이 때문에 유아교육기관과 가정의 연계는 중요하다. 유아들의 사회생활을 이해하고 참여하는 부모는 유치원이나 어린이집에서의 요구사항을 유아가 익힐 수 있도록 도와줄 수 있다. 물론 부모의 지나친 간섭을 피해야 하지만, 능동적인 부모의 역할은 장기적으로 유아에게 많은 영향을 줄 것이다. 부모가 자녀를 공부 잘 하고, 인기가 많은 유아가 되기를 바라면 그 유아는 불행해진다. 현명한 부모는 유아가 자율적으로 행동하도록 지도하고 유아를 있는 그대로 받아들일 수 있다.

2) 유치원에서의 친구

개인에 따라 사회성이 좋은 유아와 부족한 유아가 있다. 칭찬하고 사랑받는 가정에서 자란 유아들은 편안하고, 다정한 유아로 성장한다. 두뇌작용과 유전적인 요소도 유아의 사회성에 영향을 준다. 천성적으로 집에 있기를 좋아하는 유아와 사람들과 어울리기를 좋아하는 유아가 있다. 대부분 활동적인 유아들은 여러 명의 유아와 노는 것을 좋아하고, 조용하고 신중한 유아들은 한두 명의 단짝 친구 사귀기를 좋아한다. 처음 만난 두 명의 만 4세 유아를 관찰해 보면 서로 친구가 될지 아닐지 알 수 있다. 어른들이 그렇듯이 서로의 행동을 따라 하고, 서로를 바라보며 말하고 웃으며, 가까이 다가가 만지는 것은 좋은 신호이다. 사회성이 좋은 유아는 서로를 한눈에 평가해서 공통점을 찾기 시작하고, 여러 놀이를 하면서 둘이 같이 좋아하는 놀이를 찾아간다.

만 4세의 경우 남자아이는 여자아이보다 여러 명의 친구들과 놀이하기를 즐기는 경향이 있다. 그러나 이때의 친구 관계는 고정되는 것이 아니라 하루에도 수시로 달라진다. 리더가 되는 유아들은 어린 시기에 눈에 띄기 시작한다. 대개 성숙하고, 자신감 있고, 언어능력이 앞선 유아가 리더가 된다. 여러 놀이 그룹에 쉽게 속하는 유아들은 대개 자기 주변의 사람에게 관심이 많다. 즉, 주변 상황을 관찰하고, 행동에 앞서 어떻게 주변 상황에 맞출지 생각한다. 리더가 되는 유아들은 타협을 잘 하고, 다른 친구 것을 빼앗지 않는다. 또 인기 있는 유아들은 재미있는 생각이나 유용한 정보를 알고 있고, 형이나 언니로부터 최근 유행하는 옷이나 게임을 배워 친구에게 이야기한다.

충동적이거나 공격적인 유아가 아니라면 교사는 되도록 친구들 사이에서 일어나는 갈등 상황을 유아 스스로 해결하도록 놔두어야 한다. 감정이입을 잘 하는 유아는 싸우기 전에 놀이를 그만두어 언쟁을 피하며, 모두에게 공평한 규칙을 제시해 상황을 진정시키고자 한다. 소심한 유아들은 게임을 하거나 활동을 전개할 때 도움을 필요로 한다. 특히 소심한 유아는 자기에게 특별한 관심을 보여 주기를 바란다. 소심하면서 끈기가 부족한 유아는 쉽게 낙담하고 지루함을 느끼며, 집중을 잘 하는 유아와 놀이하면 스스로 놀이에 만족하지 못한다. 이런 유아들은 파괴적인 행동을 하고 자기충동을 억제하기 어려워 친구와 멀어지게 된다. 그리고 부끄러움이 많은 유아는 자기가 좋아하는 친구에게조차도 놀자는 제인을 쉽세 하지 못한다. 그럼에도 유아교육기관에서의 첫 몇 달간 대부분의 유아들은 그룹으로 또는 단짝 친구를 사귀고 관계를 유지한다. 만일 부끄럼을 타는 유아가 흥미가 비슷한 친구를 유아교육기관에서 만났다면, 집으로 친구를 초대해서 다른 유아들과 경쟁하지 않고 또래 관계를 형성하게 된다.

또한 유아들은 아빠, 엄마가 다른 사람과 지내는 방식을 보고 배운다. 집안에 언쟁이 많으면 유아도 언쟁하기 쉬우며, 부모가 긍정적인 인간 관계를 보여 주면 유아들이 다른 사람과 좋은 관계를 맺는 데 도움이 된다.

유아가 유아교육기관생활에 적응하기 어려운 이유는 다음과 같다.

첫째, 수줍음이 많은 유아는 집단에 참여하는 방법을 모르고 타인에게서 거부당하는 것에 대한 불안감으로 학기 초에 어려움을 느낄 수 있다. 이에 교사는 며칠간 수줍은 유아를 신경 써서 지켜보며 친구들에게 소개시켜 주고, 자존심을 강화시켜 주고, 사귀려는 의지를 칭찬해 주어야 한다. 또한 수줍어하는 유아들이 유아교육기관에서 지내기 힘들어한다면, 유아가 준비되기 전에 하루 종일 유아교육기관에 있게 하기보다는 안정될 때까지 유아교육기관에서 지내는 시간을 줄이는 것이 좋다.

둘째, 공격적 경향이 있고, 반사회적 행동을 보이면서 이를 보충해 줄 언어적 능력이 부족한 유아들은 다른 유아들로부터 거부당하기 쉬운데, 이런 유아들에게는 도움을 주기 어렵다. 유아가 공격적인 경우 교사와 상담하며 집에서 유아의 공격적 행동을 지도하는 것이 좋다. 또한 유아교육기관생활 초기에 공격적 행동을 고친다면, 유아들 사이에서 평판이 나빠지지 않을 것이다.

마지막으로 친구들이 싫어하지도 좋아하지도 않는 유아가 있다. 그런 유아들은 스스로 원해서 혼자 있으려 하며, 이런 유아들은 스스로 준비가 되었다고 느낄 때 유아교육기관생활에 참여하고, 부모도 유아가 그렇게 하도록 내버려 둔다.

시간이 지나면서 여러 또래 그룹들 속에서 그룹을 리드하는 아이, 혼자 지내는 유아, 단짝 친구와 다니는 유아 등 유아 간 위계질서가 생긴다. 초기에는 성숙하고 자신감이 넘치는 유아들이 인기가 있겠지만, 시간이 지나면서 인기 있는 유아는 달라지며, 위계질서의 아랫부분에 있는 유아들은 따돌림을 당하는 느낌을 받는다. 유아들은 교사에게 이야기하고, 교사는 문제를 해결하고자 한다. 만일 교사가 문제를 해결하지 못하면 피해 유아는 어려움에 직면한다. 피해 유아의 반은 따돌림을 당하는데, 공격적 행동을 하거나 다른 사람의 공간을 존중해 주지 않아서이다.

또 어떤 유아들은 잘못을 해서가 아니라 잘 적응하지 못해서 그렇다. 이럴 때 교사는 다른 유아로부터 비웃음을 당하지 않게 해주며, 부모는 옷이나 머리 스타일 때문에 유아가 눈에 띄지 않게 신경 쓰면서 교사와 문제를 상담하고 조언을 듣는다.

유아가 협상방법을 배우는 것은 유아교육기관에서의 첫 일 년 동안 해야 할 가장 중요한 과업인데 이러한 과업을 습득하는 방법은 각각 다르다. 대다수의 유아는 행복하고, 다른 유아로부터 인정받으며 놀이나 활동에 참여한다. 하지만 스스로 불행하다고 생각하는 유아는 교사가 돕기 어려우므로 의사나 다른 사람의 조언을 얻어야 한다. 이렇게 장기간 사회생활을 하는 데 어려움을 경험한 유아는 자아존중감뿐 아니라 학습능력에도 부정적인 영향을 준다.

함께 생각하기: 아이의 스트레스 '또래 관계'

[에피소드]

아이: 내 장난감을 누가 만지는 것은 싫어요. 특히 소중하게 생각하는 것을 만질 때는 망가질까 봐 기분이 나빠요. 지난 번 우리 집에 온 애가 제 것을 가져가겠다고 울음을 터트리자 엄마가 그냥 주라고 저를 혼냈어요. 그 애랑 노는 것은 스트레스예요.

엄마: 장난감을 안 사주는 것도 아닌데, 왜 이렇게 욕심이 많을까? 같이 가지고 놀면 좋을텐데, 항상 손님들한테 민망한 모습만 보이게 하고. 계속 혼자 놀면 친구들이 안 놀려고 할텐데, 그래도 좋은가?

영유아기에는 '공유를 못하는 아이들, 나누지 못하는 아이들'이 또래한테서 스트레스를 많이 받는다. 유아기 또래는 남자아이, 여아자이 구분 없이 어울려 놀고 우정에 대한 개념도 없으며, 유치원 때는 친하게 지내다가 성인이 되어서는 연락도 안하고 지내는 경우가 너무나도 많고, 부모들끼리 계속 만남이 이어지지 않으면 대개 잊혀지게 된다.

특히 이 시기의 친구는 '플레이'의 대상이다. 즐거워야 하고, 행복해야 하고, 심심하지 않기 위해 친구와 논다. 그렇기 때문에 어린아이의 놀이는 부모가 생각하는 것처럼 상호작용이 많은 것은 아니다. 2세가 막 지난 아이는 주변 또래들이 있어도 혼자서 놀며, 2세 반에서 3세 반 정도가 되면 같은 장소, 같은 시각에 주변의 또래들과 같은 놀이를 할 뿐 상호작용은 하지 않는다.

이 시기에는 비슷한 놀이를 각각 따로 하고 있다고 해서 '병행놀이'라고도 한다. 만 3~4세 정도 되면 그제서야 놀이를 하면서 서로 대화도 하고 나누어 갖기도 하고 빌려주기도 한다. 순서를 정해서 놀이를 하는 것도 가능하지만, 한 가지 놀이를 한다기보다는 서로 도와가며 각자의 놀이를 한다. 만 4세 반이 넘어서야 아이는 친구와 한 가지 놀이를 같이 하는 것이 가능해진다. 이때에는 공동의 목표를 가지고 역할을 나눠서 함께 놀이를 하는 것이다. 하지만 그 안에 협동놀이를 못하는 아이가 끼어 있으면 그 아이도 스트레스를 받고, 같이 하는 다른 친구들도 스트레스를 받는다. 이런 아이들은 대부분 장난감을 나누어 가지고 노는 것을 싫어하여 협동놀이를 힘들어한다.

이는 아이가 너무 욕심쟁이여서가 아니다. 이런 아이들 중에는 '불안'이 심한 아이가 많다. 불안이 심한 아이는 자신과 남의 경계선이 굉장히 중요하며, 다른 아이가 자신의 장난감을 만지는 것을 자신이 안전하게 정해놓은 경계선을 넘어오는 것이라고 여긴다. 그렇기 때문에 유아는 굉장히 싫어하게 된다. 또한 유아가 욕심이 많다고 생각하기 시작하면 절대 이해할 수 없으며, 이 아이들은 친구를 데려오기 전에 타협을 봐야 한다. "네 것 맞아. 절대로 안 가져 갈거야. 놀 때만 같이 놀자. 혹시 여기 있는 네 장난감 중에서 절대로 같이 가지고 놀고 싶지 않은 것이 있니?" 아이가 그렇다고 대답하면 "그것은 치워두지. 나머지는 같이 가지고 놀고, 놀고 나면 분명히 돌려줄거야. 그럼, 이제 친구가 네 장난감을 만져도 짜증부리지 않을 수 있니?"라고 말하며 아이가 수긍하면 친구를 놀러오게 한다.

참고문헌

김희진·오문자 역, 『레지오 에밀리아의 유아교육』, 정민사.

강봉규, 『발달심리학』, 정훈출판사, 1993.

강봉규 외, 『교사를 위한 아동발달』, 태영출판사, 2006.

강영선 외, 『신체 유전학』, 향문사, 1980.

계정희, "학령전 어린이에 있어서 조직화가 기억과제가 재생에 미치는 영향", 연세대학교 대학원 석사학위논문, 1980.

고창준, "집중장애와 과잉운동증", 『월간 진단과 치료』, 별책 제5권, 제3호, 1985.

권대훈, 『교육심리학의 이론과 실제』, 학지사, 2006.

김경희, "Kohlberg 도덕발달이론에 대한 재조명", 발달심리학연구의 최근 동향, 한국심리학회, 1985.

김경희, "TV가 어린이에게 미치는 영향", 『방송대학』, 제11호, 1981.

김경희, 『아동심리학』, 박영사, 1986.

김경희, 『아동정신병리』, 학문사, 1982.

김경희, "한국아동의 공간개념 발달에 관한 실험연구". 연세대학교 대학원 석사학위논문, 1982.

김경희, "한국아동의 왼쪽: 오른쪽 개념발달", 『유아교육연구』, 제3편, 1981.

김경희, "한국아동이 도덕관발달에 관한 실험적 연구", 『유아교육연구』, 제1편, 1976.

김광웅 외, 『아동발달』, 형설출판사, 1994.

김광웅, 『유아교육심리학』, 창지사, 2005.

김광일 외, "성에 대한 태도조사", 『정신건강연구』, 제1집, 한양대학교 정신건강연구소, 1983.

김기석 외, 『생활지도』, 현대교육총서출판사, 1962.

김도환, 『교육심리학』, 제일문화사, 1974.

김미해, "유아의 물체위치 기억에 관한 연구", 연세대학교 대학원 석사학위논문, 1986.

김성대, 『발달심리학』, 법문사, 1967.

김세희 외, 『자녀와 더불어 성장하는 부모』, 서원, 1995.

김승국, 『특수교육학개론』, 양서원, 1994.

김승국·김옥기, 『특수교육』, 백록출판사, 1973.
김신자, 『아동발달학』, 수학사, 1993.
김억환, 박은혜 역. 『정신의 도구: 비고츠키 유아교육』. 이화여자대학교출판부, 1999.
김언주 외, 『우리아이의 EQ 높이기』, 학지사, 2000.
김언주, 『신교육심리학』, 문음사, 1987.
김연진 외, 『유아·아동발달』, 동문사, 2005.
김영숙·이재연 편역, 『아동을 위한 상담이론과 방법』, 교육과학사, 1994.
김영옥 외, 『특수학교 직업지도의 이론과 실제』, 교육부, 1993.
김영채(역), 『학습심리학 입문』, B. R. Hregenhahn(저), 박영사, 1985.
김영희 외, 『아동발달과 육아(함께 생각해 보는)』, 양서원, 2006.
김윤식·제석봉, 『아동발달심리학』, 학문사, l993.
김재은a, 『교육심리 사회연구방법』, 익문사, 1971.
김재은b, 『한국가족의 심리』, 이화여자대학교출판부, 1974.
김재은c, 『유아의 발달심리』, 창지사, 1984.
김재은d, 『아동의 심리치료』, 배영사, 1992.
김재은·정명숙(역), 『인지발달이론』, 정민사, 1982.
김정, 『유아의 묘화분석』, 백록출판사, 1979.
김정규 외, 『교육심리학』, 교육출판사, 1972
김정규·김충기, 『교육심리 및 생활지도』, 학문사, 1987.
김정률 외, 『아동발달과 학습』, 교육출판사, 1994.
김정률, 『아동심리학』, 학문사, 1982.
김정오·이관용·차채호, 『심리학개론』, 서울대학교출판부, 1982.
김제한, 『발달심리학』, 양서원, 2001.
김태련, "학령전 아동의 귀인과정", 성균관대학교 대학원 박사학위논문, 1982.
김태련·장휘숙, 『발달심리학』, 전영사, 1987.
김행자, 『유아심리학』, 교문사, 1986.
김향자, 『4~7세 아동의 수개념발달에 관한 연구』, 이화여자대학교 교육대학원 석사학위논문, 1979.
김현진, "다중지능 측정도구의 타당화 연구", 서울대학교 대학원 석사학위논문, 1999.
김홍규, 『신생활지도론』, 형설출판사, 1992.
남억우 외, 『아동발달과 지도』, 교우사, 1963.
남억우, 『아동심리학』, 학우사, 1976.

대한산부인과학회, 『임신출산백과』, 한동출판사, 1994.
문용린, 『EQ가 높으면 성공이 보인다』, 글이랑, 1997.
문용린, 『다중지능: 인간의 새로운 이해』, 김영사, 2001.
문용린·곽윤정, 『EQ를 높이려면 이렇게 하자』, 대교, 2000.
민영순, 『교육심리학』, 문음사, 1994.
민영순, 『발달심리학』, 교육출판사, 1976.
박성연 역, 『인간발달 I. 아동발달』, 교육과학사, 1991.
베지 랜킨, 『협력으로서의 교육: Dewey, 피아제, 비고츠키에게서 배우기』, 이연섭 역. 『레지오 접근법의 첫걸음』, 101-117. 정민사, 1998.
사주당 이씨(師朱堂 李氏), 한재찬(역), 『좋은아이 낳는 법(태교신기영인본)』, 1937.
서봉연 외, 『심리학 개론』, 박영사, 1984.
서봉연 역, 『발달의 이론』, 중앙적성출판사, 1983.
서봉연·송명숙 공역, 『인지발달』, 중앙적성출판사, 1990.
서봉연·유안진, 『인간발달』, 서울대학교출판부, 1982.
서봉연·이순형, 『발달심리학』, 중앙적성출판사, 1983.
성현란 외, 『인지발달』, 학지사, 2001.
송명자·변창진 편저, 『교육심리』, 교육과학사, 1996.
신명희 외, 『교육심리학의 이해』, 학지사, 2006.
신세호 외 공역, 『창의력개발을 위한 교육』, 교육과학사, 1983.
심영희, "한국사회의 자살", 『정신건강연구』, 4, 49-71, 1986.
안영진, 『교육심리학』, 창지사, 2001.
안영진, 『21세기 교사 양성을 위한 교육심리학』, 창지사, 2001.
안영진 역, 프로젝트스펙트럼 1: 다중지능이론에 의한 아동의 다양한 능력 개발 프로젝트, 창지사, 2004.
안영진 외, 프로젝트스펙트럼 2. 다중지능이론에 의한 아동의 다양한 능력 개발을 위한 프로그램, 창지사, 2001.
안영진 역, 프로젝트 스펙트럼 3: 다중지능이론에 의한 아동의 다양한 능력 개발을 위한 평가, 창지사, 2005.
안영진, "프로젝트 스펙트럼에 의한 사회적 능력발달프로그램이 유아의 정서지능에 미치는 효과", 『한양여자대학 논문집』, vol.24, pp.323-337, 2001.
오경자, "취학전 아동의 과잉활동성향과 관련된 인지적 특성연구", 『한국심리학회지』, 발달, No.1. 76-88, 1988.
오세철, 『문화와 사회심리이론: 조직행동이론의 재구성』, 박영사, 1981.

참고문헌

오은영, 『아이의 스트레스』, 웅진 리빙하우스, 2012.
오재연, "애착유형에 따라 나타나는 3세 유아의 유치원생활 적응행동연구", 건국대학교 대학원 박사학위논문, 2005.
유안진, 『육아론』, 문음사, 1982.
유효순, 『아동발달』, 창지사, 1992.
윤 진, 『발달심리학』, 중앙적성출판사, 1985.
윤덕진·고극흔, 『여성과 육아』, 삼중당, 1978.
윤진·김인경·김길청, "청소년비행과 자아중심성 발달과의 관계", 『형사정책』, 4, 1989.
윤태림, 『아동심리학』, 재동문화사, 1976.
윤태림, 『한국인의 성격』, 현대교육총서출판사, 1964.
이경희, "한국아동의 공간개념발달에 관한 실험 연구". 연세대학교 대학원 석사학위논문, 1981.
이기돈, 『아동심리학』, 재동문화사, 1976.
이기돈·황응연, 『신강 발달심리학』, 배영사, 1992.
이명조, 『영유아발달과 교육』, 양서원, 2005.
이민규·이철호·원호택, "Leyton 강박성향척도의 표준화를 위한 예비연구", 한국심리학회 1986년도 연차 대회 발표논문, 1986.
이민자, 『다옹의 보존개념 학습에 있어서 피이드백 훈련효과에 관한 실험연구』, 연세대학교 대학원 석사학위논문, 1986.
이상로, 『성격과 행동의 지도』, 중앙적성연구소, 1979.
이숙정, 『다중지능과 친사회적 행동의 관계 연구』, 숙명여자대학교 대학원 석사학위논문, 2001.
이순형·유안진, "한국아동의 언어획득에 관한 연구: 언어학습책략의 보편성을 중심으로", 『서울대학교 가정대학 논문집』, 1982.
이영덕 외, 『생활지도의 원리와 실제』, 교학도서주식회사, 1964.
이영미·전홍주 편역, *Child of Out Time,* 창지사, 2007.
이영석, 『발달심리기초』, 학문사, 1982.
이은해, 『아동연구방법』, 교문사, l985.
이은화·김태련 편역, 『첫아기 2년간』, 창지사, 1989.
이장호, 『상담심리학』, 박영사, 1995.
이재연 편역, 『아동발달』, 문음사, 1993.
이재연·김경희, 『부모교육』, 양서원, 1989.

이재창, 『생활지도』, 문음사, 1988.

이정균 편, 『정신의학』, 일조각, 1981.

이정변·강문희, 『유아교육』, 정민사, 1980.

이정희, "한국 아동의 시간개념발달에 관한 실험연구", 연세대학교 대학원 석사학위논문, 1982.

이종경, "취학전 아동이 상상놀이를 통한 보존개념 학습", 연세대학교 대학원 석사학위논문, 1984.

이종승, 『교육연구법』, 배영사, 1984.

이춘재 외, 『청년심리학』, 중앙적성출판사, 1989.

이춘재, "아동의 탈중심화 능력의 발달에 관한 일연구", 『한국심리학회지』, 1979.

이태영, 『최신특수교육원리』, 대구한사대학출판부, 1980.

이태영, 『특수아동의 심리』, 대구대학교출판부, 1983.

이해경 외, 『교육심리학』, 양서원, 2005.

이형득 역, 『부모교육』, 형설출판사, 1988.

이훈구 역, 『성격심리학』, 법문사, 1983.

임규혁·이차축, 『발달심리학』, 집문당, 1987.

임의선·임돈우·장유영, 『어머니의 100가지 질문』, 베드로서원, 1991.

장대운·이연섭·장언호, 『현대교육심리』, 정민사, 1986.

장병림, 『아동심리학』, 법문사, 1981.

장휘숙 역, 『어머니의 역할』, 창지사, 1989.

장휘숙 편역, 『아동연구법』, 창지사, 1989.

장휘숙, 『아동발달』, 박영사, 2006.

장휘숙, "생리적 지표로 측정한 부모에 대한 애착형성의 시기", 이화여자대학교 대학원 박사학위논문, 1985.

장휘숙, 『아동심리학』, 박영사, 1990.

전찬화, 『생활지도프로그램의 실제』, 현대교육총서출판사, 1964.

정미라·이영미·박수경, "그림표상활동을 통해 나타난 영어능력에 대한 만 5세 유아의 인식분석에 대한 연구", 유아교육학논집, 15(4), 77-97. 2011.

정범모, 『교육평가』, 풍국학원, 1965.

정양은, 『청년심리학』, 재동문화사, 1967.

정옥분, 『영유아발달의 이해』, 학지사, 2004.

정옥분 역a, 『인간발달이론』, 교육과학사, 1991.

정옥분 역b, 『인간발달Ⅱ; 청년기, 성인기, 노년기』, 교육과학사, 1992.

정인석, 『현대심리학 개론』, 교육출판사, 1987.
조명한, 『한국 아동의 언어획득 연구』, 서울대학교출판부, 1982.
조복희, 『유아발달과 지도』, 교문사, 1987.
조은숙, 『교육심리학』, 재동문화사, 1965.
조은숙, 『현대인과 정신건강』, 법문사, 1994.
조형숙 외, 『유아발달』, 학지사, 2013.
조희숙 외 역, 『사회 속의 정신: 고등심리과정의 발달』, 성원사, 1994.
조희숙 외, 『아동발달심리』, 학지사, 1994.
주정일, 『아동발달학』, 교문사, 1981.
최경숙, 『아동심리학』, 민음사, 1985.
최경숙, 『아동발달심리학』, 교문사, 2006.
최재석, "한국농촌가족의 역할구조", 『진단학보』, 1969.
최재석, 『현대가족연구』, 일지사, 1982.
최정훈 외, 『심리학: 인간행동의 이해』, 법문사, 1986.
하대현, "인간지능이론과 연구의 최근동향과 과제』, 『교육심리연구』, Vol.10(1), pp.127-161, 1996.
한국인간발달학회, 『유아의 심리』, 중앙적성출판사, 1995.
한범숙, 『발달심리』, 학문사, 1984.
한은숙, 『영유아발달과 교육』, 정민사, 2001.
함종규, 『학습지도』, 왕문사, 1964.
홍용희 역, 『어린이들의 학습의 비계설정(Scaffolding): 비고츠키와 유아교육』, 창지사, 1995.
황응연, 『발달심리학』, 배영사, 1992.
황응연·장휘숙 역, 『아버지의 역할』, R.D. Parke 저, 창지사, 1986.
황응윤·윤희준, 『생활지도』, 교육출판사, 1978.
황정규, 『교육평가』, 재동문화사, 1973.
황정규, 『행동진단의 기술』, 현대교육총서출판사, 1964.
황해익 외, 『영유아·아동연구에서의 SPSS 자료분석』, 창지사, 2003.
고현숙, "만3세 유아의 공격성에 대한 교사의 내면적 태도 변화 과정", 숙명여자대학교 원격대학원 석사학위논문, 2009.
김경철·김은혜·정혜승, 『영유아발달』, 동문사, 2019.
김둘아, "유아의 언어능력, 자아개념 및 공격성에 관한 연구", 동아대학교 교육대학원 석사학위논문, 2008.

김미경·곽윤경·나유미·이혜정·박수진, 『영유아발달』, 교육아카데미, 2017/2019.

김신옥·민혜영, 『영유아발달』, 공동체, 2019.

김현주·김정희·송연숙·최애경·박선미, 『영유아발달』, 동문사, 2019.

민혜영·김영희·유은석·임경령, 『유아사회교육』, 공동체, 2017.

서경순, "협동게임이 유아의 친사회성과 공격성, 또래 수용도, 또래 괴롭힘 피해에 미치는 영향", 한양대학교 교육대학원 석사학위논문, 2018.

신은영, 『영유아발달 개정판』, 동문사, 2019.

이현경, "유아 자아개념 검사도구 개발 및 프로그램 효과 연구", 전남대학교 대학원 석사학위논문, 2004.

정명경, "부모의 맞벌이 여부가 유아의 자아개념 및 보육시설 적응에 미치는 영향", 동국대학교 교육대학원 석사학위논문, 2009.

정옥분, 『영유아발달의 이해(3판)』, 학지사, 2018.

채순미, "자연물을 활용한 실외협동놀이가 유아의 자아개념 및 친사회성 향상에 미치는 효과", 숭실대학교 교육대학원 석사학위논문, 2016.

최선비, "유아의 자아존중감과 친사회성, 일상적 스트레스, 창의성 간의 관계", 중앙대학교 대학원 석사학위논문, 2019.

홍순옥·김인순·박순호, 『영유아발달 2판』, 양서원, 2019.

홍실회·한성희, 『교사와 부모가 알아야 할 영유아발달』, 정민사, 2019.

황희숙·이희영·이경화·이정화·권연희·이연우, 『아동발달의 이해와 교육』, 학지사, 2018/2019.

Ainsworth, M.D.S, "The development of infant-mother attachment", In B.M. Caldwell and H. N. Ricciutl(Eds.), *Review of child development research*(Vol.3), Chicago: University of Chicago Press, 1973.

Ainsworth, M.D.S., Blehar, M.C., Waters, E., & Wall, S., *Patterns of attachment: A psychological study of the strange situation*. Hillsdale, N.H.: Erlbaum. 1978.

Allport, G., *Pattern and growth in personality*, New York: Holt. Rinehart and Winston, 1961.

Allport, G., *Personality*, New York: Holt, 1937.

Almy, M., *Child development*, New York: Holt, 1956.

Appel, L., Cooper, R., Knight, J., McCarrell, N., Yussen, S., & Flavell, J., "The development of the distinction between perceiving and memorizing", *Child development, 43*, 1972.

Aries, P., *Centuries of childhood*, New York: Random House, 1962.

Armstrong, T., *Multiple intelligences in the class, association for supervision & curriculum development*(1994). 전윤식 강영심 역(1997), 『복합지능과 교육』, 중앙적성출판사.

Aronfreed, J., "The conception of internalization", In D.A. Goslin(Eds.), *Handbook of socialization theory and research*, Chicago: Rand McNally, Chap.4, 1971.

Asher, S.R., & Rebshaw, P.D., "Children Without friends: Social knowledge and social skills training", In S. R. Asher & J. Gottman(Eds.), *The development of children's friendships*(pp.273-296), New York Cambridge University Press, 1981.

Aslin, R.N., Pisoni, D.B., & Jusczyk, P.W., "Auditory development and speech perception in infancy", In P. H. Mussen(Eds.), *Handbook of child psychology*(4th ed., Vol.2), New York: Wiley, 1983.

Axline, V.M., *Play therapy*, New York: Ballantine Books, 1947.

Baldwin, A.L., *Behavior and development in childhood.* New York: Holt, Rinehart and Winston(Dryden), 1955.

Baldwin, A.L., *Theories of child development*, New York: Wiley, 1967.

Baltes, P.B. & Goulet, L.R., *Life-span developmental psychology: Research and theory,* New York: Academic Press, 1970.

Baltes, P.B., Reese, H.W., & Nesselroade, J.R., *Life-span developmental psychology: Introduction to research methods*, Monterey, Calif.: Brooks/Cole, 1977.

Bandura, A. et al., "Imitation of filmmediated aggressive models", *Journal of Abnormal and Social Psychology, 66*, 1963.

Bandura, A.(Ed.). *Psychological modeling*, Chicago: Aldine-Atherton, 1971.

Bandura, A., & Walters, R.H., *Social learning and personality development*, New York: Holt, Rinehart & Winston, 1963.

Bandura, A., "Behavioral psychotherapy", *Scientific American, 216*, 1967.

Bandura, A., "Social-learning theory of identification processes", In D.A. Goslin(Ed.), *Handbook of socialization theory and research*, Chicago: McNally, Chap. 3, 1971.

Bandura, A., *Principles of behavior modification,* New York: Holt Rinehart &

Winston, Inc., 1969.

Bandura, A., Social cognitive theory. In R. Vasta(Ed.), *Annals of child development*(Vol.6, pp.1-60), Greenwich, CT: JAI Press, 1989.

Bandura, A., *Social foundations of thought and action: A social cognitive theory,* Englewood Cliffs, N.J: Prentice-Hall, 1989.

Bandura, A., *Social learning theory,* Englewood Cliffs, N.J.: Prentice-Hall, 1977.

Bandura, A., *Social learning theory*, Englewood Cliffs, N.J.: Prentice-Hall, 1979.

Banhan. K.M., "The development of differential behavior in infancy", *Journal of Genetic Psychology, 76*, 1950.

Banks, M.S. & Salapatek, P., "Infant visual perception", In P.H., Mussen(Ed.), *Handbook of child psychology*(4th ed., Vol.2), New York: Wiley, 1983.

Barker, R.G., & Gump, P.V., *Big school, small school: High school size and student behavior.* Stanford, CA: Stanford University Press, 1964.

Barnes, K.E., "Preschool play norms: A replication", *Developmental Psychology, 5,* 99-103, 1971.

Baughman, E.E., & Welsh, G.S., *Personality: A behavioral science,* Englewood Cliffs, N.J.: PrenticeHall, 1962.

Bell, R.Q., & Ainsworth, M.D.S., "Infant crying and maternal responsiveness", *Child Development, 43*, 1972.

Belsky, J., "The determinants of parention: A process model", *Child Development, 55,* 83-96, 1984.

Berlyne, D., "Curiosity and exploration", *Science*, 153, 1966.

Berndt, T.J., The features and effects of friendship in early adolescence. *Child Development, 53*, 1447-1460, 1982.

Berscheid, E., Walster, E., & Bohrnstedt, G., The happy American body. A survey report. *Psychology Today, 7*(6), 119-131, 1973.

Bischolt, L.J., *Interpreting personality theories*(2nd ed.), New York: Harper & Row, 1970.

Blair, G.N., *Educational psychology*, New York: The Macmillan Co., 1964.

Bloom, G.S., *Psychoanalytic Theories of personality*, New York: McGraw-Hill Book Co., Inc., 1953.

Bloom, L.(Ed.), *Readings in language development*, New York: Wiley, 1978.

Blum, G.S., *Psychoanalytic theories of personality*, New York: McGraw-Hill

Book Co., Inc., 1953.

Bornstein, M., & Lamb, M.(Eds.), *Developmental Psychology: An Advanced Textbook*(2nd ed., pp3-50), Hillsdale, N.J.: Erlbaum, 1988.

Borstelmalm, L.J., "Children before psychology: Ideas about children from antiquity to the late 1800s." In W. Kessen(Ed.), *Handbook of Child Psychology*: Vol.1. New York: Wiley, 1983.

Bousfied, W.A., & Orblison, W.D., "Ontogenesis of emotional behavior", *Psychological Review, 59*, 1952.

Bower, T., *Development in infancy*(2nd ed.), San Francsco: Freeman, 1982.

Bowlby, J., *Attachment and loss*, Vol.1, New York: Basic Books, 1969.

Brainerd, C J., *Piaget's theory of intelligence*, Englewood Cliffs, N.J.: Prentice-Hall, 1978.

Bray, J.H., Children's development during early remarriage. In E.M. Hetherington & J.D. Arasteh(Ed.), *Impact of divorce, single parenting, and stepparenting on children* (pp.279-298). Hillsdale, N.J.: Erlbaum, 1988.

Brazelton, T.B., *Infants and mothers*, New York: Delacorte Press, 1969.

Brazelton, T.B., *Neonatal behavioral assessment scale*, Philadelphia: Lopplncott, 1984.

Bridges, K.M., "Emotional development in early infancy", *Child Development*, 3, 1932.

Bronfenbrenner, U., "Ecological systems theory", In R. Vasta(Ed.), *Annals of Child Development*(Vol.6 pp.187-125), Greenwich, CN: JAI Press, 1989.

Bronfenbrenner, U., "The challenge of social change to public policy and developmental research", Paper presented at the biannual meeting of the Society for Research in Child Development, Denver, April 2, 1975.

Bronfenbrenner, U., *The ecology of human development: Expriments by nature and design*, Cambridge, MA Harvard University Press, 1979.

Bronfenbrenner, U., *Two worlds of childgood: U.S. and U.S.S.R.*, New York: Russell Sage Foundatlon, 1970.

Bronson, G.W., "lnfant's reactions to an unfamiliar person", In L.J. Stone, H.T. Smlth, & L.B. Murphy(Eds.), *The competent infant*, New York: Basic Books, 1973.

Brown, R.A., *Flrst language*, Cambridge, Mass: Harvard University Press, 1973

Bruner, J.S., "On cognltive growth", In J.S. Bruner, R.R. olver, & P.M. Green field(Eds.), *Studies ln cognitive growth*. New York: Wlley, 1966.

Campos, J.J., Caplovitz, K.B., Lamb, M.E., Goldsmith, H.H., & Stenberg, C. "Socioemotional development", In M.M. Haiti1 & J.J. Campos(Eds.), *Handbook of Child Psychology*, Vol.2, pp.783-915, New York: Wiley, 1983.

Campos, J.J., Langer, A., & Krwitz, A.. "Cardiac responses on the vlsual cliff in preloco motor human infants", *Science,* 170, 1970.

Childs, C.P., & Greenfield, P.M., "Informal modes of learning and teaching: The case of Zinacanteco weaving", In N. Warren(Ed.), *Advances ln Cross-cultural Psychology*(Vol.2. pp.269-316), London: Academic Press. 1982.

Chomsky, C., *The acquisition of syntax of children from 5 to 10,* Cambrldgc, Mass: M.I.T. Press, 1969.

Chomsky, N., *Aspects of the theory of syntax*, Cambridge, Mass: M.I.T. Press, 1965.

Chomsky, N., *Language and mind*, New York: Harcourt Brace Jollanovich, 1972.

Chomsky, N., *Syntactic structures*, The Hague: Mouton, 1957.

Clark, H.H., & Clark, E.V., *Psychology and language: An introduchon to psycholinguistics*, New York: Harcourt Brace Jovanovich, 1977.

Cohen, S., Glass, D.C., & Slnger, J.E. "Apartment noise, auditory discrimination and reading abllity", *Journal of Experimental Social Psychology, 9,* 407-422, 1973.

Cole, L., *Psychology of adolescence,* New York: Rinehart, 1965.

Coleman, J., "Friendship and the peer group in adolescence", In J. Adelson(Ed.), *Handbook of adolescent development*. New York: Wiley, 1980.

Coleman, J.S. et al., *Equality of educational opportunny*, Washington, D.C.: U.S. Government Printing Office, 1966.

Conger, J.J., & Peterson, A.C., *Adolescence and youth,* New York: Harper & Row, 1984.

Conrad, R., "The chronology of the development of covert speech in children", *Developmental Psychology, 5*, 1971.

Crain, W. C., *Theories of development*, 서봉연 역, 중앙적성출판사, 1983.

Cronbach, L.J., *Educational psychology*, New York: Harcourt, Brace & Co., 1945.

Crow, L.D., & Crow, A., *Educatlonal Psychology*, New York: American Book Co., 1948.

Crow, L.D., & Crow, A., *Mental hygiene in school and home life*, New York: McGraw Hill, 1942.

Damon, W., *The social world of the child,* San Francisco: Jossey-Bass, 1977.

Darwin, C., *On the origin of species by emans of natural selection*, New York: Modern Library(Original work published 1859), 1936.

Darwin, C., *The descent of man*, New York: Modern Library(Original work pubushed 1871), 1936.

David, R. Shaffer, *Developmental Psychology Childhood and Adolescence*, Pacific Grove: Cole Publish Inc., 1996.

Davis, R.A., *Educatlonal psychology*, New York: McGraw Hill, 1952.

Deaux, K., "Sex and gender", *Annual Review of Psychology*, 36, 49-8l, 1985.

Deese, J., *Principles of psychology*, Boston: Allyn and Bacon. Inc., 1964.

Deese, J., *The psychology of learning*, New York: McGraw Hill, 1952.

Dixon, R.A., & Lerner, R.M., "A history of systgms in developmental psychology", In of social perspective-taking skills", *Developmental Psychology,* 9, 326-332, 1973.

Dweck, C.S., "Achievement motivation." In E.M. Hetherington(Ed.), *Handbook of Child Psychology*: Vol4(4th ed., PP.643-691), New York: Wiley, 1983.

Dweck, C.S., "The role of expectations and attributions in the alleviation of learned helplessness", *Journal of Personality and Social Psychology, 31,* 674-685, 1975.

Eckerman, C.O., Whatley, J.L., & Kutz. S.L., "Growth of social play with peeres during the second year of life", *Developmental Psychology, 11,* 1975.

Elkind, D., "Children's discovery of the conservation of mass, weight and volume", *Journal of Genetic Psychology, 99,* l961.

Elkind, D., "The Child's conception of right and left", *Journal of Genetic Psychology, 99*, 1961

Emery, R.E., "Family violence", *American Psychologist, 44*, 321-328, 1989.

Erikson, E.H., *Childhood and Society*, New York: W.W. Norton Co., Inc, 1950.

Eva L. Essa., *Introduction to Early Childhood Education,* NY: Thomson Delmar Learning, 2005.

Fergus P. Hughes., 김광웅 역. 『놀이와 아동발달』, 시그마프레스, 2006.

Flavell, J.H., Botkln, P.T., Fry, C.L., Wright, J.C., & Javis, P.E., *The development of role taking and communication skills in children*, New York: Wiley, 1968.

Frank, L.K., "Research in child psychology: history and prospect", In R. Barker, J. Kounin & H. Wright(Eds.), *Child behavior and development*(pp.1-15), New York: McGraw Hill, 1943.

Freeman F.S., *Theory and practice of psychological testing*. New York: Henry Holt Co., 1959.

Freud, A., Adolescence. In R.S. Eisslar et al.(Eds.), *Psychoanalytic study of the child*(vol.13). New York: International Universities Press, 1958.

Freud, S., *General introduction to psychoanalysis,* N.Y.: Pemabooks, 1956.

Freud, S., *On the sexual theories of children*(J. Rlviers, Trans), Collected Papers, VOl.1l, New York: Basic Books, 1959.

Freud, S., *The Ego and the Id*(J. Rlviere, Trans), W.W. Norton & L.P.

Freud, S., *The interpretation of dreams*(J. Strachey, Trans), New York: Basic books, 1965.

Furman, W., & Buhrmester, D. "Children's perceptions of the personal relatlonships in their social networks", *Developmental Psychology, 21*, 1016-1024, 1985.

Gardner, H., *Frames of mind: The theory of multiple intelligences,* NY: Baslc Books, 1983, 이경희 역(1993), 『마음의 틀』, 문음사.

Gardner, H., *Intelligence reframed: Multiple intelligences for the 21st century*. New York: Basic Books, 1999.

Gardner, H., *Multiple intelligences*, NY: Basic Books, 1993, 김명희, 이경희 역(1998), 『다중지능의 이론과 실제』, 양서원.

Gates A.L. et al., *Educational psychology*, New York: Macmillan Co., 1950.

Gelan, R., & E.M. Markman(Eds.), *Handbook of Child Psychology*, Vol.3.(4th ed., PP.167-230) New York: Wiley, 1983.

Gelman, R., "Conservation acquisition A problem of learning to attend to relevant attributes", *Journal of Experimental Child Psychology,* 7, 1969.

Gesell, A., & Ilg, F.L., *Child development,* New York: Harper & Row, 1949.

Gesell, A., "Maturation and the patterning of behavior", In C. Murchison(Ed.), *A handbook of child psychology,* Clark University Press, 1933.

Gesell, A., llg. F.L., Ames, L.B., *Youth: the year from ten to sixteen*, New York: Harper, 1956.

Gewirtz, J.L., "Mechanisms of social learning: some roles of stimulation and behavior in early human development", In D A. Goslin(Ed.), *Handbook of socialization theory and research*, Chicago: Rand McNally, Chap.2, 1971

Gibson E.J., Gibson, J.J., Plck, A.D., & Osser, H., "A developmental study of the discrimination of letterlike forms", *Journal of Comparative and Physiological Psychology*, 55, 1962.

Gibson, E., & Rader, N., "Attention: the perceiver as performer", In G. Hale & M. Lewis (Eds.), *Anention and cognitive development*(pp.1-21). New York: Plenum, 1979.

Gibson, E.J., "The development of perception as an adaptlve process", *American Scientist,* 58, 93-107, 1969.

Gibson, E.J., Poag, K., & Rader, N., "The effect of redundant rhythm and spelling patterns on a verbal discrimination task", Ithaca: Cornell University and United States Office of Education, 1972.

Goldberg, S. et al., "Recall of related and unrelated liSts by 2year olds", *Journal of Experimental Child Psychology*, 18, 1974.

Goldman, L., Children grieve too. *Children and Families,* 1997.

Gradlfield, J.A., *Psychology and mental health*, London: George Allen and Unmin Ltd., 1952.

Grlnder, R.E., *Adolesence,* N.Y.: Wiley Internationaled pp.17-19, 1973.

Guilford, J.P., *The nature of human intelligence*, New York: McGraw Hill, 1967.

Gustin, J.C. The revolt of youth. *Psychoanalysis and the Psychoanalytic Review,* 98, 78-90, 196l.

Hagen, J.W., & Hale, G.A. "The development of attention in children", In A.D. Pick(Ed.), *Minnesota Symposium on Child Psychology*, Vol.7, pp.117-140.

Hall, C.S., & Lindzey, G., *Theorles of personality*, New York: Wiley, 1957.

Hall, E., Permutter, M., & Lamb, M., *Child psychology today.* New York: Random house, 1982.

Hall, G.S. Originally published 1904, *Adolescence*. New York: Appleton, 1916.

Hallahan, D.P., & Kauffman, J.M., *Exceptional children: Introduction to special education*, Englewood Cliffs, N.J: Prentic Hall, 378-379, 1982.

Hamburg, B.A., "Comments on the relationship of child development to modern child health care", Historical selections from the 50th anniversary meeting of the Society.

Harrs, P., "Development of search and object permanence during infancy", *Psychological Bulletin,* 975, 332-344, 1982.

Havighurst, R.J., *Human development and education*, N.Y.: Longmass, Green & Co.. 1953.

Healthers, G., "Acqluring dependence and independence: theoretical orientation", *Journal of Genetic Psychology,* 87, 1955.

Heron, A., & Kroeger, E.. "Introduction to developmental psychology", In H.C. Triandis & A. Heron(Eds.), *Handbook of Cross-cultural Psychology: Vol.4. Developmental psychology*(Vol.4, pp.1-15), Boston: Allyn & Bacon, 1981.

Hess, R.D., & Goldblatt, I., The statue of adolescents in American society: A problem in social identity. *Child Development*, 28, 459-468, 1957.

Hetherington, E.M., & Park, RD., *Child psychology: A contemporary view Point.* London: McGraw Hill, 1975.

Hicks, D.J., "Imitation and retention of film-mediated aggressive peer and adult models", *Journal of Personality and Social Psychology*, 2, 1965.

Higgins, E.T., "A social and developmental comparison of oral and written cornmtmication Skills", Diss. Columbia University, 1973.

Hilgard, E., *Theories of Learning,* Applention Century Crofts, 1956.

Hilgard, E.R., & Marquis, D.G., *Conditioning and Learning*, New York: Appletion, 1940.

Hinde, R.A., "Ethological and relationships approaches", In R. Vasta(Ed.), *Annals of Child Development*(Vol.6, pp,251-285), Greenwich, CT: JAI Press, 1989.

Hoffman, J.L., "Childrearing practices and moral development: generallatlons from empirical research", *Child Development,* 34, 1963.

Hoffman, M.L., "Moral development", In P.H. Mussen(Ed.), *Carmichal's manual of child psychology*, Vol.2, New York: Wiley, 1970.

Horowitz, F.D., *Exploring developmental theories: toward a structural/behavioral model of development*, Hillsdale, N.J.: Erlbaum, 1987.

Hunt, J.M., *Intelligence and experience*, New York: Ronald, 1961.

Hunt, R.G., & Synnerdale, V., "Social influences among kundergarten children", *Sociology and Social Research*, 43, 171-174, 1959.

Hurlock, E.B., *Child development*, New York: McGraw Hill Book Co., 1950.

Jensen, A.R., "How much can we boost lQ and scholastic achievement?", *Havard Educational Review,* 39, 1-123, 1969.

Jersild, A.R., *Child psychology*, New York: Prentice-Hall, Inc., 1960.

Jersild, A.T., *Child development,* New Jersey: Prentice-Hall, 1961.

Jones, M.C., "The late careers of boys who were early-or late-maturing," *Child Development,* 28, 115-128, 1957.

Kagan, J., "Reflection impulsivity: The generality and dynamics of conceptual termpo", *Journal of Abnormal Psychology*, 71, 17-24, 1966.

Kagan, J., Kearsley, R.B., & Zelazo, P.R., *Infancy: It's place In human development,* Cambridge, MA: Havard University Press, 1978.

Kirk, S.A., & Gallagher, J.J., *Education exceptional children*(4th ed.), Boston: Iloughton Miffin, 1983.

Kohlberg, L., "Moral development and identification", In H. Stevenson(Ed.), Chlld Psychology. 62nd Yearbook of the National Society for the Study of Education, Chicago University Press, 1963.

Kohlberg, L., "Moral stages and moralization: The cognitive-developmental point of View", In T. Lickona(Ed.), *Moral development and behavior: Theory, research and social issues*(pp.31-53), New York: Holt, 1970.

Kohlberg, L., "Stages and sequence: The cognitive-developmental approach to socialization", In D.A. Goslin(Ed.), *Handbook of socialization theory and research*(pp.37-480). Chicago Rand Mcnally, Chap. 6, 1971.

Kotelchuk, M., "The lnfant's relationship to the father: Experimental evidence", In M.E. Lamb(Ed.), *The role of the father in child development*, New York: Wiley, 1976.

Kroll, J., "The concept of childhood in the Middle Ages", *Journal of the History of the Behavioral Sciences,* 13, 384-393, 1977.

Kuczynski, L., Socialization goals and mother-child interaction: Strategies for long-term and short-term compliance. *Development Psychololgy*, 20, 1061-1073, 1984.

Kun, A., "Evidence for preschoorer's understanding of causal direction in extended causal sequences", *Child Development,* 1978.

Lambert, W.W., & Lambert, W.E., *Social psychoiogy*, Englewood Ciffs, N.J.: Prentice-Hall, 1963.

Lane, D.M., & Pearson, D.A., "The development of selective attentlon", *Merrlll-Palmer Quarterly*, 28, 317-337, 1982.

Laura E. Berk., *Infants and Children,* Boston: Allyn & Bacon, 2001.

Laura E. Berk저, 이종숙·신은수·안선희·이경옥 옮김, 『아동발달(9판)』, 시그마프레스, 2015.

Laycock, F., & Caylor, J.S., "Physiques of gifted children and their less gifted siblings", *Child Development,* 35, 63-74, 1964.

Levenson, E.A., "The treatment of school phobia in the young adult", *Amencan Journal of Psychotherapy,* 15, 539-552, 1961.

Lewin, K., *A dynamic theory of personality,* by Adams D.K. & Zener, K.E. New York: McGraw Hill Book Co., 1936.

Lickona, T., *Educating for character: How our schools can teach respect and responsibility,* N.Y.: Bantam Books, 1991.

Liebert, R.M., Neale, J.M., & Davidson E.S., *The early window: effects of television on children and youth*, New York: Pergamon, 1973.

Lorenz, K.F. "Imprinting", In R.C. Birney & R.C. Teevan(Eds.), *Instinct,* Princeton, N.J.: Van Nastrand, 1961(originally published, 1937).

Lutz, P., The stepfamily: An adolescent perspective. *Family Relations*, 32, 367-375, 1983.

Lyssett(Eds.), *Advances in child development and behavior*, New York: Academic Press, 1970.

Maccoby, E.E., & Feldman, S.S., "Mother attachment and stranger reactions in the third year of life", *Monographs of the Society for Research in Child Development,* 37(No. 146), 1972.

Maccoby, E.E., & Masters, J.C. "Attachment and dependency", In P.H Mussen(Ed.), *Carmchael's Manual of Child Psychology*(3rd ed. Vol. 2). New York: Wlley, 1970.

Marjorie J. Kostelnik, Soderman, Whiren, Rupiper, Gregory 저, 박경자·김송이·신나리·권연희·김지현 옮김, 『영유아의 사회정서발달과 교육 2판』, 교문사, 2018.

Marjorie V. Fields & Debby Fields., 이희영·허승희 역. 『아동 생활지도-구성주의 적 접근』, 21세기사, 2006.

Maslow, A.H., *Motivation and personality*, New York: Harper & Row, 1954.

Maslow, A.H., *The further reaches of human nature*, New York: Biking, 1971.

Maslow, A.H., *Toward a psychology of being*(2nd ed.). Princetion, N.J.: Van Nostrand, 1968.

Matin, M.W., *The psychology of women*. New York: Holt, Rinehart & Winston, 1987.

McCall, R., & McGhee, P., "The dicsrepancy hypothesis of attention and affect", In F. Weizmann & I. Usgiris(Eds.), *The structuring of experience* (pp.179-210). New York: Plenum, 1977.

McCarver, R.B., "A developmental study of the effect of organizational cues on short term memory", *Child Development,* 43, 1972.

McClleland, D.C., *Personailty*, New York: Dryden, 1951.

Miller, L.C., Barrett, L.L., & Hampe, E. Phobias of childhood in a prescientific era. In A. Davids(Eds.), *Child Personality & Psychopathology: Current Topics*, vol.1. New York: John Wiley, 1974.

Miller, L.K., "Development differences in the field of view during coverty and overt search", *Child Development*, 44, 1973.

Miller, P.H., *Theories of development psychology*(2nd ed.). San Francisco Ca: Freeman, 1989.

Mize, J., & Ladd, G.W., "A cognitive-social learning approach to social skill training with low-status preschool children", *Development Psychology,* 26, 388-397, 1990.

Montemayor, R. & Eisen, M., "The development of self-conceptions from childhood to adolescence", *Developmental Psychology,* 13, 314-319, 1977.

Montemayor, R., "Parents and adolescents in conflict: All families some of the time and some families most of the time", *Journal of Early Adolescence,* 3, 83-103, 1983.

Mussen, P.H., & Rutherford, E., "Effects of aggressive cartoons on children's aggressive play", *Journal of Abnormal and social Psychology*, 62, 461-464, 1961.

Mussen, P.H., *Developmental psychology*, Englewood Cliffs, N.J.: Prentice-Hall,

1963.

Muuss, R.E., "Adolescent development and the secular trend", *Adolescence*, 5, 267-284, 1970.

Nelson, K., "Structure and strategy in learning to talk", *Monograph of Society for Research in Child Development*, 38, 1973.

Nelson, K-E., & Kosslyn, S.M., "Recognition of previously labeled or unlabeled pictures by 5-year-and adults", *Journal of Experimental Child Psychology,* 21, 1976.

Newman, P.R., The peer group. In B. Wolman(Ed.), *Handbook of development psychology,* Englewood Cliffs, N.J.: Prentice-Hall, 1982.

Newsweek NWK 특별호 1., 귀여운 우리아기, 중앙일보 발행, 1999.

Newsweek NWK 특별호 2., 미국선 이렇게 가르친다, 중앙일보 발행, 1999.

Newsweek NWK 특별호 5., 귀여운 우리아기-2, 중앙일보 발행, 1999.

Offer, D., & Offer. J B. Normal adolescent males: The high school and college years. *Journal of the American College Health Association*, 22, 209-215, 1974.

Parke, R.D., & Collmer, C.W., "Child abuse . An interdisciplinary analysis", In E.M. Hetherington(Ed.), *Review of Child Development Research*(Vol.5. pp.264-283), Chicago: University of Chicago Press, 1975.

Parke, R.D., "Punishment in children: Effects, side effects, and alternative contorl strategies", In H. Hom, Jr. & A. Robinson(Eds.), *Early childhood education: A psychologlcal perspective*(pp.71-97), New York: Academic Press, 1977.

Parten, M.B., "Social play among preschool children", *Journal of abnormal and Social Psychology*, 28, 1933.

Paul Eggen, Don Kauchak 저, 신종호 · 김동민 · 김정섭 · 김종백 · 도승이 · 김지현 · 서영석 옮김, 『교육심리학: 교육실제를 보는 창(8판)』. PEARSON, 2015.

Peskln, H., "Influence of the developmental schedule of puberty on learning and ego functioning", *Journal of Youth and Adolescence*, 2. 273-290, 1973.

Peterson, F.A., "Mother, father and infant as an Interaction system", Paper presented at the annual meeting of the American Psychological Association-Weshington, DC, 1976.

Piaget, J., & Inhelder, B., *La genese des structures logiques elementaires*, Neuchatel: Delachaux & Niestle, 1959.

Piaget, J., & Inhelder, B., *The child's conception of space,* London: Routledge & Kegan Paul, 1956.

Piaget, J., & Szeminska, A., *Die Entwicklung des Zahlbegriffs beim Kinde,* Ernstrklett Verlag, stuttgart, 1972.

Piaget, J., *die Bildung des Zeitbegriffs beim Kinde*, RaSCher: Z rich, 1955.

Piaget, J., *Judgement and reasoning in the child*, London: Routledge & Kegan Paul, 1951.

Piaget, J., *Play dreams and imitation in childhood*, New York: Norton, 1962.

Piaget, J., *The child's conception of the world*, N.J.: Little field, Adams, 1952.(Origimally publisched, 1929)

Piaget, J., *The child's physical causality*, London: Routledge & Kegan Paul, 1951.

Piaget, J., *The chlld's conception of number*, London: Routledge & Kegan Paul, 1952.

Piaget, J., *The construction of reality in the child*, New York: Internantional Universities Press, 1952.

Piaget, J., *The language and thought of the child*, London: Routledge & Kegan Paul, 1926.

Piaget, J., *The psychology of intelligence*, London: Routledge & Kegan Paul, 1950.

Piaget, J., *The Psychology of intelligence*, New York: Harcourt, 1950.

Piaget, J., *Urteil und Denkprozess des Ikindes*. PedagogisCher Verlag Schwnn, D sseldorf, 1972.

Pick, A.D., & Franke, G.W., "A developmental study of strategies of visual selectivity", *Child Development,* 45, 1974.

Pick, A.D., & Franke, G.W., "A study of strategies of visual attention in children", *Developmental Psychology*, 9, 1973.

Pick, A.D., "Improvement of visual and tactual form discrimination", *Journal of Experimental Psychology*, 69, 1965.

Pick, A.D., Christy, M.D., & Franke, G.W., "A developmental studys of visual selective attention", *Journal of Experimental Child Psychology*, 14.

Plagent, J., *The mechamsms of perception*, New York: Basic Books, 1969.

Plaget, J., & Inhelder, B., *Memory and intelligence*, London: Routledge & Kegan

Paul, 1973.

Plaget, J., & lnhelder, B., *The psychology of the child*(H. Weaver, Trans), New York: Basic Books(Originall published 1967). 1969.

Robert E. Slavin., 강갑원 외 역. 『교육심리학』, 시그마프레스, 2006.

Rosalind Charlesworth 저, 이희정·문현주·박신진·박찬화·장윤정·홍희영, 『영유아 발달의 이해』, 박학사, 2018.

Skinner, B.F., *The behavior of organsm,* Applenton Century Crofts, 1938.

Slavin, R.E., *Educatlonal Psychology, Theory and Practice*(5th ed.), Boston, NY: Allyn & Bacon, 1997.

Tharp, R.G., & Gallimore, R., *Rousing minds to llfe: Teaching, learning and schooling in social context,* Cambridge: Cambridge University Press, 1988.

Tudge, J., Vygotsky, zone of proximal development and peer collaboration: lmplications for classroom practice, In Luls C. Moll(Ed.), *Vygotsky and Education*, l55-172. Cambridge: Cambridge University Press, 1990.

찾아보기

국문색인

영문색인

저자 약력

안영진(安榮珍)

현 한양여자대학교 유아교육과 교수
- 교육학 박사(유아교육 전공)
- 한양여자대학교 유아교육과 초대 학과장
- 한양여자대학교 아동심리 교육센터 초대 교육 센터장
- 교육부 연구(프로젝트 스펙트럼－유아의 사회적 능력 발달 교육활동 자료)
- 건국대학교 박사 우수 논문상 수상
- 한양여자대학교 우수 저술상
- 전문대학협의회 "교수－학습 프로그램" 연구－개발: 한국 직업능력 원장상 수상
- 교육부장관상 수상
- (AP)부모교육 전문가
- 한국 영유아보육행정학회 부회장 역임
  서울대학교, 숙명여자대학교, 경희대학교 등 대학원 강의
- 한국몬테소리연구학회 이사
  한국 영유아보육행정학회 이사, 여성심리학회 이사, 한국심리학회 회원
  서울 · 경기 스펙트럼 연구회 수십 기관 교육 자문위원
- 한국 프로젝트 스펙트럼 연구회 회장
- 몬테소리 · 미술 치료사 전문가
- 북부 유치원 장학지도 역임
- 광진구 보육정보센터 자문위원, 성동구 보육정보센터 자문위원
- 아동심리전문가 · 청소년 상담 연구원(교육부 산하 한국교육연수원)
- 우리들은 1학년 교과부 심의위원 및 정책자문
- 한국 프로젝트 스펙트럼 제2저작권 소유(다중지능에 의한 아동 연구교육 프로그램 Ⅰ, Ⅱ, Ⅲ)
  : <하버드 대학연구>
- Building on Children's Strengths : Project Spectrum(1)
  (다중지능에 의한 아동의 다양한 능력 개발 프로젝트, 창지사)
- Project Spectrum : Early Learning Activities(Project Spectrum 2)
  (다중지능에 의한 아동의 다양한 능력 개발을 위한 프로그램, 창지사)
- Project Spectrum : Preschool Assessment Handbook(Project Spectrum 3)
  (다중지능에 의한 아동의 다양한 능력 개발을 위한 평가, 창지사)

<저서>

영유아 생활지도 및 상담. 동문사. 2019

부모교육. 동문사. 2019

교육심리학. 동문사. 2018

교육학개론. 동문사. 2018

유아발달. 정민사. 2015

정신건강론. 양서원. 2015
부모교육. 나경. 2014
영아발달. 나경. 2014
누리과정에 따른 새 유아 사회교육. 교육과학사. 2013
누리과정에 따른 생활 지도 및 상담. 창지사. 2013.
교육학개론. 창지사. 2012
다중지능에 의한 유아교육프로그램 평가: 한국적 스펙트럼 프로젝트의 활동과 평가 2. 창지사. 2011
다중지능에 의한 유아교육프로그램 평가: 한국적 스펙트럼 프로젝트의 이론과 활동편. 창지사. 2010
인성교육. 창지사. 2010
신 교육심리학. 정민사. 2010
가치로운 삶을 위한 리더십. 정민사. 2009
교육심리. 정민사. 2009.
21세기 적응하는 부모교육. 양서원. 2008
새로운 유아교육과정에 따른 유아사회교육. 2008
세계화와 민주시민 양성을 위한 유아생활지도. 창지사. 2007
현대인의 정신건강. 창지사. 2007
아동발달. 공동체. 2006
아동상담. 동문사. 2006
다중지능에 의한 아동의 다양한 능력 개발을 위한 평가. 창지사. 2005
다중지능에 의한 아동의 다양한 능력개발 프로젝트. 창지사 2004.
아동심리와 부모교육. 꾸벅. 2002
새 아동발달 연구. 꾸벅. 2002
다중지능에 의한 아동의 다양한 능력 개발을 위한 프로그램. 창지사. 2001
교육심리학. 창지사. 2001
아동상담. 동문사. 2001
유아의 사회적 능력 발달 교육활동자료. 교육인적자원부. 2000
유아생활지도. 삼광출판사. 1998
아동 심리의 발달과 이해. 정일. 1997
특수 아동 교육. 정일. 1997
新 영유아 발달 총서. 정일. 1997
부모교육 총론. 정일. 1996
특수아동지도. 길안사. 1996
新 아동발달 심리. 길안사. 1996

<논문>

행복의 통합 교육 프로그램 수강과 실행을 통한 영유아교사의 인식 질적 연구. 한국영유아보육학회. 2017

누리과정에 기초한 인성교육활동을 통한 유아 인성 행동변화와 친사회성 행동변화와의 관계. 2015

유보통합에 대비한 사립유치원의 바람직한 운영 모델안 연구. 2015

유보통합에 대비한 사립유치원의 정보공시 방법론적 제안. 2015

사례분석활동이 유아교사의 지식변화에 미치는 영향: '유아생활지도' 개념도를 중심으로. 한국영유아교원교육학회. 2011

다중지능 강점영역과 유아의 정서지능과의 상관관계분석. PECERA. 2010

프로젝트 스펙트럼 사회적 이해활동이 유아의 자아효능감과 친사회성에 미치는 영향. 2009전문대학 혁신 프로그램: 교수-학습 개선지원 사업 자료집. 2008

다중지능에 기초한 프로젝트 스펙트럼에 따른 유아의 강점 확인과 과정 고찰. 2007

다중지능에 기초한 프로젝트 스펙트럼에 따른 유아의 강점 구체화와 부모인식 변화과정 고찰. 한국유아교육보육정보학회. 2007

A Study on the day care prog ram to emhance the social and emotional development of Children. PECERA. 2006

종일제 유아교육 프로그램 모형개발- 프로젝트 스펙트럼 프로그램을 중심으로. 한국유아교육보육행정학회. 2006

다중지능에 의한 프로젝트 스펙트럼 바람 활동을 통한 유아의 자연탐구과정 조망. 한양여대 논문집. 2006

다중지능에 의한 스펙트럼 연구-'그림자'프로젝트&'거북선'프로젝트. 서울초등다중지능교육연구회. 2005

Multiple Intelligence by Project Spectrum Activities: Prospect of assembly activities process. PECERA. 2005

다중지능 적용수업의 이론과 실제. 한국영유아보육행정학회. 2004

유아교육의 새로운 방향제시 및 평가 방법 모색. 한국영유아보육행정학회. 2004

한일 예비교사의 다중지능과 친사회적 행동의 관계연구. 한국영유아보육행정학회. 2004

프로젝트 스펙트럼에 의한 영역별 교육 연구 프로그램. 한국 영유아보육행정학회. 2003

프로젝트 스펙트럼에 의한 사회성 능력발달 프로그램이 유아의 정서지능에 미치는 효과. 한양여대 논문집. 2002

프로젝트 스펙트럼에 의한 유아의 사회적 능력 발달 프로그램. 교육인적자원부. 2001

다중지능이론에 의한 프로젝트 스펙트럼 활동 유아의 사회적 능력발달 교육활동자료. 교육인적자원부. 2000

유아의 사회적 능력발달 프로그램 연구. 교육부. 2000

다중지능 이론에 의한 프로젝트 스펙트럼 활동 유아의 사회적 능력발달 교육활동자료. 교육인적자원부. 2000

갈등상황 토론학습이 아동의 추론 능력과 조망수용능력에 미치는 효과. 1998

청소년의 도덕성 발달 수준과 내외 통제성 측정에 관한 연구. 1987

이영미

현 한양여자대학교 유아교육과 교수
- 이화여지대학교 사범대학 유아교육학과 졸업(문학사)
- 이화여자대학교 사범대학 대학원 유아교육전공 졸업(석사)
- 보스톤대학교 대학원 유아교육전공 졸업(Ed. D)

<저서>
유아교육기관 운영관리(공저, 양서원)
현장에서 필요한 유아교사의 상호작용(공저, 공동체)
유아교사를 위한 교직실무(공저, 양서원) 외 다수

고연경

현 영유아교육문제연구소 연구원
- 숭의여자대학 아동미술보육과 겸임교수, 경인여자대학 아동보육과 강의
- 서울 성동구 구립 서울숲더샵 어린이집 지역사회 전문가 운영위원
- 서울 광진구 구립 파크스위트 어린이집 지역사회 전문가 운영위원

전 구리시청 직장보육시설 구리사랑어린이집 원장

<저서>
유아논리 논술 교육(공저)
영유아를 위한 보육과정(공저)
교육학개론(공저)
아동안전관리(공저)
영유아 생활지도 및 상담(공저)

영유아발달

초판 1쇄 인쇄 / 2019년 8월 25일
초판 1쇄 발행 / 2019년 8월 30일

•

공저자 / 안영진 · 이영미 · 고연경
발행인 / 이　중　수
발행처 / **동　문　사**

•

서울특별시 서대문구 홍제원 1길 12
(홍제동 137 8)
Tel: 02)736-3718(대), 736 3710, 3720
Fax: 02)736-3719
등록번호: 1974.04.27. 제9-17호
가격: 22,000원

•

ISBN: 979-11-6328-129-0 (93370)
E-mail: dong736@naver.com
Homepage: www.dongmunsa.com

저자와의 합의하에 인지는 생략합니다.